国家出版基金项目
NATIONAL PUBLICATION FOUNDATION

新时代党的
治疆方略
研究丛书

新疆的意识形态工作与去极端化斗争

XINJIANG DE YISHI XINGTAI GONGZUO
YU QU JIDUANHUA DOUZHENG

赵　好　木拉提·黑尼亚提　等著

新疆人民出版社
（新疆少数民族出版基地）

图书在版编目(CIP)数据

新疆的意识形态工作与去极端化斗争 / 赵好等著
. -- 乌鲁木齐:新疆人民出版社，2024.6(2025.11重印)
(新时代党的治疆方略研究丛书)
ISBN 978-7-228-21278-1

Ⅰ.①新… Ⅱ.①赵… Ⅲ.①社会主义－社会意识形态－研究－新疆②宗教问题－研究－新疆 Ⅳ.①D616 ②D635.1

中国国家版本馆CIP数据核字(2024)第030943号

新疆的意识形态工作与去极端化斗争
XINJIANG DE YISHI XINGTAI GONGZUO YU QU JIDUANHUA DOUZHENG

出版人	李翠玲	丛书统筹	刘 星
责任编辑	孙祁娟	封面设计	舒 娜
责任技术编辑	张云峰	版式设计	陈 飞

出版发行 新疆人民出版社
（新疆少数民族出版基地）
地　址 乌鲁木齐市解放南路348号
邮　编 830001
电　话 0991-2825887(总编室) 0991-2837939(营销发行部)
制　作 乌鲁木齐捷迅彩艺有限责任公司
印　刷 新疆新华印务有限责任公司

开　本 787毫米×1092毫米 1/16
印　张 20
字　数 250千字
版　次 2024年6月第1版
印　次 2025年11月第2次印刷
定　价 60.00元

“新时代党的治疆方略研究丛书”编委会

序

新疆社会科学院以新时代党的治疆方略为主题，围绕自治区党委重大部署和重点工作，聚焦各族干部群众关注的重大理论和实践问题，历经三年多编著出版“新时代党的治疆方略研究丛书”，旨在研究阐释党的创新理论和创造性实践。

党的十八大以来，以习近平同志为核心的党中央持续深化治疆规律认识，提出新时代党的治疆方略。在第三次中央新疆工作座谈会上，习近平总书记全面系统阐述了新时代党的治疆方略的科学内涵、精神实质、实践要求，形成了系统完整和逻辑严密的科学体系，是做好新时代新疆工作的“纲”和“魂”。

研究阐释新时代党的治疆方略，是我区理论工作者的职责。新疆社会科学院以新疆中国特色社会主义理论体系研究中心为平台，通过集体攻关、倾情打磨的“新时代党的治疆方略研究丛书”（1—10），是全面阐释新时代党的治疆方略的理论与实践的第一批系列理论读物，力求体现理论的深刻性和实践的鲜活性，为深入学习贯彻第三次中央新疆工作座谈会精神提供学理支撑和通俗解读。

我们秉持培根铸魂初心、践行守正创新使命，着力阐述基本观点：新时代党的治疆方略是习近平新时代中国特色社会主义思想关于新疆工作的集中体现，完整准确全面贯彻新时代党的治疆方略就是贯彻落实习近平新时代中国特色社会主义思想。新时代党的治疆方略饱含着习近平总书记对新疆工作的深邃思考和深刻揭示，凝聚着“建设美丽新疆、共圆祖国梦想”的价值情怀和目标愿景。新时代党的治疆方略蕴含着马克思主义立场观点方法，着眼于牢牢扭住社会稳定和长治久安总目标、推进新疆治理体系和治理能力现代化，落脚于建设新时代中国特色社会主义新疆、造福各族人民群众，具有与时俱进的理论品质和实践本质。新时代党的治疆方略彰显着强大精神感召力和思想引领力，是经新疆工作重大成效证明完全正确、必须长期坚持的行动指南。

希望丛书能够成为全疆党员干部和各族群众深刻理解把握、完整准确全面贯彻新时代党的治疆方略的辅助读物，期待各位领导和专家不吝赐教，指导我们继续深化研究。祝愿新疆各项事业实现高质量发展，在中国式现代化进程中更好建设美丽新疆！

新疆社会科学院

2024年10月

目　录

绪　论

《新疆的意识形态工作与去极端化斗争》是“新时代党的治疆方略研究丛书”中的一本，主要阐述新疆坚持以习近平新时代中国特色社会主义思想为指导，贯彻和落实新时代党的治疆方略，紧紧围绕社会稳定和长治久安新疆工作总目标，用党的关于意识形态工作的指导思想不断推进新疆的意识形态工作与去极端化斗争。

一、选题意义

新疆自古以来就是中国领土不可分割的一部分，新疆各民族是中华民族血脉相连的家庭成员。在漫长的历史发展进程中，新疆的命运始终与伟大祖国和中华民族的命运紧密相连。然而，一个时期以来，境内外敌对势力，特别是民族分裂势力、宗教极端势力、暴力恐怖势力（以下简称“三股势力”）为了达到分裂、肢解中国的目的，蓄意歪曲历史，混淆是非，不断在意识形态领域进行渗透，与我争夺阵地、争夺群众、争夺人心。

（一）选题背景

一段时期，受境外渗透和历史上“泛伊斯兰主义”“泛突厥主义”（以下简称“双泛”）思潮蔓延时间长、范围广、程度深的影响，新疆深受宗教极端主义和暴力恐怖主义之害，人民生命安全受到严重威胁。“三股势力”为了达到分裂中国的目的，大肆歪曲、编造、篡改新疆历史，夸大文化差异，煽动民族隔阂和仇恨，企图通过虚构历史搞乱新疆的意识形态领域，搞乱人们的思想观念。特别是20世纪80年代以来，其通过书刊出版、文艺演出、讲经布道、聚众演说、制售音像制品和利用互联网传播暴恐音视频等多种手段，对新疆意识形态领域进行渗透，极力解构新疆少数民族的中华民族历史记忆和社会记忆，消解新疆少数民族的中华民族共同体意识。他们打着民族、宗教的旗号，散布各种煽动性言论，恶毒攻击党和政府在民族宗教、资源开发、计划生育等方面的政策，挑拨民族仇恨。他们把极端思想与宗教捆绑在一起，与广大信教群众捆绑在一起，与社会生活捆绑在一起，煽动群众“除了真主以外不能服从任何人”，鼓吹把一切不遵循极端做法的人都视为异教徒、宗教叛徒、民族败类，煽动辱骂、排斥、孤立不信教群众、党员干部和爱国宗教人士；否定和排斥一切世俗文化，泛化“清真”概念，无视新疆各民族共同创造的多姿多彩、辉煌灿烂的传统文化，企图割裂中华文化与新疆各民族文化的联系。[①]“三股势力”为了达到分裂中国的罪恶目的，以暴力恐怖活动为破坏手段，以宗教极端主义为思想基础，不断推进宗教极端化、制造暴乱动乱，危害社会稳定，造成大量无辜群众被害，数百名公安民警殉职，财产损失无法估量。

新疆历来是西方国家染指中国、争夺中亚地区霸权的重点地区。西方国家企图把新疆作为西化、分化我国的一个突破口，图谋遏制和肢解中国。他们打着民族、宗教、人权的幌子，奉行双重标准，怂恿支持“三股势力”，企图乱疆制华，以维系自身的霸权地位。“三股势力”策划推动“阿化”“沙

---

① 中华人民共和国国务院新闻办公室.新疆的反恐、去极端化斗争与人权保障[M].北京：人民出版社，2009：11-12.

化”“土流”“泛清真化”渗透蔓延新疆，企图动摇新疆伊斯兰教中国化社会基础，消解新疆少数民族对伟大祖国、中华民族、中华文化、中国共产党、中国特色社会主义的认同。同时，国际恐怖组织和极端势力支持“三股势力”，帮助所谓“东突”培养骨干、训练暴恐分子，甚至直接策划指挥境内恐怖团伙实施暴恐犯罪。

总之，新疆意识形态领域面临着渗透与反渗透、颠覆与反颠覆、分裂与反分裂的复杂、尖锐的政治斗争，这是由“三股势力”图谋分裂中国的反动本质所决定的，不以我们的意志为转移。

（二）选题意义

中国共产党始终高度重视意识形态工作。党的十八大以来，以习近平同志为核心的党中央把意识形态工作摆在全局工作的重要位置，强调意识形态关乎旗帜、关乎道路、关乎国家政治安全。2013年，在全国宣传思想工作会议上，习近平总书记对意识形态工作的重要地位和作用作了深刻阐述，指出：“能否做好意识形态工作，事关党的前途命运，事关国家长治久安，事关民族凝聚力和向心力。”“在集中精力继续进行经济建设的同时，必须一刻也不放松和削弱意识形态工作。一个政权的瓦解往往是从思想领域开始的，政治动荡、政权更迭可能在一夜之间发生，但思想演化是个长期过程，思想防线被攻破了，其他防线就很难守住。”[①]2016年2月19日，在党的新闻舆论工作座谈会上，习近平总书记指出：“做好党的新闻舆论工作，事关旗帜和道路，事关贯彻落实党的理论和路线方针政策，事关顺利推进党和国家各项事业，事关全党全国各族人民凝聚力和向心力，事关党和国家前途命

① 中共中央宣传部.习近平新时代中国特色社会主义思想三十讲[M].北京:学习出版社，2018:213.

运。”[①]在2016年4月19日召开的网络安全和信息化工作座谈会上，习近平总书记就网络信息安全、网络舆论导向等问题发表重要讲话，明确了作为新媒体的网络在意识形态工作中的地位和重要性，为切实做好网络意识形态治理工作作出重要部署。2016年5月17日，习近平总书记主持召开全国哲学社会科学工作座谈会，提出坚持马克思主义的指导地位、建设中国特色哲学社会科学、加强与改善党对哲学社会科学工作领导等一系列重要思想，为繁荣我国哲学社会科学提供了有力支撑。党的二十大报告指出，建设具有强大凝聚力和引领力的社会主义意识形态，牢牢掌握党对意识形态工作领导权，全面落实意识形态工作责任制，巩固壮大奋进新时代的主流思想舆论。这些重要讲话深刻阐述了意识形态工作的重大理论和现实问题，深化、发展了中国共产党意识形态工作思想，为我们坚定不移做好新时代意识形态工作提供了指导思想和根本遵循。从20世纪末的苏联解体、东欧剧变到21世纪以来中东欧、中亚以及西亚北非相继发生的“颜色革命”充分证明，一个国家和政党的衰亡往往是从意识形态领域开始的，意识形态出了问题是其衰亡的根源。“在意识形态领域斗争上，我们没有任何妥协、退让的余地，必须把意识形态工作的领导权、管理权、话语权牢牢掌握在手中，任何时候都不能旁落”。[②]巩固马克思主义在意识形态领域的指导地位，巩固全党全国各族人民群众团结奋斗的共同思想基础，是意识形态工作的根本任务。

2020年9月26日，习近平总书记在第三次中央新疆工作座谈会上强调指出：深入做好意识形态领域工作，深入开展文化润疆工程。新疆是我国西北重要安全屏障，战略地位极为重要。党的十八大以来，特别是第二次中央新疆工作座谈会以来，以习近平同志为核心的党中央从战略全局审视和谋划

---

① 习近平.习近平谈治国理政(第二卷)[M].北京:外文出版社,2017:331-332.

② 中共中央宣传部.习近平新时代中国特色社会主义思想三十讲[M].北京:学习出版社,2018:213.

新疆工作，深刻阐述新疆工作一系列重大理论和实践问题，作出一系列重大决策部署，为新疆意识形态工作指明了方向，提供了根本遵循。自治区党委全面把握社会稳定和长治久安这个新疆工作总目标的精神实质，贯彻落实中央决策部署，把抵御民族分裂主义和宗教极端思想渗透作为极端重要的工作，坚决清理意识形态领域“两面人”，坚决抵制“泛突厥主义”“泛伊斯兰主义”错误思潮，深入开展去极端化斗争，着力建设具有强大凝聚力和引领力的社会主义意识形态，并取得一定成效，根本扭转了新疆意识形态阵地一度失守的局面，促进了新疆意识形态工作由正本清源到守正创新的转变。解决好意识形态领域的现实问题，特别是解决好历史领域的现实问题，对于统一各族群众对新疆历史问题的认识，有效回击国内外敌对势力对意识形态工作的干扰，对于推进依法治疆、团结稳疆、文化润疆、富民兴疆、长期建疆各项工作具有决定性作用。

二、研究状况

习近平总书记指出：“经济建设是党的中心工作，意识形态工作是党的一项极端重要的工作。面对改革发展稳定复杂局面和社会思想意识多元多样、媒体格局深刻变化，在集中精力进行经济建设的同时，一刻也不能放松和削弱意识形态工作，必须把意识形态工作的领导权、管理权、话语权牢牢掌握在手中，任何时候都不能旁落，否则就要犯无可挽回的历史性错误。”[①]本著作论述的主题是全面贯彻落实习近平总书记关于新疆工作的重要论述和新时代党的治疆方略，深刻认识做好新疆意识形态工作的极端重要性，深入开展文化润疆，保持新疆意识形态领域反分裂斗争压倒性态势，深入持久推进去极端化工作，筑牢新疆社会稳定和长治久安的思想根基。

① 习近平.论党的宣传思想工作[M].北京:中央文献出版社,2020:21.

研究中相关的参考文献与研究资料可分为三类：一是十八大以来党和国家领导人的重要讲话以及重要的意识形态工作文件；二是相关机构、学者、媒体等对习近平总书记重要讲话的解读类文章；三是学者对党的意识形态工作、新疆意识形态工作与去极端化斗争的研究性著述。

党的十八大以来，以习近平同志为核心的党中央对新疆工作十分关心，广泛深入调研，听取各方意见。习近平总书记对新疆工作先后多次作出指示和批示，提出了新疆发展的新定位，并作出了具体部署。2014年5月，习近平总书记在第二次中央新疆工作座谈会上发表重要讲话，对做好新形势下新疆工作，特别是维护新疆社会稳定和实现长治久安工作作出全面部署，具有高度的政治性、全局性、战略性。2020年9月，习近平总书记在第三次中央新疆工作座谈会上，2022年7月，习近平总书记在新疆考察时都指出当前和今后一个时期，做好新疆工作，要完整准确贯彻新时代党的治疆方略，牢牢扭住新疆工作总目标，依法治疆、团结稳疆、文化润疆、富民兴疆、长期建疆，以推进治理体系和治理能力现代化为保障，多谋长远之策，多行固本之举，努力建设团结和谐、繁荣富裕、文明进步、安居乐业、生态良好的新时代中国特色社会主义新疆。

在加强意识形态工作和去极端化斗争中，我国发表了一系列白皮书。如《新疆各民族平等团结发展的历史见证》（2015年9月）、《新疆的宗教信仰自由状况》（2016年6月）、《新疆人权事业的发展进步》（2017年6月）、《新疆的文化保护与发展》（2018年11月）、《新疆的反恐、去极端化斗争与人权保障》（2019年3月）、《新疆的若干历史问题》（2019年7月）等，均客观阐释了新疆意识形态工作与去极端化斗争的现实状况，成为解读新疆社会、历史、民族、文化、宗教等状况的权威文本。新疆还结合本地区实际，依照《中华人民共和国宪法》《中华人民共和国民族区域自治法》等法律法规，加快地方性法规的立法进程，先后出台了《新疆维吾尔自治区宗教事务条例》《新疆维吾尔自治区实施〈中华人民共和国反恐怖主义法〉办法》《新疆维吾尔自治区去极端化条例》，为遏制、打击恐怖主义、极端主义提供了有力的法律武器。

党的十八大以来，新疆的意识形态领域正本清源，呈现出高位推进、重点突出、思考深刻的鲜明特点。《把历史宣传教育作为新疆意识形态工作的重中之重》[①]《中华视野中的新疆地区历史》[②]《新疆意识形态工作应把握"四个关键"》[③]等文章，着眼铸牢中华民族共同体意识，抓住主要矛盾，精辟阐释了新疆意识形态工作中的重大问题。"加强新疆意识形态领域的工作"等国家、自治区社科基金和自治区治疆方略理论与实践研究中心的相关课题，深入论证、清晰阐明了关于新疆历史、民族、文化、宗教的正确观点。同时，中国知网的文献"计量可视化分析"显示，党的十八大以来，新疆的意识形态研究理论文章重点关注的是牢牢掌握意识形态工作领导权、推进新疆意识形态领域反分裂反渗透斗争等问题。目前，新疆的意识形态工作研究还需在发挥主流意识形态引领能力、铸牢中华民族共同体意识、增强各族人民"五个认同"等方面持续深化，为推进新疆社会稳定和长治久安提供坚实的理论支撑。

围绕去极端化主题开展学术研究，是当前反分裂斗争学术研究的突出特点。综合分析一段时间以来去极端化研究成果，内容涉及历史、政治、民族、宗教、文化、教育、宣传、心理、民生、意识形态、法治、反恐怖、社会治理、经济、国际关系等各个领域，基本形成了比较完整的去极端化的概念体系、范畴体系、理念观念体系、战略策略体系、实践方法体系。在成果形式分布方面，2015年以前主要以报纸为载体，以通讯、评论、短评、总结文章为主，期刊发表文章为辅，2016年以后则以期刊发表的研究报告为

① 田文.把历史宣传教育作为新疆意识形态工作的重中之重[N].新疆日报,2018-11-07(03).

② 徐贵相.中华视野中的新疆地区历史[N].人民日报,2019-07-24(017).

③ 王翰林.新疆意识形态工作应把握"四个关键"[N].新疆日报,2018-06-26(07).

主，报纸发表的通讯、评论、总结、短评文章为辅，也有多篇研究生学位论文。比较突出的是，由国家宗教事务局主办的《中国宗教》期刊，自2016年第1期起设立“去极端化”系列专栏，对去极端化进行连续研究。出版的去极端化著作是去极端化学术研究的重要成果。如2015年8月，社会科学文献出版社出版了王灵桂主编的去极端化系列三本书，分别是《“去极端化”理论读本》《“去极端化”普及读本》《“去极端化”宣教读本》；2017年12月，宗教文化出版社出版了集体项目成果《“去极端化”问题研究》；2018年7月，中国政法大学出版社出版了由冯卫国、兰迪、苟震所著的《反恐怖与去极端化前沿问题探究》。需要重点提到的是朱志杰所著的《去极端化原理：思路与方法构建》，内容包括导论、去极端化概念的提出、去极端化研究回顾、去极端化研究的视域、去极端化概要、研究的思路，有一定的原创性、系统性、整体性、理论性、实践性特点。有学者认为该著作“找到了去极端化理论与实践之间、去极端化诸项措施之间的‘最大公约数’，架构了去极端化理论与去极端化实践之间的桥梁”①。

三、主要观点

一是以习近平新时代中国特色社会主义思想为指导，新时代党的治疆方略深入人心。新疆工作在党和国家工作全局中具有特殊重要的战略地位。党的十八大以来，以习近平同志为核心的党中央站在实现中华民族伟大复兴战略全局的高度，审视、谋划、部署新疆工作，深化对治疆规律的认识和把握，形成了新时代党的治疆方略。新时代党的治疆方略是对党的治疆方略的坚持和完善、发展和升华，是习近平新时代中国特色社会主义思想的重要组成部分，是做好新疆工作的指南针、方向盘、动力源。新疆各族干部群众坚

① 朱志杰.去极端化原理:思路与方法构建[M].奎屯市:伊犁人民出版社,2016:7.

持以习近平新时代中国特色社会主义思想为指导，完整准确全面贯彻新时代党的治疆方略，推动新疆各项事业蒸蒸日上、全面进步，取得了辉煌成就。实践证明，新时代党的治疆方略是符合新疆实际、符合各族人民愿望的，是经过实践证明完全正确的，必须长期坚持。

二是新疆意识形态领域反分裂斗争稳步推进，新疆重大历史问题研究宣传取得积极成效。近年来，新疆深入推进意识形态领域反分裂斗争，新疆各族知识分子队伍经历了反分裂斗争思想洗礼，提高了政治辨别力和政治敏锐性。他们积极践行新时代党的治疆方略，不断走上讲台，走进社会，在关键时刻发声，主动担当责任，带头传播正能量，启迪民众，坚决同“三股势力”作斗争，为推进新疆实现社会稳定和长治久安总目标发挥了有力的思想引领作用。历史问题是重大原则问题，关系到中国统一和国家长治久安，关系地区安全、稳定和发展。自《新疆的文化保护与发展》《新疆的反恐、去极端化斗争与人权保障》《新疆的若干历史问题》等白皮书发布后，为贯彻落实白皮书精神，引导新疆广大干部群众以历史唯物主义的观点和方法正确认识新疆历史，正确看待新疆历史，正确把握新疆历史，树立正确的历史观，新疆在意识形态领域采取了一系列举措，显著增强了广大干部群众对中国统一多民族国家形成发展历史的认知，厚植了爱国情怀，为构筑中华民族共有精神家园汇聚起强大的精神力量。夯实了长治久安的思想基础，廓清了国家与宗教、宗教与民族、公民与教民、法律与教规、极端主义与宗教信仰及其生活习惯的界限，铲除了滋生暴恐的极端主义土壤。

三是加强思想政治教育阵地建设，加大国家通用语言文字教育推广力度，各族群众中华民族共同体意识明显增强。第二次中央新疆工作座谈会以来，新疆全面贯彻党的教育方针，紧紧围绕培养什么人、怎样培养人、为谁培养人这个根本问题，加强了思想政治理论课和思想政治教育阵地建设，着力培养爱党爱国的社会主义合格建设者和接班人。通过加强国家通用语言文字教育，推进了各民族交往交流交融，铸牢了中华民族共同体意识。越来越多的少数民族干部群众意识到，要走向全国，走向世界，必须掌握国家通用语言文字。新疆优秀、高层次的少数民族学者、专家和科技人才受益于国家通用语言文字教育，无一不是“民汉兼通”。在新疆，国家通用语言文字不仅是打开心灵、沟通情感、促进交流的钥匙，而且对于国家安全和地区发展的重要作用日益凸显。实践证明，少数民族使用国家通用语言文字能力的高低直接影响少数民族公民意识培养以及民族团结教育的成效。学习国家通用语言文字是增强少数民族群众“五个认同”和国家意识、公民意识及铸牢中华民族共同体意识的重要途径。加强国家通用语言文字教育不仅为实现各民族文化互鉴互赏互融起到积极作用，更是实现新疆社会稳定和长治久安的内在要求。

四是积极开展对外宣传和国际舆论斗争。近些年来，通过加强对外舆论斗争和队伍建设，加大宣传力度，主动出击，我们争取了对外舆论斗争的主动权和话语权，培养了一大批政治站位高、理论功底扎实、应变能力强的涉疆舆论工作队伍。特别是有序组织境外媒体人员赴疆参观采访，持续在联合国人权委员会、理事会开展涉疆重点议题的宣传和舆论斗争，营造了有利的国际社会舆论环境。2018年底以来，国务院新闻办公室组织了70余批国家和地区官员、国际组织、新闻媒体、宗教团体、专家学者等一千余人实地考察新疆反恐、去极端化工作。有识之士纷纷表示，新疆的反恐、去极端化工作为国际社会反恐、去极端化探索出了有益经验，提供了成功范例，值得充分肯定和学习借鉴。同时，中央广播电视总台旗下中国国际电视台（CGTN）接连发布《中国新疆　反恐前沿》《幕后黑手——“东伊运”与新疆暴恐》《巍巍天山——中国新疆反恐记忆》《暗流涌动——中国新疆反恐挑战》等反恐纪录片，将恐怖主义和宗教极端主义对新疆地区民众的伤害公之于世，并揭露了“东伊运”恐怖组织的种种恶行，受到国内外公众关注，在国际社会引起广泛反响。

五是去极端化斗争取得重大阶段性成果。宗教极端主义是一股反社会、反人类、反文明的逆流，其极端本质注定其将走向灭亡。第二次中央新疆工作座谈会将社会稳定和长治久安作为新疆工作的总目标，并确立了“依法治疆、团结稳疆、长期建疆”的治疆方略，将“去极端化”作为落实总目标的重要任务，在全区开展了声势浩大的去极端化斗争，取得了十分显著的社会效果。同年，新疆组织动员全区各级机关干部深入基层开展“访惠聚”（访民情、惠民生、聚民心）驻村工作，夯实了新疆基层组织建设，引领了乡村文化生活新气象。2016年召开的新疆第九次党代会制定的一系列策略、措施，遏制了宗教极端主义渗透蔓延势头。2017年3月29日，新疆维吾尔自治区第十二届人民代表大会常务委员会第二十八次会议通过了《新疆维吾尔自治区去极端化条例》，进一步推动了去极端化工作法治化建设，特别是通过开展职业技能教育培训工作，标本兼治、综合施策、打防结合，着力消除恐怖主义、宗教极端主义滋生蔓延的土壤。

六是要充分认识到意识形态领域斗争具有长期性、复杂性和尖锐性，影响新疆的深层次问题还远未解决。“双泛”思想流毒根深蒂固、宗教极端思想影响深远，历史认知的偏差依然存在，“五个认同”入脑入心亟待加强，意识形态领域侵蚀消解民众对中华文化认同的隐患，境内外敌对势力渗透、干扰、破坏的风险依然存在。新疆意识形态领域渗透与反渗透、颠覆与反颠覆、分裂与反分裂的斗争是一场你死我活的斗争，正本清源、统一认识、凝聚人心，维护好新疆意识形态安全任重而道远。

四、基本框架和内容

党的十八大特别是第二次中央新疆工作座谈会以来，以习近平同志为核心的党中央从战略全局审视和谋划新疆工作，为新疆意识形态工作和去极端化斗争指明了方向，提供了根本遵循。《新疆的意识形态工作与去极端化斗争》是关于新疆意识形态工作的专题研究著作，由绪论、正文、参考文献和后记构成。正文部分共九章。

第一章论述了新疆意识形态领域"双泛"思潮流毒深远，"三股势力"持续渗透，西方图谋"以疆制华"。自治区党委坚决贯彻落实新时代党的治疆方略，在意识形态领域推进正本清源工作并取得了重大成效。同时，新疆意识形态工作还面临着种种挑战，守正创新工作任重道远，维护意识形态领域安全任务艰巨。

第二章阐述了自治区党委遵循马克思主义经典作家关于意识形态的思想和习近平总书记关于意识形态工作的重要论述，切实做好新形势下的新疆意识形态工作，为推进社会稳定和长治久安，建设团结和谐、繁荣富裕、文明进步、安居乐业、生态良好的新时代中国特色社会主义新疆提供坚强思想保证和强大精神力量。

第三章论述了要深刻把握习近平新时代中国特色社会主义思想的精髓，深入学习贯彻新时代党的治疆方略，增强贯彻落实新疆工作总目标的政治自觉和行动自觉，凝聚起"建设美丽新疆、共圆祖国梦想"的精神力量。

第四章论述了在新疆意识形态领域要巩固马克思主义理论指导地位，加强哲学社会科学理论、思想政治教育、新闻舆论、文化出版、网络宣传等方面的阵地建设，确保新时代党的治疆方略落地生根。

第五章阐释了"文化润疆"及其重要战略意义。通过大力开展爱国主义教育实践，积极建设新时代文明实践中心，培育和践行社会主义核心价值观；大力宣传民族区域自治制度优势，促进各民族交往交流交融，使各民族像石榴籽一样紧紧抱在一起；坚持新疆伊斯兰教中国化方向，充分发挥兵团先进文化示范作用，扎实推进文化援疆工作，建设中华民族共有精神家园。

第六章论述了新疆在严打暴恐违法犯罪斗争中紧紧围绕社会稳定和长治久安总目标，在意识形态领域开展了深挖民族分裂主义思想流毒的斗争，正本清源，进行源头治理。

第七章论述了宗教极端主义是新疆社会稳定和长治久安的最大威胁，是暴恐活动的思想基础，去极端化是维护新疆意识形态安全的重要任务，要大张旗鼓揭露极端主义绑架宗教、违背宗教教义的险恶目的，坚决把宗教极端思想从一般宗教问题上剥离出来，积极引导宗教与社会主义社会相适应。

第八章阐述了新疆开展去极端化工作积累的丰富经验，包括坚持问题导向与政府担当作为相结合，坚持依法反恐、去极端化与保障人权相结合，坚持去极端化不与特定地域、民族、宗教挂钩，坚持宽严相济与预防教育挽救相结合等，这些经验也为世界反恐、去极端化提供了中国方案和中国智慧。

第九章论述了全面落实新疆意识形态工作责任制，牢牢掌握意识形态工作领导权，巩固和扩大主流意识形态的舆论影响力，加强各类社会思潮研究与舆情研判，主动针对现实热点问题释疑解惑等，构建意识形态工作安全的支撑保障体系，建立健全意识形态安全预警处置机制。

《新疆的意识形态工作与去极端化斗争》一书总结了党的十八大以来特别是第二次中央新疆工作座谈会以来，自治区党委完整准确全面贯彻落实新时代党的治疆方略，果断采取一系列反恐维稳举措，加强意识形态领域工作和去极端化斗争所取得的显著成就；分析了新疆意识形态工作和去极端化斗争存在的挑战、不足和短板。新疆的意识形态领域曾一度失守的教训是惨痛的，带来的恶劣影响贻害至今。《新疆的意识形态工作与去极端化斗争》有助于从根本上认识意识形态领域长期存在的各类深层次问题，澄清各族群众思想上的模糊和错误认识；对统一各族群众思想，凝聚共识，铸牢中华民族共同体意识，建设具有强大凝聚力和引领力的社会主义意识形态，有着重要理论和现实意义，为实现新疆社会稳定和长治久安总目标奠定坚实思想基础。

第 一 章

做好新疆意识形态工作的极端重要性

意识形态工作是党的一项极端重要的工作。习近平总书记指出："能否做好意识形态工作，事关党的前途命运，事关国家长治久安，事关民族凝聚力和向心力。"[①]2020年9月25日至26日，第三次中央新疆工作座谈会在北京召开，习近平总书记出席会议并发表重要讲话，强调牢牢扭住新疆工作总目标，就要在事关长治久安的深层次问题上聚焦发力，要深入做好意识形态领域工作。党的二十大报告指出，建设具有强大凝聚力和引领力的社会主义意识形态，意识形态工作是为国家立心，为民族立魂的工作。意识形态领域是反分裂斗争的主战场。新疆意识形态领域的问题由来已久，"泛伊斯兰主义""泛突厥主义"错误思潮流毒深远，"三股势力"持续渗透，西方图谋"以疆制华"。在以习近平同志为核心的党中央坚强领导下，自治区党委采取一系列坚决行动，使新疆意识形态领域反分裂斗争取得显著成效，社会大局和谐稳定，正本清源成就斐然。但新疆意识形态领域的斗争依然复杂，维护

① 中共中央宣传部.习近平新时代中国特色社会主义思想三十讲[M].北京：学习出版社，2018：213.

意识形态领域安全的任务依然艰巨，做好新疆意识形态工作极端重要。

一、新疆意识形态领域的问题由来已久

“双泛”思潮自19世纪末20世纪初传入新疆以来，流毒深远；“三股势力”长期渗透新疆，西方敌对势力也从未停止过对我意识形态领域的渗透，图谋“以疆制华”。新疆意识形态领域斗争形势复杂严峻。

（一）“双泛”思潮流毒深远

1.“双泛”思潮缘起

“双泛”是近代以来兴起的两股政治思潮，传入新疆百余年来，始终是影响中国国家安全和新疆稳定的一股浊流。19世纪末20世纪初，境内外分裂分子与宗教极端分子，利用老殖民主义者炮制的一整套所谓的“泛伊斯兰主义”“泛突厥主义”理论，否认中国各民族共同缔造伟大祖国的历史，否认新疆各民族是中华民族的组成部分，否认新疆各民族文化是中华文化的组成部分，宣扬伊斯兰教是新疆地区各民族唯一信仰的宗教等，鼓噪所有操突厥语和信奉伊斯兰教的民族联合起来，组成一个“政教合一”的国家，建立“东突厥斯坦”，叫嚣“要反对突厥民族以外的一切民族”，消灭“异教徒”。[①]20世纪初至40年代末，所谓“东突”势力为了达到分裂和控制新疆、建立所谓的“东突厥斯坦”国家的目的，大肆传播“泛伊斯兰主义”“泛突厥主义”思潮、宣扬暴力恐怖主义，组织策划一系列分裂活动。1915年，分裂分子麦斯武德回到伊犁，开办学校，公开向学生传播分裂思想。1933年11月12日，以穆罕默德·伊敏等为首的“东突”分裂势力建立了所谓的

① 中华人民共和国国务院新闻办公室.新疆的反恐、去极端化斗争与人权保障[M].北京：人民出版社，2019：9.

“东突厥斯坦伊斯兰共和国”，遭到新疆各族人民的反对，不到三个月，这场闹剧就草草收场。1944年11月12日，以艾力汗·吐烈为首的“东突”分裂势力建立了所谓的“东突厥斯坦共和国”，仅一年多即土崩瓦解。此后，形形色色的分裂组织和分裂分子打着“东突”旗号进行颠覆分裂活动，妄图建立所谓的“东突厥斯坦”国家。[①]“双泛”思潮的传播渗透在一定程度上使新疆的反分裂斗争长期化、复杂化、尖锐化，成为国际反华势力牵制、分裂中国的工具。在新疆，“双泛”互有分工、互相支撑，共同成为所谓“东突”思想体系的根源。所谓“东突”分子首先在“泛伊斯兰主义”中找到了“真理”，继而又在“泛突厥主义”中找到了“根”。“双泛”思潮进入新疆以后以各种面目存在，始终是新疆分裂势力的思想指南和理论依据，影响恶劣，流毒深远。

2.“双泛”思潮危害国家政治安全

境内外分裂势力将“突厥斯坦”地理名词政治化，企图分裂、肢解中国。“18世纪至19世纪上半叶，随着西方对阿尔泰语系突厥语族各种语言的划分，一些国家的学者和作家频繁使用‘突厥斯坦’一词，指代天山以南到阿富汗北部，大体包括新疆南部到中亚的地域，并且习惯以帕米尔高原为界，将这一地理区域分为‘西突厥斯坦’和‘东突厥斯坦’。19世纪末20世纪初，‘泛突厥主义’‘泛伊斯兰主义’思潮传入新疆以后，境内外分裂势力将这个地理名词政治化，将其内涵扩大化，鼓噪所有使用突厥语族语言和信奉伊斯兰教的民族联合起来，组成政教合一的‘东突厥斯坦国’。[②]他们打着所谓“东突厥斯坦”的旗帜，鼓吹所谓“东突厥斯坦独立论”。“所谓的‘东突厥斯坦’论调，成为境内外民族分裂势力、国外反华势力企图分裂中

① 中华人民共和国国务院新闻办公室.新疆的反恐、去极端化斗争与人权保障[M].北京:人民出版社,2019:10.

② 中华人民共和国国务院新闻办公室.新疆的若干历史问题[M].北京:人民出版社,2019:9.

国、肢解中国的政治工具和行动纲领。”[①]而事实是，“中国历史上从来没有把新疆称为‘东突厥斯坦’，更不存在所谓的‘东突厥斯坦国’。”[②]

极端思想渗透蔓延，危害人民生命财产安全。“一段时间以来，中国新疆地区深受民族分裂势力、宗教极端势力、暴力恐怖势力（“三股势力”）的叠加影响，恐怖案件频繁发生，对各族人民生命财产安全造成极大危害，严重践踏了人类尊严。”[③]“据不完全统计，从1990年至2016年底，‘三股势力’在新疆等地共制造了数千起暴力恐怖案（事）件，造成大量无辜群众被害，数百名公安干警殉职，财产损失无法估量。”[④]

2009年乌鲁木齐“7·5”打砸抢烧严重暴力犯罪事件、2013年北京天安门金水桥“10·28”恐怖袭击事件、2014年新疆莎车“7·28”等暴力恐怖事件的发生，证明了威胁新疆安全的民族分裂势力一直没有停止搞乱新疆，将新疆从中国分裂出去的企图。2019年底，《中国新疆　反恐前沿》和《幕后黑手——“东伊运”与新疆暴恐》两部以新疆反恐为主题的纪录片在中国国际电视台以英语、阿拉伯语、日语等版本面向海外连续播出。纪录片披露了大量过去因为安全考虑没有向公众公开的恐怖案件，揭示暴力恐怖主义和宗教极端主义给新疆带来的伤痛。“三股势力”对新疆危害之严重，令人发指。

“三股势力”大肆鼓吹“双泛”思想，危害新疆意识形态安全。民族分裂主义是“泛突厥主义”和“泛伊斯兰主义”的反动社会思潮在意识形态领域的集中体现。[⑤]长期以来，民族分裂势力大肆歪曲、编造、篡改新疆历史，夸大文化差异，煽动民族隔阂和仇恨，企图搞乱新疆的意识形态，搞乱

① 中华人民共和国国务院新闻办公室.新疆的若干历史问题[M].北京：人民出版社，2019：9.

② 同①：8.

③ 中华人民共和国国务院新闻办公室.新疆的反恐、去极端化斗争与人权保障[M].北京：人民出版社，2019：1.

④ 同③：13.

⑤ 李建华.“双泛”对新疆社会稳定的影响和危害[J].新丝路.2018-05-14(11).

人们的思想观念，实质上是与我争夺阵地、争夺群众、争夺人心。[①]他们以唯心主义的国家观、历史观为基础，以建立所谓“东突厥斯坦国”为目的，以“新疆独立论”“民族优越论”“宗教至上论”“反汉排汉论”“泛突厥共同体论”等为主要内容，编织了一套错误的、反动的思想体系，在新疆一些地方渗透蔓延的时间长、范围广、程度深、危害大。受这些错误思想影响，一些人对新疆的历史、民族、文化、宗教等问题产生错误认知；一些人在精神信仰、思想观念、社会生活等方面，对什么是正确的、什么是错误的，并不是很清楚；一些人甚至做起了妄图把新疆分裂出去的“独立梦”“建国梦”。直到今天，民族分裂思想依然存在，“泛突厥主义”民族观影响深远，对“泛伊斯兰主义”的认同较为突出，宗教极端思想流毒远未肃清，这些都严重虚化、消解了人们的国家认同感。他们还利用互联网、音像制品、媒体、课堂、学术、文学作品、文艺演出，大肆散布、传播错误、反动言论。这些错误、反动思想危害极大。“双泛”思潮渗透新疆，“三股势力”意图实现分裂中国，成立幻想中的所谓“东突厥斯坦”的黄粱美梦，成为影响新疆社会稳定的“毒瘤”。

境内外敌对势力遥相呼应，妄图“西化”“分化”中国。新疆的分裂主义脱胎于清末的“双泛”思潮，始于20世纪30年代初。所以，近代以来新疆地区一直存在分裂与反分裂的你死我活的斗争。90年代后，民族分裂主义、宗教极端主义和暴力恐怖主义三股合流。同时，新疆又处在西方“西化”“分化”中国的前沿阵地，西方敌对势力妄图通过支持“三股势力”，撕开新疆的口子，达到搞乱中国、遏制中国最终达到分裂中国的罪恶目的。[②]近年来，“三股势力”总是打着“人权”口号在国际上诽谤中国政府，破坏

---

① 徐贵相.正确认识新疆历史问题，维护新疆长治久安[N].人民日报，2018-10-28(08).

② 木拉提·黑尼亚提.新疆社科院研究员：暴力恐怖犯罪是各族人民的敌人[DB/OL].(2013-11-04).http://xj.cnr.cn/gd/201311/t20131104_514031779.shtml.

我国的国际形象，境外敌对势力借此干涉中国内政。在中国近代史上，民族分裂活动从来都是外国侵略势力策动的，民族分裂主义分子从来都是外国侵略势力割取我国边疆领土的内应力量。境外敌对势力从未打消“西化”“分化”中国的念头。“三股势力”一直有着复杂的国际背景支持，并沦为西方敌对势力对我实施“西化”“分化”的工具。不少“三股势力”成员在中亚、南亚一些地区的恐怖组织训练基地接受过军事训练并直接参与恐怖活动。“三股势力”无论是在境外还是境内，其实施危害国家安全的颠覆破坏活动往往是境内与境外遥相呼应、密切配合的，其根本目的都是要把新疆从中国分裂出去。从一定程度上讲，“双泛”思潮能够在新疆形成泛滥之势，境外敌对势力扮演着十分重要的角色。

3. “双泛”思潮危害新疆经济安全

习近平总书记在第三次中央新疆工作座谈会上的讲话中指出，发展是新疆长治久安的重要基础。新疆经济社会各项事业的发展、人民生活水平的提高，都离不开良好、稳定的社会环境。“三股势力”给新疆乃至国家的经济发展和改革开放造成了严重危害。早在20世纪早期，很大一部分“双泛”思潮拥趸就打着经商贸易的名义传播分裂思想。同时，所谓“东突”恐怖组织大肆实施恐怖活动，导致大量无辜群众被害，财产受到严重损失。在“双泛”思潮渗透新疆百余年的时间里，大大小小的分裂活动不计其数，不仅影响了人们正常的生产、生活和工作秩序，还一定程度上使新疆的投资环境恶化，影响了人才引进和改革的深入推进，给新疆经济社会发展造成了恶劣影响。改革开放后，新疆的旅游经济快速发展，旅游业成为区域经济发展的“晴雨表”。而暴恐活动对新疆的冲击，首当其冲的是旅游业。曾经一度，新疆接待游客数量和旅游综合收入同比均为负增长，呈现较大的下降趋势。

（二）“三股势力”持续渗透

1. 通过灌输错误的“五观”制造认同危机

意识形态领域是境内外“三股势力”与我争夺群众、争夺人心、争夺阵地的重要领域。民族分裂主义以“双泛”思潮为精神土壤，长期以来，“三股势力”向新疆少数民族群众（尤其是维吾尔族民众）灌输错误思想，制造了各种认同危机。制造国家认同危机。境内外“三股势力”通过歪曲杜撰国家、民族形成、发展的历史，鼓噪所有使用突厥语族语言和信奉伊斯兰教的民族联合起来，组成政教合一的所谓的“东突厥斯坦”，削弱和消解少数民族群众对中华人民共和国民族国家建构的认同。制造中国共产党和中国特色社会主义认同危机。境内外“三股势力”利用少数民族信教群众对伊斯兰教深层的文化心理认同以及社会转型期的各种社会热点、难点问题进行思想渗透破坏，侵蚀消解部分少数民族民众尤其是青少年群体对中国共产党及中国特色社会主义道路认同的理想与信念，进而引发对国家的政治认同危机。制造民族认同危机。“三股势力”煽动一些少数民族群众狭隘的族群意识，有的人还以宗教信仰划分民族，严重威胁民族团结与和谐民族关系的构建。制造文化认同危机。由于“三股势力”的思想文化渗透是以历史、文学、学术与文化艺术等为表现形式，具有异常的隐蔽性和更大的欺骗性，一些缺乏明辨是非能力的少数民族群众极容易树立狭隘的文化认同观念，从而引发民族认同危机的产生，并最终威胁到国家核心价值观的建构。“三股势力”制造的各种认同危机是新疆暴恐与分裂活动多发频发且难以根治的一个重要原因，增加了新疆反恐斗争的复杂性与艰巨性。

2. 通过散布宗教极端思想持续渗透

宗教极端主义产生于20世纪70年代，随着伊朗“伊斯兰革命”在世界范围的蔓延，20世纪70年代末80年代初，宗教极端主义进一步向新疆渗透。80年代以后，宗教极端主义与恐怖主义沆瀣一气、兴风作浪，成为严重危害新疆稳定安全的浊流。“20世纪90年代以来，特别是美国‘9·11’事件后，受国际局势变化和恐怖主义、极端主义全球蔓延的影响，境内外‘东突’势力加强勾连，扬言通过发动‘圣战’建立‘东突厥斯坦’国家。他们打着民族、宗教的幌子，利用群众朴素的民族宗教感情，煽动宗教狂热、大肆散布宗教极端思想，蛊惑煽动群众，实施暴力恐怖活动，使一些人走上违法犯罪的道路。他们大肆鼓吹‘圣战殉教进天堂’等邪说，把一些人变成完全受其精神控制的极端分子和恐怖分子，甚至变成杀人不眨眼的魔鬼。宗教极端主义打着伊斯兰教旗号，但完全违背宗教教义，并不是伊斯兰教。长期以来，他们把极端思想与宗教捆绑在一起，与广大信教群众捆绑在一起，与社会生活捆绑在一起，煽动群众‘除了真主以外不能服从任何人’，教唆信教群众抵制政府管理；鼓吹把一切不遵循极端做法的人都视为异教徒、宗教叛徒、民族败类，煽动辱骂、排斥、孤立不信教群众、党员干部和爱国宗教人士；否定和排斥一切世俗文化，宣扬不能看电视、听广播、读报刊，强迫葬礼不哭、婚礼不笑，禁止人们唱歌跳舞，强制妇女穿戴蒙面罩袍；泛化‘清真’概念，不仅在食品上，而且在药品、化妆品、服装等物品上都打上清真标签；无视新疆各民族共同创造的多姿多彩、辉煌灿烂的传统文化，企图割裂中华文化与新疆各民族文化的联系。这一切，都是对现代文明的否定，都是对人类进步的破坏，都是对公民人权的粗暴侵犯。”①

3. 通过教育领域持续渗透

为了与我争夺下一代，教育领域成为分裂主义思想渗透的重点领域。2016年自治区成立专案组立案调查发现的2003版和2009版中小学维吾尔语

① 中华人民共和国国务院新闻办公室.新疆的反恐、去极端化斗争与人权保障[M].北京:人民出版社,2019:11–12.

问题教材，恰恰印证了分裂思想的流毒尤其“双泛”思想隐身其间与我们争夺下一代的事实，232万名维吾尔族在校学生及数万名教育工作者深受其害！严重的教材问题，反映出新疆意识形态局面的严峻程度！高校作为意识形态工作的前沿阵地，一直是“三股势力”及各种敌对势力实施“西化”“分化”图谋的重点。“三股势力”通过邮寄和偷运反动书籍、报刊、音像制品，利用电台广播、国际互联网和人员交往，收买、策反我出国学习、生活的教师和学生；利用学校的课堂或在学生宿舍宣扬民族分裂思想、宗教极端思想或进行非法宗教活动，引诱、拉拢师生参加民族分裂组织和团伙等。境内外“三股势力”组织及其成员更是将魔爪伸向那些具备一定专业知识，并且可塑性比较强的大学生。各地高校少数民族学生群体也是“三股势力”极力进行渗透的对象，“三股势力”企图利用这类群体在高校培植力量和建立据点，策划实施暴恐活动。

4. 通过互联网持续渗透

互联网成为意识形态领域反分裂斗争的主战场。以网络为工具，在网络和物理空间同步开展暴恐袭击成为“三股势力”的重要活动形式。随着互联网技术的发展，“三股势力”利用微信、QQ等通信软件组织成员、下达指令、传授制爆方法，实施暴恐活动。恐怖组织更是利用暗网宣传极端主义思想、散布恐怖主义。恐怖分子也越来越多地利用信息技术直接从国外获取从事极端、恐怖活动的宣传品、教材，用作自身意识形态宣传和行动的资源。[①]互联网等媒介已成为境内外“三股势力”进行意识形态领域渗透和毒化的重要工具。

---

① 杨恕.当前恐怖活动新特点新动向[J].人民论坛,2014(16):42.

（三）西方图谋“以疆制华”

1. 西方反华势力意图利用新疆遏制中国

新疆一直以来就是美国对中国实施遏制战略的重要政治筹码。“进入21世纪以来，美国在所谓‘新疆问题’上变本加厉、大做文章。实施‘新疆工程’，企图使所谓的‘新疆问题’政治化、国际化；奉行‘双重标准’，支持并操纵所谓‘东突’分裂势力大搞暴力恐怖活动；全面攻击我治疆政策，发起妖魔化新疆的舆论攻势；炒作涉疆民族宗教问题，挑拨中国与‘一带一路’沿线伊斯兰国家关系；狙击‘一带一路’倡议实施，削弱中国世界影响力。”①

新疆议题也历来是美国国会关注的主要议题。美国国会关注的新疆议题主要包括：维吾尔人的政治权利，这是美国国会谈论最多的议题，几乎在议员的每次表态、每个听证会、每个决议案中都会触及；维吾尔族的宗教信仰，这是美国国会对中国政府指责最多、几乎从无好评的议题；维吾尔族的文化语言传承，某些议员以新疆的学校设立了国通语教学为借口，毫无根据地诬称维吾尔族文化受到了人为的禁止和破坏，而这是为了同化维吾尔族人并迫使其放弃自己的传统文化。议题还涉及维吾尔族的就业问题、维吾尔族在新疆的地位问题等等。②此外，美西方反复炒作所谓新疆职业技能教育培训中心是“集中营”等谎言，美国国会众议院并以此为借口，不顾中方强烈反对和严正交涉，执意审议通过所谓“2019年维吾尔人权政策法案”③“2020年维吾尔人权政策法案”，“对新疆反恐、去极端化措施和人权状况肆意污蔑、无端指责，严重践踏国际法和国际关系基本准则，严重干涉中国内

---

① 徐贵相.美国“以疆制华”图谋必将破产[N].光明日报，2020-06-21(02).

② 刘卫东.美国国会对中国新疆问题的干涉[J].国际资料信息，2010(2)：1.

③ 中国人民政治协商会议新疆维吾尔自治区就美国国会众议院通过“2019年维吾尔人权政策法案”发表严正声明[N].光明日报，2019-12-05(03).

政，严重伤害新疆各族人民感情”①。这是其一贯的做法，并非个案。

可以说，那些热衷于鼓噪的西方反华势力和政客长期以来对“三股势力”在新疆制造的暴行视而不见、对新疆人的福祉毫不关心，只对利用所谓“新疆问题”向中国发难感兴趣，先后打出“反恐牌”“教培牌”“强迫劳动牌”“疫情牌”“人权牌”“民族牌”“宗教牌”“教育牌”“学术牌”，对新疆进行系统攻击抹黑，毫无依据、毫无底线、毫无道理地虚构一套所谓新疆“迫害少数民族”“破坏宗教自由”“侵犯少数民族人权”的歪理邪说，②颠倒是非、捏造事实，影响极为恶劣。所谓“新疆问题”根本不是什么人权、民族、宗教问题，而是反暴恐和去极端化问题，③大量暴恐案（事）件的背后是境内外“三股势力”在策划并组织和实施，不铲除“三股势力”，新疆将永无宁日。

美国等西方一些政客在大国博弈上不仅消耗了大量资源，而且导致了国际反恐合作无法有效开展，其与反华媒体对中国新疆指手画脚、给中国扣“帽子”、不择手段地抹黑新疆、搞“以疆制华”的政治图谋，妄图借所谓“新疆问题”遏制、分裂我国的险恶用心昭然若揭！④美国对中国发动涉疆舆论战、签署涉疆法案的背后，是掩饰不住的战略焦虑和困境，西方拿涉疆问题做文章违背国际社会主流民意，不得人心。

2.“西化”“分化”中国并持双重标准

西方反华势力从未停止过“西化”“分化”中国的图谋，始终极力扶植

① 新疆维吾尔自治区人大常委会.关于美国所谓“2020年维吾尔人权政策法案”的严正声明[N].人民日报,2020-06-19(03).

② 徐贵相.美国“以疆制华”图谋必将破产[N].光明日报,2020-06-21(02).

③ 中国政府网.全国人大外事委员会就美国所谓“2020年维吾尔人权政策法案”签署成法发表声明[DB/OL].(2020-06-18).http://www.gov.cn/xinwen/2020-06/18/content_5520214.htm.

④ 艾来提·木合买提.认清美国险恶用心 强烈抵制霸权主义 坚定维护祖国统一和民族团结[DB/OL].(2019-12-05).https://www.kelamayi.com.cn/xw/ss/content_1351926.htm.

和庇护妄图推翻中国共产党领导和颠覆社会主义制度的组织、势力和个人，设法插手有可能影响中国政治稳定、引发社会动乱的事件，大肆渲染抹黑中国，利用种种机会进行西方思想文化的渗透，竭力纵容和大力支持分裂中国的势力和活动。

美国等西方国家一直以来采取双重标准，粗暴干涉中国内政，抹黑中国。2020年新冠疫情发生以来，西方某些国家对中国和西方国家在对待新冠疫情防控方面使用的不同宣传口吻，就很好地诠释了西方政客运用双重标准一贯抹黑中国的丑恶嘴脸。反恐更是如此，西方政客们一边宣称恐怖分子是全世界人民的公敌，一边忙不迭地划分界线，同样性质的事件，发生在西方世界里叫反恐，发生在与西方制度迥异的国度里叫“侵犯人权”。他们不仅在现实中给民族分裂分子、宗教极端分子、暴力恐怖分子以庇佑，还在占主导和优势地位的舆论上误导受众。

同样是恐怖主义的受害者，美国在自己的国土上全力反恐的同时还要忙着支持、资助、培训他国宗教极端势力、民族分裂势力和暴力恐怖势力。出于对社会主义中国的仇视，加上严重的反共产主义意识形态，以美国为首的西方国家将中国政府在新疆实行的民族和宗教方面的政策以及反恐行动污蔑为政府对少数民族的迫害，污蔑为对其一直主张的所谓“民主、自由、人权”的压迫，不断对中国政府进行攻击、抹黑，不断对我国新疆进行意识形态渗透破坏，实施颠覆和分裂活动；一些美国学者通过解构我国新疆反恐、反分裂政策，构建了一套与中国完全不同的、针对中国的所谓“新疆问题”话语体系。西方一些“学者”往往绑架整个维吾尔族，强调恐怖分子的维吾尔族身份属性，将其视为维吾尔人的代表甚至是精英、骨干，却不在意那些在新疆平静地生活着的大多数维吾尔族群众。恐怖分子被美国“学者”塑造成为“自由战士”，披着“人权”“宗教”的外衣，活跃在国际舞台上。“一段时期，新疆深受恐怖主义、宗教极端主义之害，人民生命安全受到严重威胁。”[①]这些“学者”却无视事实，污蔑中国政府在新疆的反恐措施是“镇压”，并颠倒黑白，鼓吹在新疆发生的“分裂活动”与“暴力抵抗”是不得已而为之，这是在反恐问题上典型的双重标准。

美国长期以“人权卫士”自居，一边肆意指责他国人权问题、挥舞所谓的“人权”大棒，一边却对自己国内在种族、移民等方面存在的问题不置一词。美国国内少数族裔饱受欺凌排斥，仅就美国印第安人而言，由于美政府长期实行强制种族灭绝、隔离、同化政策，20世纪初，美国印第安人人口已从1492年的500万骤减至25万，目前仅占美国总人口的2%。新冠疫情发生后，非洲裔美国人的患病率是白人的5倍多，死亡率也远远高于白人，凸显出美国的种族不平等。而2020年美国非洲裔男子弗洛伊德之死及其引发的大规模抗议活动，再次充分暴露出美国系统性种族歧视问题。[②]

二、新疆意识形态工作面临的风险挑战

新疆的反恐斗争和去极端化工作取得了重大阶段性成果，但其长期性、复杂性、尖锐性依然突出。党的二十大报告指出：“在充分肯定党和国家事业取得举世瞩目成就的同时，必须清醒看到，我们的工作还存在一些不足，面临不少困难和问题。……意识形态领域存在不少挑战。”现阶段，“三股势力”对我们明里暗里的挑战仍然存在，“双泛”思潮的余毒还没有彻底肃清，意识形态领域反分裂斗争形势依然严峻。

---

① 中华人民共和国国务院新闻办公室.新疆的职业技能教育培训工作[M].北京：人民出版社，2019：1.

② 冉继军.疫情中的歧视：美国少数族裔“无法呼吸”的困境[N].光明日报，2020-06-06(08).

（一）反分裂斗争形势的挑战

1. 暴力恐怖活动存在反弹的危险

20世纪90年代至21世纪初，中国特别是新疆地区恐怖袭击事件频繁发生，极大危害了各族群众生命财产安全，严重践踏人类基本尊严。面对现实威胁，中国政府果断采取措施，依法开展反恐和去极端化斗争，有效遏制了恐怖活动多发频发势头，保障了民众的生存权、发展权等基本人权，得到新疆各族群众的普遍支持和国际社会的积极评价，为国际反恐事业作出了积极努力和贡献。[①]众所周知，如今的新疆，社会和谐稳定，经济持续发展，民生不断改善，文化空前繁荣，宗教和睦和顺，[②]就业、教育、医疗、社会保障等各项惠民工作取得新成效，各族人民群众的获得感、幸福感、安全感大幅提升。但是，长期以来境外敌对势力总是寻机对我国进行各种牵制、破坏，境内“三股势力”的活动从未停止过。“东伊运”恐怖组织在境内外“三股势力”的合谋下极力推行“思想上打入新疆”“行动上拉人出境”计划，并发布暴恐音视频作为实施爆炸袭击的“训练教材”和“行动指南”。“基地”组织和分裂主义、恐怖主义势力相勾结对新疆进行武装渗透，他们在境外培训所谓“东突”分子和追随者，教唆其回国参加“圣战”，[③]新疆南部的和田、喀什、阿克苏等地一度成为被渗透破坏的重点地区。“三股势力”利用网络等技术手段传播极端思想、进行暴恐宣传、发展组织成员、传授制爆技术、动员进行暴恐活动，成为恐怖组织活动的常态方式。虽然近几年来新疆未发生暴力恐怖案件，去极端化工作也取得了一定成效，但不能排

---

① 中国新闻网．国家反恐办回应美众院通过涉疆法案：美方肆意诬蔑和无端指责[DB/OL].(2019-12-04).http://www.chinanews.com/gn/2019/12-04/9024739.shtml.

② 同①.

③ 中国记协网．中央广播电视总台《中国新疆　反恐前沿》[DB/OL].(2021-05-20).http://www.zgjx.cn/2021-05/20/c_139953418.htm.

除仍有极端分子涉恐涉暴，不能排除国际大环境仍然存在恐怖主义蔓延趋势，境内外“三股势力”相互勾结破坏新疆稳定形势的潜在威胁仍然存在。

2. 青少年思想教育和引导工作面临挑战

境内外“三股势力”从没有停止过对青少年的渗透侵蚀，其影响的区域从新疆蔓延至全国各地。从思想上“洗脑”争取青少年一代，已经成为“三股势力”诸多恶行之一，其影响更大，更不容易控制。近些年来，新疆依法采取多种措施进行去极端化斗争，有效遏制了暴恐活动多发频发势头，但“三股势力”的渗透还没有彻底遏制，其影响依然存在并伺机制造事端。“三股势力”极力拉拢青少年作为其实施分裂破坏活动的重要工具。部分青少年受“三股势力”渗透的影响丧失了判断力，走上了从事暴恐活动和分裂国家的犯罪道路。“三股势力”还将渗透对象转向疆外各地高校，尤其是新疆籍少数民族大学生成为其重点目标，给国家抵御和防范宗教极端思想带来了极大挑战，新疆和其他地区高校在教育管理中抵御“三股势力”的渗透任务十分艰巨。

3. 国际舆论格局“西强我弱”的挑战

国际话语权是国家综合实力的重要组成部分和大国战略博弈的重要战场，在信息化时代有时甚至成为民众评判得失输赢的唯一标准。[①]党的十八大以来，以习近平同志为核心的党中央高度重视意识形态工作，对意识形态领域许多方向性、战略性问题作出部署，“举旗定向、正本清源，从根本上扭转了意识形态领域一度出现的被动局面，使我国意识形态领域形势发生了全局性、根本性的转变”[②]。但在当前，国际舆论格局总体上是“西强我弱”，中国等发展中国家的话语权处于结构性弱势。[③]

---

① 华春莹.占据道义制高点　提升国际话语权[N].学习时报,2019-07-12(01).

② 北京市习近平新时代中国特色社会主义思想研究中心.做好意识形态工作既要有斗争意识又要有斗争艺术[N].光明日报,2019-12-10(06).

③ 同①.

在国际舆论场域，西方话语体系仍居主导地位。在对华报道上，西方媒体往往以冷战思维的立场观点、“政治正确”的意识形态、议程设置的技巧方法、揭丑报道的传播取向进行传播。[①]新疆一直处于西方敌对势力“西化”“分化”中国的前沿阵地，西方政客和反华势力“西化”“分化”中国的活动也从未停止过。美国一些知名媒体在全世界拥有强大的传播能力和广泛的受众，掌握着新闻媒体的话语权，成为国际社会中建构“新疆形象”的主要参与者。这些新闻媒体更关注新闻效应，明显偏向采纳所谓“了解中国”“了解新疆”的美国“学者”、新闻记者以及“受到迫害的自由斗士”的观点，将中国学者的观点、中国媒体的报道排除在外，甚至故意曲解。客观上说，中国在世界上的形象很大程度上被“他塑”而非“自塑”，中国真实形象与西方主观印象形成反差，令西方民众认识不到一个真实的中国和真实的新疆。

西方话语霸权引导下的世界舆论不利于我治疆策略的实施。意识形态领域的宣传阵地我们不占领，敌人就会占领，如何占领需要我们制定很好的应对之策。党的二十大报告指出：要“加强国际传播能力建设，全面提升国际传播效能，形成同我国综合国力和国际地位相匹配的国际话语权”。新疆意识形态领域的反分裂斗争还要持续一定时期，要化解“西强我弱”的国际舆论格局，就必须做好打“持久战”的思想准备。

（二）宗教极端主义渗透的挑战

1. 宗教极端主义的真正要害是政权问题

根据《新疆维吾尔自治区去极端化条例》第3条第2款的内容，极端主义是指以歪曲宗教教义或者其他方法煽动仇恨、煽动歧视、鼓吹暴力等的主张和行为。宗教极端主义就是“一些利益集团打着宗教的旗号，对宗教教义

① 何建华.“西强我弱”国际话语格局怎样改变[J].理论导报,2017(2):31.

进行歪曲的和极端化的解释，煽动宗教狂热和鼓吹极端思想主张，制造不同信教群体之间的仇视和斗争，并采取极端手段，以求摧毁一切现存社会秩序和世俗国家，建立神权统治为目的的一种思想和行为体系”。[①]“宗教极端主义根本的和首要的目标是夺取政权，它的真正要害是政权问题。”[②]宗教极端主义具有鲜明的政治性，表现在宗教信众思想观念和行为活动的政治化，目标是夺取或分裂国家政权，这也导致了宗教极端主义必然向恐怖主义转变。

2. 向群众灌输宗教极端思想

曾经一段时间，宗教极端主义通过千方百计地歪曲教义为自己服务，用“宗教至上论”“神权政治论”“圣战殉教进天堂”等歪曲教义的方式进行宗教极端思想的灌输，把“圣战”作为穆斯林应尽的宗教义务，将“伊吉拉特”和“圣战”捆绑，对信教群众进行洗脑；宗教极端主义不择手段地组织策划和实施各种分裂破坏活动，妄图建立所谓的“东突厥斯坦”，实现伊斯兰教法统治。宗教极端主义还把以极端思想洗脑的目标指向妇女和儿童，训练妇女儿童实施暴力恐怖袭击。“东伊运”恐怖组织制作并发布了大量线上暴恐视频，其中公然叫嚣杀戮和自杀，散布“圣战殉教进天堂”的谬论，并利用这些视频招募成员或是渗透极端思想。在诸多暴恐事件中，很多被蛊惑、洗脑的人往往不顾自己的生命和家庭，肆意砍杀无辜群众，有的甚至在杀人成功之后自杀，这种做法已经突破人类文明的底线，具有彻底的反人类性。

在一段时期里，为了达到制造民族对立、危害社会和谐稳定的政治目的，宗教极端主义极力向群众灌输宗教极端思想，“煽动群众‘除了真主

---

① 马品彦.宗教极端主义的本质与危害[J].新疆社会科学,2008(6):63.

② 同①:64.

以外不能服从任何人'，教唆信教群众抵制政府管理”[①]，营造出一种不正常的社会氛围。宗教极端主义利用各种手段在宗教上做文章，或曲解宗教教义，或促使宗教的生活化、社会化，将社会生活的方方面面用宗教教法加以判断，对群众的日常生活习惯进行定性，鼓吹只有这样做才是“真正的穆斯林”，是在尽穆斯林的义务，从而搞乱人们的思想、制造信教群众与不信教群众之间的对立与隔阂，阻碍各族群众的交往交流交融。“泛化‘清真’概念，将清真概念扩大到清真食品领域之外的其他领域。”[②]泛化“清真”概念现象在一定程度上是“泛伊斯兰化”的表现，对社会危害极大，其中泛化“清真”概念的种种行为和表现起到了充当宗教极端思想蔓延渗透的开路先锋作用。

宗教极端主义在新疆的渗透和传播不是一朝一夕的事，这既有国内外大环境的影响，又有其历史根源和社会现实等诸多因素影响，其中宗教极端思想成为毒化群众、实施暴力恐怖活动的重要精神基础。

3. 宗教极端主义毒害青少年

宗教极端化是诱发信教群众，特别是青少年在思想上转变为民族分裂分子、精神上转变为宗教极端分子、行动上转变为暴力恐怖分子的主要诱因。[③]从前些年新疆破获的暴恐案件来看，涉案成员大多年轻、文化程度低，尤其是乌鲁木齐“7·5”打砸抢烧严重暴力犯罪事件后，从事暴力恐怖犯罪的大都是“80后”“90后”的年轻人，初中以下文化程度占95%，有低龄化的趋势。浓厚的社会宗教氛围也影响着青少年的身心健康发展。宗教极端势力利用所谓的“宗教学习”手段，唆使青少年或者年龄更小的儿童通过非法途径学经，向其散布极端思想。一些受到宗教极端思想影响的成人教自

① 中华人民共和国国务院新闻办公室.新疆的反恐、去极端化斗争与人权保障[M].北京:人民出版社,2019:01.

② 马品彦.宗教极端主义的本质与危害[J].新疆社会科学,2008(6):64.

③ 韩江声,许兴维.“去极端化”在反恐维稳中的对策研究[J].兵团党校学报,2017(3):40.

己年幼的孩子学习如何使用刀具，为以后从事暴恐活动打基础。作为青年聚集之地和意识形态领域的重要阵地，高校一直是“三股势力”及各种敌对势力“西化”“分化”争夺渗透的重点。宗教极端势力打着民族和宗教的旗号，在高校中传播宗教极端思想，通过各类非法宣传品拉拢青年学生参与地下讲经点的活动，煽动宗教极端情绪、扰乱正常的教学秩序、挑唆和离间部分少数民族学生、误导学生抵制国家的各项政策。

4. 渗透基层阵地，挑战党的执政之基

在第三次中央新疆工作座谈会上，习近平总书记强调，要坚持不懈强化理想信念教育，突出政治训练，常态化识别干部政治素质，确保各级领导权始终牢牢掌握在忠诚干净担当的干部手中。在新疆，维护社会稳定是压倒一切的任务，而新疆的各个基层党组织是确保任务贯彻和落实的中坚力量。因而做好新疆工作，重点在基层，难点也在基层。利用宗教竭力向基层组织渗透，一直以来都是宗教极端势力进行分裂破坏活动的一个突出特点。宗教极端主义思潮早期是以“伊扎布特”“台比力克”等组织形式由20世纪80—90年代开始在新疆进行煽动和发展成员，并大力修建清真寺、私办地下讲经点、发布以宣传“圣战殉教进天堂”为主要内容的录音录像制品等。宗教极端主义鼓吹把一切不遵循极端做法的人都视为异教徒、宗教叛徒、民族败类，煽动辱骂、排斥、孤立不信教群众、党员干部和爱国宗教人士。[①]宗教极端势力打着“振兴伊斯兰教”的幌子，把强迫信教的目标指向共产党员，最终导致新疆一些地区的宗教氛围日趋浓厚。在浓厚的宗教氛围下，一些基层组织软弱涣散，对非法宗教活动不愿管、不敢管；一些村干部政治素质低、政策法纪观念淡薄，肆意侵害群众利益，甚至与暴恐分子相互勾结、沆瀣一气；有的基层组织甚至被非法宗教势力或“三股势力”把持，成为其

① 中华人民共和国国务院新闻办公室.新疆的反恐、去极端化斗争与人权保障[M].北京：人民出版社，2019：11.

“保护伞”，致使基层阵地一度失守，严重削弱了党的执政基础，成为影响新疆社会稳定发展的重大隐患。

（三）泛化“清真”概念和“去中国化”的挑战

1. 泛化“清真”概念和“去中国化”的表现和实质

“清真”一般指符合穆斯林生活习惯和需求的食品或穆斯林的礼拜场所，如“清真食品”“清真餐厅”“清真寺”等。清真食品仅限于肉源类、动物油脂、含有肉油脂的食品，但在宗教极端主义那里，穆斯林的饮食禁忌被无限放大到宗教经典规定之外的禁忌食品，清真与非清真的界限从食物延伸到了衣物、饮料、房子、家具、马路、空气以及身份证、户口本、结婚证、营业执照、人民币等各种日常用品、生产生活资料、设备等，从“清真水”“清真盐”“清真面粉”“清真蔬菜”“清真水果”到“清真牙膏”“清真香皂”“清真化妆品”“清真纸”“清真皮鞋”，从“清真澡堂”“清真超市”“清真厕所”“清真病房”到“清真收银台”“清真通道”，甚至“清真座位”等。凡此种种，几乎涵盖社会生活的方方面面，意在无限制地制造族群隔离与文化隔离。

“去中国化”就是将伊斯兰极端主义思想引入中国伊斯兰教中、贯彻到中国穆斯林群众的生活中，意图循序渐进地将中国伊斯兰教的本土文化元素去除并通过对外在的宗教符号，包括建筑、服饰、礼仪、语言、禁忌等方面的阿拉伯化，全方位地推进中国伊斯兰教“去中国化”。宗教极端主义还竭力用宗教极端思想替换民族文化，认为妇女不戴面纱不是真正的穆斯林，婚礼上唱歌、跳舞，葬礼上哭也不是真正的穆斯林。这些与中华文化和少数民族文化、传统习俗相悖的做法，其实就是宗教极端主义将伊斯兰教“去中国化”的表现。泛化“清真”概念和“去中国化”倾向是在破坏中国伊斯兰教长期以来的本土化传统，成为制造民族分裂和暴恐活动、威胁新疆社会经济稳定与发展的毒瘤。[①]泛化“清真”概念和“去中国化”的本质是宗教极端化的表现。极端思想一旦在部分人心中扎了根、嵌入中国伊斯兰教宗教教育体系和教法传统中，就至少需要一代甚至几代人的时间去清除，并可能还会有反复，成为影响国家安全和新疆稳定的巨大隐患和挑战。乌鲁木齐“7·5”打砸抢烧严重暴力犯罪事件、昆明火车站严重暴力恐怖袭击事件就是印证。

2. 泛化“清真”概念和“去中国化”挑战民族团结和各民族文明进步事业

宗教极端主义泛化“清真”概念，企图通过“清真”和“不清真”制造民族隔阂、民族矛盾，破坏民族团结、煽动民族仇恨。这种做法不符合穆斯林的传统，扰乱了穆斯林群体的信仰和习俗，不利于穆斯林群体融入现代社会，无形中也强化了民族意识或民族特殊性，不利于各民族正常交往交流交融，损害民族团结和宗教和谐，对我国各民族一律平等的民族政策造成破坏。一些别有用心的人更是利用对清真概念的炒作、打着“清真”的旗号，借机传播宗教极端主义思想。宗教极端主义所宣扬的“清真”“圣战”等所谓的“宗教教义”背后充斥着抵制政府、制造民族分裂的政治图谋。宗教极端主义无视新疆各民族共同创造的多姿多彩、辉煌灿烂的传统文化，企图割裂新疆各民族文化与中华文化的联系，误导少数民族不认同中华文化。宗教极端主义的做法违背人性，助长宗教极端化倾向，导致一些信徒信仰上走向偏激、生活上走向保守、行为上走向极端，在衣食住行、婚丧嫁娶、礼仪风俗等方面与现代社会发展要求背道而驰；一度淡化了各族群众追求现代科学技术知识、文明生活风尚的社会氛围，破坏了各族群众共居、共学、共事、共乐的社会环境，不利于各族群众共同团结奋斗、共同繁荣发展，对我国民族团结和各民族文明进步事业形成巨大挑战。

---

① 司律.中国化:新疆宗教“去极端化”的基本方向[J].新疆社会科学,2016(01):64.

3. 泛化“清真”概念和“去中国化”挑战国家法治秩序

宗教极端主义泛化“清真”概念，将清真概念扩大到社会生活的方方面面，蛊惑信教群众只遵循宗教极端主义宣扬的被歪曲的教义并强制推动执行，具有极大的迷惑性和严重的危害性，对依法治国的国家法治秩序形成严重挑战。从干涉他人与其他民族或者有其他信仰的人员交往交流交融、共同生产生活，到歪曲、诋毁国家政策、法律、行政法规；从干预国家行政、司法、教育、婚姻等制度的实施，到与政府唱对台戏，进而煽动民族仇恨、民族歧视，煽动反对党的领导、反对社会主义制度。[①]宗教极端主义极力鼓吹宗教极端思想，信教群众受其影响，将恐怖主义、极端主义歪曲炮制的“教法”当作行为准则，无视国家法律，甚至干扰破坏法律的实施，或参与暴力恐怖犯罪活动，最终陷入民族分裂主义和暴力恐怖主义的泥沼。

4. 泛化“清真”概念和“去中国化”挑战新疆稳定和国家安全

党的二十大报告指出，“巩固和发展最广泛的爱国统一战线”，就要“坚持我国宗教中国化方向，积极引导宗教与社会主义社会相适应”。我国宗教坚持自主自办、中国化原则和方向，强调必须把宗教界的政治认同放在宗教工作首要位置，就是要保证我国宗教的发展把握正确的政治方向并服从、服务于国家认同。但是在“三股势力”那里，宗教认同仅仅是实现其政治图谋的手段，其意图以宗教为幌子，以暴恐、神权政治等极端思想取代马克思主义的政治信仰和国家指导思想，并逐步弱化、影响中华民族的价值观、文化传统和民族精神，挑战和消解群众对伟大祖国、中华民族、中华文化、中国共产党和中国特色社会主义的认同。宗教极端主义泛化“清真”概念和“去中国化”的根本目的就是制造民族冲突和隔阂，其实质是妄图通过泛化“清真”概念和“去中国化”达到分裂中国的政治目的，其发展趋势对新疆稳定

---

① 马劲.警惕“清真”概念泛化倾向[J].中国宗教,2016(08):18.

和国家安全形成巨大挑战。

（四）群众科学文化素质偏低的挑战

1. 中国共产党历来重视提高群众科学文化素质

“公民科学素质的提升有助于提高个人的认知判断能力，增强民主意识，实现科学决策，是公民参与政治决策的重要基础，同时也决定着建设创新型国家和创建世界科技强国的人力资源水平。”①

中国共产党历来重视提高群众科学文化素质。1949年中央人民政府成立之初，便在文化部设立了科学普及局；1958年成立的中国科学技术协会，成为领导组织科普活动的主要部门。1978年，邓小平同志在全国科学大会开幕式上的讲话中指出，科学技术是生产力，“劳动者只有具备较高的科学文化水平，丰富的生产经验，先进的劳动技能，才能在现代化的生产中发挥更大的作用”②，提出大力发展科学研究和科学教育事业。1992年，中国科协开始对中国公民科学素质进行全国范围内的抽样调查。1994年12月，《关于加强科学技术普及工作的若干意见》颁布，这是新中国成立以来第一个涉及科普的纲领性文件，为科普事业提供了制度保障。1995年，科学普及日益成为国家战略层面的系统工程，党中央、国务院颁布《关于加速科学技术进步的决定》，“科教兴国战略”在决定中首次被提出。随后，与科普相关的内容均被纳入《国民经济和社会发展第十个五年计划科技教育发展专项规划》里。2006年2月，中国历史上第一个提高全民科学素质的纲领性文件——《全民科学素质行动计划纲要（2006—2010—2020）》正式颁布，学校教育、科学普及与科学传播三大渠道并行的局面形成，公民科学素质建设

---

① 王娜，斯琴塔娜.建国以来中国公民科学素质建设的历史及经验[J].北京航空航天大学学报(社会科学版),2019,32(5):17-21.

② 邓小平.树立雄心，立壮志，向科学技术现代化进军——热烈祝贺全国科学大会开幕.[N].人民日报,1978-03-18(01).

进入快速发展阶段。[①]2016年，习近平总书记在全国科技创新大会、中国科学院和中国工程院院士大会和中国科协第九次全国代表大会上讲话中指出，“科技创新、科学普及是实现创新发展的两翼，要把科学普及放在与科技创新同等重要的位置”[②]，把科普工作提到了前所未有的战略高度。社会性力量参与科普日益增多，“互联网+科普”模式形成一股新的力量。2018年9月17日，习近平总书记在给世界公众科学素质促进大会的贺信中写道：“中国高度重视科学普及，不断提高广大人民科学文化素质。”

如果说现有的去极端化的一些措施是治标，那么科学文化建设就是治本。科学文化建设对去极端化具有不可忽视和不可替代的重要作用，是转化广大群众思想观念的有力武器。只有整个社会的科学文化氛围浓厚，才能使宗教极端势力没有生存的空间；只有持续深入开展科学普及活动、努力提升各族群众科学素质，才能不断夯实社会稳定和长治久安的思想基础。

2. 新疆部分地区公民科学文化素质偏低

全民科学素质比例是衡量一个国家或地区科学发展水平的重要指标。在新疆，特别是南疆地区，由于经济文化发展水平落后，农村地区长期处于相对落后状态，少数民族群众受宗教思想影响严重，在“三股势力”长期渗透影响下，人们对许多伪科学的说法缺乏判断力而盲目听信，新疆尤其是南疆群众的科学精神相当缺乏。中国科协开展的第九次中国公民科学素质调查显示，“2015年我国具备科学素质的公民比例从2010年的3.27%提高到6.20%”[③]，2018年提高到8.47%。新疆科协联合自治区全民科学素质工作

① 中央政府门户网站.全民科学素质行动计划纲要(2006−2010−2020年)[DB/OL].(2006−03−20).https://www.gov.cn/jrzg/2006−03/20/content_231610.htm.

② 习近平.十八大以来重要文献选编[M].北京:中央文献出版社,2018:339.

③ 中国公民科学素质调查课题组.2015年中国公民科学素质抽样调查数据总表[J].科普研究,2016(3):65−115.

领导小组办公室于2010年首次全面展开全区公民科学素质抽样调查，“2020年，新疆公民具备科学素质比例达7.52%，超过‘十三五’6.08%～6.97%的发展目标预测区间，比2015年提高了3.55个百分点，全疆公民科学素质水平进入稳定发展阶段”①，但距全国水平，尤其离2020年全国10%的目标还有较大差距。造成新疆尤其南疆各族群众科学文化素质偏低的原因很多，其中主要是南疆传统农业的生产力水平低下、经营方式粗放分散，农民平均受教育年限普遍偏低，大多数农民缺乏一技之长。在一些经济较为落后的地区，由于科学文化素质偏低导致的群众思想愚昧，既严重阻碍基层群众文化工作的开展，又不利于先进文化的传播。“三股势力”正是利用了新疆基层少数民族群众教育程度普遍偏低来蛊惑和拉拢人心，制造浓厚的宗教氛围，进行宗教极端思想的渗透，成立暴力恐怖组织并进行恐怖犯罪活动。宗教极端思想一旦灌输到民众中就会产生极大的破坏力。

三、维护意识形态领域安全任务艰巨

习近平总书记在党的十九大报告中指出，“实现伟大梦想，必须进行伟大斗争。社会是在矛盾运动中前进的，有矛盾就会有斗争。我们党要团结带领人民有效应对重大挑战、抵御重大风险、克服重大阻力、解决重大矛盾，必须进行具有许多新的历史特点的伟大斗争”。党的二十大报告指出：“全面建设社会主义现代化国家，是一项伟大而艰巨的事业，前途光明，任重道远。”前进道路上，必须“坚持发扬斗争精神。……知难而进、迎难而上，……全力战胜前进道路上各种困难和挑战，依靠顽强斗争打开事业发展新天地”。意识形态领域是反分裂斗争的主战场，新疆作为具有特殊区情、

① 谢慧变.新疆全民科学素质行动规划纲要实施方案印发[DB/OL].(2022-02-23).http://xj.people.com.cn/n2/2022/0223/c186332-35146229.html.

社情的边疆地区，维护意识形态领域安全任务艰巨，完成守正创新工作任重道远。新疆各族干部群众要以决战决胜的勇气和担当，奋力夺取意识形态领域反分裂斗争的全面胜利。

（一）意识形态领域是反分裂斗争的主战场

1. 新疆是我国反分裂斗争的前沿阵地

习近平总书记在第三次中央新疆工作座谈会上强调，“要深入做好意识形态领域工作”。意识形态工作是党和国家工作的重要组成部分。从20世纪末的苏联解体、东欧剧变到21世纪以来中东欧、中亚以及西亚北非相继发生的“颜色革命”，充分证明意识形态对一个政党、一个国家、一个民族的生存发展至关重要。“在意识形态领域斗争上，我们没有任何妥协、退让的余地，必须把意识形态工作的领导权、管理权、话语权牢牢掌握在手中，任何时候都不能旁落”。[①]同时也要看到，“新疆是我国反分裂斗争的前沿阵地、意识形态领域是反分裂斗争的主战场。特别是民族分裂势力大肆歪曲、编造、篡改新疆历史，夸大文化差异，煽动民族隔阂和仇恨，企图通过虚构历史搞乱新疆的意识形态，搞乱人们的思想观念，实质上是与我争夺阵地、争夺群众、争夺人心。反分裂斗争的实践表明，我们同民族分裂、宗教极端、暴力恐怖‘三股势力’的斗争，根子和焦点就在意识形态领域”[②]。

2. “三股势力”威胁新疆意识形态安全

“三股势力”渗透新疆，以“双泛”思潮为理论、思想支撑，在一定程度上使新疆反分裂斗争长期化、复杂化、尖锐化，成为国际反华势力牵制、分裂中国的工具。通过歪曲、杜撰民族与国家形成、发展的历史，境内外“三股势力”打着民族、宗教的幌子，长期向新疆少数民族群众灌输宗教极

① 中共中央宣传部.习近平新时代中国特色社会主义思想三十讲[M].北京:学习出版社,2018:213.

② 中共新疆维吾尔自治区委员会宣传部.正确认识新疆若干历史问题[M].人民出版社,2018:01.

端思想，煽动宗教狂热、煽动反党和反国家的言论和情绪；“三股势力”利用课堂、出版物及新兴媒体等散布错误观点，把新疆的历史、民族、文化描述成“独立”存在和发展的，同中国历史、中华民族、中华文化毫无关联。这些民族分裂主义和宗教极端思想结合后具有极强的煽动性和欺骗性，蛊惑他人采用极端手段进行所谓的“圣战”，蔑视他人生命，与社会和人类为敌。一个时期以来，一些受“三股势力”蒙蔽毒害的少数民族群众在精神信仰、思想观念、社会生活等方面，对什么是正确的、什么是错误的，失去了判断，有的甚至沦为“三股势力”的帮凶。“三股势力”是新疆意识形态安全的重大威胁。

3. 杜绝“双泛”思潮的传播

在第三次中央新疆工作座谈会上，习近平总书记强调：要加强中华民族共同体历史、中华民族多元一体格局的研究，将中华民族共同体意识教育纳入新疆干部教育、青少年教育、社会教育，教育引导各族干部群众树立正确的国家观、历史观、民族观、文化观、宗教观，让中华民族共同体意识根植心灵深处。面对“双泛”思潮的渗透，我们应当着力加强对新疆历史的系统研究，正确宣传新疆历史包括民族发展和宗教演变的历史，教育广大干部群众正确认识新疆历史特别是民族发展史等，认清“三股势力”的蛊惑与欺骗，树牢中华民族历史观；加快推进新疆文化教育事业的发展，使少数民族适龄儿童以及各群体的人们都有受教育的机会，从而增强对“三股势力”的辨识力和对宗教极端思想的抵抗力，从思想根源上杜绝“双泛”思潮的传播；引导各族干部群众特别是党员领导干部、知识分子、青少年树立正确的国家观、历史观、民族观、文化观、宗教观，铸牢中华民族共同体意识，加强对伟大祖国、中华民族、中华文化、中国共产党、中国特色社会主义的认同教育，促进各民族像石榴籽一样紧紧抱在一起，共同守卫祖国边疆，共同创造美好生活。

（二）推进正本清源取得重大成效

1. 推进意识形态领域正本清源成效显著

新疆历史、民族、文化、宗教等问题向来是新疆意识形态领域反分裂斗争的焦点。一个时期以来，境内外敌对势力为了达到分裂、肢解中国的目的，蓄意歪曲历史、混淆是非。[①]历史虚无主义是近年来颇为活跃的有害思潮。历史虚无主义的本质，是通过虚无历史颠覆价值观念、颠覆政权和社会基础，是一种攻击的武器和斗争的手段。[②]在2010年7月召开的全国党史工作会议上，时任中共中央政治局常委、中央书记处书记、国家副主席习近平强调："历史虚无主义的要害，是从根本上否定马克思主义指导地位和中国走向社会主义的历史必然性，否定中国共产党的领导。"它打着"解放思想""反思历史""范式转换"等旗号，以主观代替客观、以细节代替整体、以臆想代替史实、以支流代替主流，进而歪曲历史、消解革命、否定崇高。历史虚无主义拿历史做文章，目的却不是为了深化历史研究。[③]一段时间以来，历史虚无主义想方设法地误导人们接受错误的国家观、历史观、民族观和文化观。民族分裂势力大搞历史虚无主义立场，肆意歪曲虚构历史，散布了一系列错误的、反动的思想言论，极力否定我国历代中央政权对新疆的管辖、否认新疆各民族是中华民族大家庭血脉相连的成员、否认新疆各民族文化是中华文化的组成部分、否认新疆历来是多种宗教并存的基本史实，这些错误思潮在新疆一些地方渗透蔓延时间长、范围广、程度深、危害大，对新疆意识形态领域造成严重冲击，对新疆各族群众造成严重毒害，对新疆社会稳定和长治久安造成严重影响。

---

① 中华人民共和国国务院新闻办公室.新疆的若干历史问题[M].北京:人民出版社,2019:1.

② 班永吉.历史虚无主义透视[J].湘潮,2020(01):35.

③ 李泽泉.廓清历史虚无主义的迷雾[J].理论导报,2017(09):25.

第二次中央新疆工作座谈会以来，自治区党委旗帜鲜明地反对和抵制历史虚无主义、抵制“三股势力”的渗透和破坏，用马克思主义教育人民（尤其是青年人），引导人们坚持用唯物史观正确认识新疆历史。第三次中央新疆工作座谈会上，习近平总书记强调，要“教育引导各族干部群众，树立正确的国家观、历史观、民族观、文化观、宗教观”。为正确阐明新疆历史，自治区采用多种形式深入开展新疆历史宣传教育。把新疆历史宣传教育融入党员干部、知识分子“两支队伍”的学习培训中，融入“不忘初心、牢记使命”主题教育中，融入对宗教教职人员的培训中，融入新疆教育工作各个环节、各个方面；推进新疆历史宣传教育进企业、进农村、进机关、进校园、进社区、进军营、进团场连队、进网站，并积极运用网络技术手段制作一批反映新疆历史的系列微视频、动漫短片等在新媒体广泛推送；把新疆历史宣传教育融入微党课、“国旗下的宣讲”和课前3分钟形势政策教育等活动当中；加强文化馆、博物馆、图书馆、美术馆、文物遗址、城市雕塑、广场园林等阵地保护和建设，让文物说话、让历史发声；把新疆历史宣传教育融入“民族团结一家亲”和民族团结联谊活动当中，充分发挥“访惠聚”驻村工作队作用，把重大问题、重要史实、重要观点用通俗易懂的语言向各族群众讲透彻。①

通过开展新疆历史宣传教育，深挖错误思潮根子、深刻揭批“三股势力”的反动言论，把那些被“三股势力”长期歪曲、编造的历史纠正过来，把人们思想上错误的、模糊的、有分歧的东西澄清过来，把重大问题、重要史实、重要观点向各族干部群众讲清楚、说明白，引导各族干部群众树立正确的“五观”，自觉抵制歪曲和杜撰新疆历史、民族、文化、宗教的言行，给“三股势力”以有力回击，推进意识形态领域正本清源工作取得重大成效。

---

① 田文.把历史宣传教育作为新疆意识形态工作的重中之重[N].新疆日报,2018-11-07(A03).

2. 夯实基层基础成效显著

在第二次中央新疆工作座谈会上，习近平总书记指出，要把抓基层、打基础作为稳疆安疆的长远之计和固本之举，努力把基层党组织建设成为服务群众、维护稳定、反对分裂的坚强战斗堡垒，让党的旗帜在每一个基层阵地上都高高飘扬起来。一段时期以来，在新疆南疆基层，宗教极端思想蔓延，宗教极端氛围愈发浓厚，基层群众被宗教极端势力裹挟，基层阵地一度趋于失守状态。事实证明，凡是宗教极端思想活跃、极端活动频发的地方，多是基层组织软弱涣散，基层干部政治不强、能力不高、作风不硬的地方。

2014年，自治区开始开展“访惠聚”驻村工作。“访惠聚”驻村工作是一项宏大复杂的系统工程、民心工程，是新时代党的治疆方略在新疆的伟大实践。“访惠聚”驻村工作队把维护稳定作为驻村工作的核心任务，在乡镇村居落实各项维稳措施的同时，协助基层完善落实各项机制，在农村形成了群防群治群控、社会大局稳定向好的良好工作局面。驻村干部深入基层、扎根乡村，善于引导，正本清源，大力推进去极端化，引导各族群众认清危害，自觉抵御和摒弃宗教极端思想，回归现代文明生活。基层宗教极端氛围明显淡化，基层组织过去散、乱、弱的局面明显发生转变，驻村工作队用实际行动赢得了群众的心。“访惠聚”驻村工作队在扶贫开发的理念思路、方式方法、体制机制、保障落实等方面开展了一系列开创性工作。[①]各驻村工作队坚持把推动当地经济发展作为重要任务，引导所驻村理清发展思路，推动“户户有门路、人人有活干、月月有收入”，让各族群众真正享受到看得见、摸得着的好处和实惠，凝心聚力成效明显提升。“访惠聚”驻村工作队将践行群众路线、转变工作作风作为切入点，将整顿软弱涣散基层党组织作为加强基层党组织建设的重要任务，立足“固本强基”，充分发挥“传帮

① 丁守庆，洪美云.“访惠聚”驻村工作：缘起、部署及经验总结[J].实事求是，2018(5)：25.

带”的作用，基层干部的工作作风有了很大转变，村干部的威信、基层党组织的凝聚力和战斗力不断增强。“访惠聚”驻村工作队还以加强民族团结、增进民族互信为出发点，以“民族团结一家亲”和民族团结联谊活动为抓手，坚决维护“生命线”，各民族交往交流交融更加广泛深入。“访惠聚”驻村工作持续开展至今，践行党的群众路线，基层党组织的地位和作用不断强化与完善，正本清源成效显著。

3. 推进去极端化工作成效显著

新疆的反分裂斗争是一场长期、复杂、尖锐的政治斗争。2014年以来，为了防范宗教极端主义在意识形态领域的渗透，在自治区党委的统一部署安排下，新疆严厉打击各种形式的“三非”活动，对非法宗教活动、非法宗教网络传播和非法宗教宣传品等进行取缔、查处和收缴，着力推出精品文化活动丰富群众生活，宣传和传播正能量，利用现代传媒手段揭露宗教极端主义的本质和危害，大力营造坚持正信、远离极端的舆论氛围。在去极端化宣传教育开展过程中，各族群众通过各种活动形式增进了友谊，加深了了解，巩固了民族团结。

新疆坚持标本兼治，打击与预防相结合，依法开展职业技能教育培训工作，“形成了以职业技能教育培训机构为载体，以学习国家通用语言文字、学习法律知识、学习职业技能和开展去极端化工作为主要内容，以实现就业为导向的教育培训模式”[①]，“着力消除恐怖主义、宗教极端主义滋生蔓延的土壤和条件，有效遏制了恐怖活动多发频发势头”[②]，宗教极端主义干预行政、司法、教育、婚姻、医疗等现象得到有效遏制，学生入学率、巩固率大幅上升，群众对宗教极端思想危害性的认识明显提高，“最大限度保障了

① 新疆维吾尔自治区主席雪克来提·扎克尔就新疆反恐维稳情况及开展职业技能教育培训工作答记者问[DB/OL].(2018-10-16).http://cpc.people.com.cn/n1/2018/1016/c64102-30344391.html.

② 中华人民共和国国务院新闻办公室.新疆的职业技能教育培训工作[M].北京:人民出版社，2019:2.

各族人民的生命权、健康权、发展权等基本权利，取得了反恐、去极端化斗争重要阶段性胜利”[①]，新疆社会大局持续稳定，宗教极端主义渗透得到有效遏制，社会治安状况明显好转。去极端化工作成效显著，这也为新疆社会经济发展提供了强有力支撑。

习近平总书记在第三次中央新疆工作座谈会上指出，第二次中央新疆工作座谈会以来，经过各方面艰辛努力，新疆工作取得了重大成效。新疆经济社会发展和民生改善取得了前所未有的成就，各族群众的获得感、幸福感、安全感不断增强。“新疆经济实现高质量发展，2018年实现地区生产总值（GDP）12199.08亿元，比上年增长6.1%；一般公共预算收入1531.46亿元，比上年增长4.5%；城乡居民人均可支配收入21500元，比上年增长7.6%。特别是旅游业呈现井喷式增长，2019年1月至10月，共计接待国内外游客2亿人次，同比增长42.62%；实现旅游收入3417.33亿元，同比增长43.39%。”[②]自2018年底以来，70余批国家和地区官员、国际组织、新闻媒体、宗教团体、专家学者等一千余人参访新疆，[③]充分肯定中国新疆反恐和去极端化工作的举措与成绩。“总的看，新疆呈现出社会稳定、人民安居乐业的良好局面，为迈向长治久安奠定了坚实基础。事实充分证明，我国民族工作做得是成功的。这些成绩的取得，是党中央坚强领导的结果，是全党全国人民共同奋斗的结果，也凝聚着新疆2500多万各族儿女的智慧和汗水。”[④]

---

① 中华人民共和国国务院新闻办公室.新疆的职业技能教育培训工作[M].北京：人民出版社，2019：2.

② 新疆维吾尔自治区人民政府.坚决维护新疆安定祥和繁荣发展的大好局面[DB/OL].(2019-12-04).http://www.xinhuanet.com/politics/2019-12/04/c_1125307075.htm.

③ 贯春阳.美国对华打“新疆牌”背后的“双重标准”[N].光明日报,2019-12-05(04).

④ 央视网.习近平在第三次中央新疆工作座谈会上强调 坚持依法治疆团结稳疆文化润疆富民兴疆长期建疆 努力建设新时代中国特色社会主义新疆[DB/OL].(2020-09-26).https://news.cnr.cn/native/gd/20200926/t20200926_525277630.shtml.

（三）完成守正创新工作任重道远

1. 推进马克思主义中国化时代化大众化任重道远

习近平总书记在党的十九大报告中指出，“我们党要团结带领人民有效应对重大挑战、抵御重大风险、克服重大阻力、解决重大矛盾，必须进行具有许多新的历史特点的伟大斗争”，“必须推进马克思主义中国化时代化大众化，建设具有强大凝聚力和引领力的社会主义意识形态”。锲而不舍推进马克思主义中国化时代化大众化，是我们党对马克思主义不断发展的经验的科学总结，也是我们党思想理论建设面临的一个重大课题。中国特色社会主义进入新时代，党和国家事业发展面临新情况新问题新任务，迫切需要推进马克思主义中国化时代化大众化。

中国共产党具有不断推进马克思主义中国化时代化大众化的优良传统。我们党自成立以来，一直自觉地把无产阶级政党的科学理论马克思列宁主义写在自己的旗帜上，作为立党立国的根本指导思想，同时又紧密结合我国国情和时代特征大力推进理论创新，在实践中检验真理、发展真理，用发展着的马克思主义指导新的实践，不断推进马克思主义中国化时代化大众化。马克思主义只有与时代发展同进步，才能不断发展。中华人民共和国70多年走过的历程，就是一个不断运用马克思主义理论解决中国问题的历程，也是用中国实践的丰富养料不断浇灌马克思主义理论参天大树的历程。马克思主义只有与人民群众共命运，才能不断发展。理论只有为群众所掌握，才能变成物质力量，更好地发挥改变世界的作用。要坚持用马克思主义及其中国化理论创新成果武装广大党员干部的头脑，不断提高全党特别是领导干部运用马克思主义分析和解决实际问题，以及应对重大挑战、抵御重大风险、克服重大阻力、解决重大矛盾的能力。要在人民群众中宣传普及马克思主义，使人民群众掌握马克思主义基本原理并能够自觉地运用马克思主义来指导实践，从而更好地把新时代中国特色社会主义伟大事业推向前进。

“安而不忘危，存而不忘亡，治而不忘乱”是国家治理的基本要求。实践证明，思想阵地，马克思主义思想不去占领，各种非马克思主义思想，甚至反马克思主义的思想就会去占领。[①]要心存忧患意识，主动防范、众志成城、共克时艰，从源头遏制和化解意识形态风险。新疆意识形态领域形势严峻复杂，主流意识形态建设面临各种挑战。“双泛”渗透新疆至今有一百多年，新疆已经在抵制分裂、维护稳定的道路上走过了一个多世纪。打赢新疆意识形态领域反分裂斗争，推进马克思主义中国化时代化大众化，要求我们要牢牢掌握意识形态工作领导权，建设具有强大凝聚力和引领力的社会主义意识形态，深入开展“五个认同”教育，开展爱国主义教育、中华民族共同体意识教育、中国特色社会主义和中国梦教育，引导各族群众从祖国的悠久历史、灿烂文化以及中华民族伟大复兴的奋斗历程中汲取力量，增强在祖国大家庭团结奋斗的光荣感、自豪感、责任感，使各族群众在理想信念、价值理念、道德观念上紧紧团结在一起，彻底击碎“三股势力”分裂祖国的阴谋，维护社会稳定，实现民族复兴。

2. 建设和创新主流意识形态传播手段任重道远

习近平总书记在全国宣传思想工作会议上指出，坚持团结稳定鼓劲、正面宣传为主，是宣传思想工作必须遵循的重要方针。我们正在进行具有许多新的历史特点的伟大斗争，面临的挑战和困难前所未有，必须坚持巩固壮大主流思想舆论、弘扬主旋律、传播正能量，激发全社会团结奋进的强大力量。[②]要高度重视主流意识形态传播手段的建设和创新，提高新闻舆论传播力、引导力、影响力、公信力；加强互联网内容建设，建立网络综合治理体

---

① 韩庆祥，陈远章.锲而不舍推进马克思主义中国化时代化大众化[N].经济日报，2018-01-04.

② 共产党员网.习近平在全国宣传思想工作会议上强调 胸怀大局把握大势着眼大事 努力把宣传思想工作做得更好[DB/OL].(2013-08-21).https://news.12371.cn/2013/08/21/ARTI1377027196674576.shtml.

系，营造清朗的网络空间；落实意识形态工作责任制，加强阵地建设和管理，旗帜鲜明地反对和抵制各种错误观点。

主流意识形态传播是主流意识形态建设的重要组成部分，当代中国的主流意识形态是以马克思主义为指导的中国特色社会主义意识形态，是凝聚全体人民建设中国特色社会主义的思想基础和有力保障。当今社会，全媒体时代到来并不断发展，信息无处不在、无所不及、无人不用，导致舆论生态、媒体格局、传播方式发生深刻变化，为主流意识形态的传播提供了新环境、新机遇和新挑战。全媒体不断发展，为普通大众的个人利益诉求和情绪释放提供了一个重要的话语空间，主流意识形态话语权相对被弱化；全媒体环境下的信息体量大、更新快，使得主流意识形态的声音影响力在一定程度上被稀释；全媒体舆论场下，资本助推娱乐功能“异化”，一定程度上消解着主流意识形态的权威性。以美国为首的西方国家，利用掌握互联网核心技术优势，控制着互联网，掌握了国际舆论主导权，在一定程度上压制了包括中国在内的发展中国家国际话语权的提升。

习近平总书记强调：“做好宣传思想工作，比以往任何时候都更加需要创新。”[①]主流意识形态必须直面困境，守正创新，运用多种手段切实提升传播实效、增强传播效力。大道恢宏，隐于网络。互联网已成为宣传思想工作的最前哨。截至2023年6月，中国网民规模达到10.79亿。受众和读者在哪里，宣传思想工作的触角就应该延伸至哪里，工作的发力点和落脚点就应该立足于哪里。加强主流意识形态有效传播，就要提升主流意识形态传播的吸引力，关注受众接受信息方式的变化，让马克思主义意识形态更好地“飞入寻常百姓家”；要“科学认识网络传播规律，提高用网治

① 共产党员网.习近平在全国宣传思想工作会议上强调 胸怀大局把握大势着眼大事 努力把宣传思想工作做得更好[DB/OL].(2013-08-21).https://news.12371.cn/2013/08/21/ARTI1377027196674576.shtml.

网水平，使互联网这个最大变量变成事业发展的最大增量”①；要优化网络传播，使我们的宣传与人们的需求进一步有机统一起来；要善于运用新媒体向人们传达主流意识形态的要求和内容。新疆反分裂斗争错综复杂，反分裂斗争的长期性、复杂性、艰巨性昭示我们，既要完成守正任务、防止倒退反弹，不能让为维护新疆大局稳定多年作出的努力白费，又要顺应时势，根据国际国内形势创新工作方法。无论在新闻宣传领域，还是阵地建设和管理方面，我们都必须要高度重视传播手段的建设和创新，走出国门，在广阔的世界舆论传播平台占领一席之地，讲好中国故事，讲好新疆故事，传播好中国声音。

3. 做好新疆民族宗教工作任重道远

在第三次中央新疆工作座谈会上，习近平总书记强调：“要以铸牢中华民族共同体意识为主线，不断巩固各民族大团结。新疆自古以来就是多民族聚居地区，新疆各民族是中华民族血脉相连的家庭成员。”“要促进各民族广泛交往、全面交流、深度交融。要坚持新疆伊斯兰教中国化方向，实现宗教健康发展。”民族宗教工作事关新疆社会稳定和长治久安，要坚持党的集中统一领导，夯实基层基础，加强干部队伍建设，为民族团结进步、宗教和谐稳定提供坚强组织保证。要正确处理不同性质的矛盾和问题，坚持用“团结——批评——团结”的方式处理好人民内部矛盾。基于此，新疆“访惠聚”驻村工作还需要不断强化；被“三股势力”长期歪曲、篡改的新疆历史、民族发展史、文明融合史、宗教演变史等方面的纠偏工作还需要彻底地、不间断地进行；那些灌输到人们头脑中错误的、模糊的、有分歧的思想观念还需要我们不断努力去澄清、去消除；“民族团结一家亲”和民族团结

---

① 张晓松、黄小希. 习近平：举旗帜 聚民心 育新人 兴文化 展形象 更好完成新形势下宣传思想工作使命任务[DB/OL].(2018-08-22). https://www.rmzxb.com.cn/c/2018-08-22/2148839.shtml.

联谊活动还需要在取得的成绩和总结经验及不足的基础上继续开展下去；依法治国、依法治疆的路还需要我们坚定踏实地走下去。

完成守正创新工作任重道远。我们一定要抓住当前新疆形势稳定社会各方面发展向好的历史机遇期、战略机遇期，努力澄清和消除“三股势力”渗透的影响，坚持守正，不断创新。我们既要守好意识形态领域的大门，做好群众工作，不让“三股势力”渗透影响民众，又要守好依法治国、依法治疆的大门，绝不能让宗教极端思想非法干预社会生活秩序，更要守好安定团结的大门，不让新疆成为西方扼制中国发展的命门，努力实现新疆社会稳定和长治久安总目标，谱写好实现中华民族伟大复兴中国梦的新疆篇章。

第二章

新时代新疆意识形态工作的理论遵循

新时代新疆意识形态工作的理论遵循体现于三个层面：马克思主义经典作家关于意识形态的思想是做好新时代新疆意识形态工作的科学世界观和方法论；党的十八大以来，习近平总书记关于中国共产党意识形态工作的思想是做好新时代新疆意识形态工作的指导思想；新时代党的治疆方略关于意识形态工作的重要观点是习近平新时代中国特色社会主义思想的重要组成部分，闪耀着马克思主义真理光辉，是做好新时代新疆意识形态工作的行动指南。深刻把握和贯彻新时代新疆意识形态工作的理论遵循，才能深入做好新疆意识形态领域工作，为推进社会稳定和长治久安、努力建设新时代中国特色社会主义新疆提供坚强思想保证和强大精神力量。

一、马克思主义经典作家关于意识形态的思想

马克思和恩格斯指出，作为观念形态的社会意识，包括一定社会的政治、法律、思想、道德、宗教和其他社会意识形式等，是社会存在（即社会生活）在人头脑中的反映，它在本质上是一定阶级的思想体系。马克思高度

重视意识形态问题，他在《政治经济学批判（1857—1858年手稿）》中强调，如果从观念上来考察，那么一定的意识形式的解体足以使整个时代覆灭。这里的意识形式就是意识形态。马克思主义经典作家关于意识形态的思想是深入做好新疆意识形态领域工作的根本理论遵循，对巩固各族人民团结奋斗的共同思想基础、繁荣发展社会主义先进文化、维护新疆意识形态安全、铸牢中华民族共同体意识发挥着根本性、全局性、长远性的指导作用。

（一）创立历史唯物主义解释历史和社会

1. 历史唯物主义的基本观点

马克思主义哲学包括辩证唯物主义和历史唯物主义，是马克思主义立场、观点、方法的集中体现，是马克思主义学说的思想基础。马克思说："任何真正的哲学都是自己时代的精神上的精华。"马克思主义哲学尽管诞生在一个半世纪之前，但由于它深刻揭示了客观世界特别是人类社会发展的一般规律，被历史和实践证明是科学的理论，在当今时代依然有着强大生命力，依然是指导我们共产党人前进的强大思想武器。

1845年春，马克思在布鲁塞尔完成《关于费尔巴哈的提纲》，紧接着马克思与恩格斯合作完成《德意志意识形态》。两部著作系统地阐述了马克思主义哲学，特别是历史唯物主义的基本原理。因此《关于费尔巴哈的提纲》和《德意志意识形态》被公认为是马克思主义哲学，特别是历史唯物主义创立的基本标志。

历史唯物主义作为马克思主义哲学的重要组成部分，是关于人类社会发展一般规律的科学。其基本观点是：第一，社会存在决定社会意识，社会意识是社会存在的反映，社会存在的性质和变化决定社会意识的性质和变化。社会意识具有相对的独立性，对社会存在具有能动作用。其中，社会存在决定社会意识的作用是第一位的，社会意识是社会存在的反映是第二位的。先进的社会意识可以预见社会发展的方向和趋势，对社会发展具有积极的推动作用，落后的社会意识对社会的发展具有阻碍作用。历史唯物主义既反对抹杀社会意识起作用的形而上学机械论，也反对把这种能动作用加以夸大的历史唯心主义。第二，物质生产是社会生活的基础。物质生产力是全部社会生活的物质前提，同生产力发展一定阶段相适应的生产关系的总和构成社会经济基础。生产力是推动社会进步的最活跃、最革命的要素，生产力发展是衡量社会发展的带有根本性的标准。第三，历史发展有其特定规律，即生产力决定生产关系，生产关系对生产力有反作用，生产关系一定要适应生产力的发展。伴随着生产力的发展，人类社会从原始社会、奴隶社会、封建社会、资本主义社会、社会主义社会，最终走向共产主义社会。第四，一定的社会形态是一定的经济基础和一定的上层建筑的统一，经济基础的性质决定上层建筑的变更，上层建筑又服务和反作用于经济基础。第五，人民是历史的创造者、社会物质财富和精神财富的创造者，是社会变革的决定性力量。

2. 历史唯物主义是深入做好新时代新疆意识形态工作的强大思想武器

学习和掌握历史唯物主义物质生产是社会生活的基础的观点，才能深入做好新时代新疆意识形态工作。社会主义的根本任务是解放和发展社会生产力，这一点任何时候都不能动摇。世界上的事物总是有着这样那样的联系，不能孤立地静止地看待事物发展，否则往往会出现盲人摸象、以偏概全的问题。对生产力标准必须全面准确理解，不能绝对化，不能撇开生产关系、上层建筑来理解生产力标准。深入做好新时代新疆意识形态工作必须遵循这一观点，既坚持紧贴民生推动高质量发展，又坚持铸牢中华民族共同体意识、弘扬和培育社会主义核心价值观；既坚持依法治疆、团结稳疆、文化润疆，又坚持富民兴疆、长期建疆，确保新时代新疆意识形态工作始终保持正确政治方向。

学习和掌握历史唯物主义群众史观，才能深入做好新时代新疆意识形态工作。如何认识人民群众在历史上的作用，是社会历史观的重大问题。同历史唯心主义英雄史观相对立，历史唯物主义群众史观第一次彻底解决了这个重大问题，提出人民是历史的创造者。遵循历史唯物主义这一观点，中国共产党提出群众路线，并把它作为党的生命线和根本工作路线。深入做好新时代新疆意识形态工作必须遵循这一生命线和根本工作路线，从人民思想实际出发，教育引导各族干部群众树立正确的国家观、历史观、民族观、文化观、宗教观，让中华民族共同体意识根植心灵深处。

（二）提出“两个最彻底的决裂”的基本观点

1.《共产党宣言》提出“两个最彻底的决裂”

1848年2月马克思、恩格斯发表的《共产党宣言》，是为世界上第一个无产阶级政党——共产主义者同盟制定的纲领，是关于科学共产主义的第一个纲领性文献。《共产党宣言》全面阐述了科学社会主义的基本思想，同时也对形形色色的社会主义思潮进行了深入分析和批判，彻底划清了科学社会主义和空想社会主义的原则界限。《共产党宣言》的发表，向世界庄严宣告马克思主义正式诞生。《共产党宣言》系统而精辟地阐述了马克思主义基本原理，其中，“两个最彻底的决裂”是马克思、恩格斯关于意识形态工作的重要观点之一。

马克思、恩格斯在《共产党宣言》中旗帜鲜明地表明推进“社会革命化”的立场和态度：“当人们谈到使整个社会革命化的思想时，他们只是表明了一个事实。在旧社会内部已经形成了新社会的因素，旧思想的瓦解是同旧生活条件的瓦解步调一致的。”①他们提出：“共产主义革命就是同传统的所有制关系实行最彻底的决裂；毫不奇怪，它在自己的发展进程中要同传统

① 中共中央马克思恩格斯列宁斯大林著作编译局马列部，教育部社会科学研究与思想政治工作司.马克思主义经典著作选读[M].北京：人民出版社，1999：53-54.

的观念实行最彻底的决裂。”①

“两个最彻底的决裂”的主要内涵是：第一，这种决裂是建立在对历史前进逻辑和时代发展潮流把握基础上的决裂。随着生产力发展，生产关系、经济形态的变化，竖立其上的法律、政治、观念必然发生变动，共产党人必须洞察这种变化，自觉成为历史发展的引领者、推动者。第二，这种决裂是建立在人类优秀文明成果基础上的决裂。“两个最彻底的决裂”，绝对不是一刀两断式的决裂、推倒重来式的决裂，而是继承基础上的创新，也可以呈现“毁灭式”的创新。第三，这种决裂是深刻洞察社会矛盾、抓住时代迫切需要解决问题基础上的决裂。当社会主要矛盾和矛盾的主要方面发生深刻变化的时候，就需要与过去不合时宜的观念、工作方法决裂。第四，这种决裂也是不断改造客观世界的同时改造主观世界、不断用自我革命引领社会革命的决裂。这种决裂意味着利益格局的不断变动、利益藩篱的不断打破、社会活力的不断释放。

2. 新时代中国共产党坚持并发扬“两个最彻底的决裂”

“两个最彻底的决裂”强调，共产主义革命在自己的发展进程中要同传统的观念实行最彻底的决裂。中国特色社会主义进入新时代，为了以新气象新作为统揽推进伟大斗争、伟大工程、伟大事业、伟大梦想，中共中央印发《关于加强党的政治建设的意见》，其精神深刻坚持、发扬了“两个最彻底的决裂”思想。

2019年1月印发的《关于加强党的政治建设的意见》指出，旗帜鲜明讲政治是我们党作为马克思主义政党的根本要求。加强党的政治建设必须发展积极健康的党内政治文化。要践行“三严三实”，大力弘扬忠诚老实、公道正派、实事求是、清正廉洁等价值观，充分利用各类爱国主义教育基地和党

① 中共中央马克思恩格斯列宁斯大林著作编译局马列部，教育部社会科学研究与思想政治工作司．马克思主义经典著作选读［M］．北京：人民出版社，1999：53-54.

性教育基地对广大党员干部进行教育和熏陶，增强党员干部的政治定力、纪律定力、道德定力、拒腐定力。大力倡导清清爽爽的同志关系、规规矩矩的上下级关系、干干净净的政商关系，弘扬正气、树立新风。推动中华优秀传统文化创造性转化、创新性发展，培育党员干部政治气节、政治风骨。发扬革命文化，传承红色基因，弘扬革命精神，教育党员干部正确处理公和私、义和利、是和非、正和邪、苦和乐的关系。弘扬社会主义先进文化，推进社会主义核心价值观宣传教育，引导党员干部带头做社会主义核心价值观的坚定信仰者、积极传播者、模范践行者。坚决抵制庸俗腐朽的政治文化，自觉抵制商品交换原则对党内生活的侵蚀，狠刹权权交易、权钱交易、权色交易等不正之风，破除关系学、厚黑学、官场术等封建糟粕，坚决防止和反对个人主义、分散主义、自由主义、本位主义、好人主义，坚决防止和反对宗派主义、圈子文化、码头文化。

（三）强调夺取和巩固政权都必须抓好舆论工作

1. 列宁关于舆论工作的主张

列宁自创立俄共（布尔什维克）开始，就非常重视舆论工作，并以极大的热情和责任感投入新闻出版与政治宣传实践当中。在长期的革命与建设实践探索中，其新闻出版与宣传思想，包括新闻出版与舆论监督思想、创办革命刊物的性质与方向、加强党对出版物的领导、开展新闻传播与政治宣传的思想等逐渐形成。

列宁指出要集中力量创办党的机关报，形成全国的舆论阵地，指出“写作事业应当成为整个无产阶级总的事业的一部分、成为由整个工人阶级的整个觉悟的先锋队所开动的一部巨大的社会民主主义机器的‘齿轮和螺丝钉’。写作事业应当成为社会民主党有组织的、有计划的、统一的党的工作的一个组成部分”[①]，要将马克思主义作为党的办报方针，统一全党的新闻舆论监督思想，进而发挥新闻舆论的自我监督作用。列宁非常重视对群众的政治宣传工作，认为政治宣传是启发无产阶级阶级意识的重要前提。他指出，政治宣传的主要任务是组织群众、发动群众，进行经济宣传，加强无神论宣传，培养人民群众的共产主义意识等。十月革命胜利之后，列宁强调要“用现实生活各个方面存在的生动具体的事例和典型来教育群众，而这正是报刊在从资本主义到共产主义的过渡时期的主要任务。我们很少注意工厂、农村和部队内部的日常生活，这里创造的新鲜事物最多，最需要关心、报道和公众的批评，最需要抨击坏人坏事，号召学习好人好事”[②]。

2. 毛泽东的舆论思想

毛泽东的舆论思想是对马克思列宁主义意识形态理论的继承、创新和发展，是新中国意识形态工作的坚实根基。

毛泽东总结中国革命胜利、中国共产党夺取政权的一条重要经验，就是靠“枪杆子”和“笔杆子”。抗日战争时期，为动员群众支持抗日战争，毛泽东在《论持久战》中指出：“怎样去动员？靠口说，靠传单布告，靠报纸书册，靠戏剧电影，靠学校，靠民众团体，靠干部人员。”[③]新中国成立后，毛泽东曾指出，凡是要推翻一个政权，总要先造成舆论，总要先做意识形态方面的工作。革命的阶级是这样、反革命的阶级也是这样。

1948年4月2日，毛泽东途经晋绥边区时，对《晋绥日报》和新华社晋绥总分社编辑人员发表了重要谈话。70余年来，《对晋绥日报编辑人员的谈话》（以下简称《谈话》）已成为中国共产党新闻思想史上具有里程碑意义

---

① 中共中央马克思恩格斯列宁斯大林著作编译局马列部，教育部社会科学研究与思想政治工作司.马克思主义经典著作选读[M].北京：人民出版社，1999：339.

② 中共中央马克思恩格斯列宁斯大林著作编译局.列宁选集（第3卷）[M].北京：人民出版社，1960：602.

③ 毛泽东.毛泽东选集（第二卷）[M].北京：人民出版社，1991：481.

的经典文献，对中国共产党在夺取和巩固政权阶段如何抓好舆论工作具有根本指导作用。《谈话》从全党和全局的高度，开门见山地表明党报的性质任务和功能作用。毛泽东指出："我们的政策，不光要使领导者知道，干部知道，还要使广大的群众知道。有关政策的问题，一般地都应当在党的报纸上或者刊物上进行宣传。"[①]并且强调，报纸的作用和力量，就在于使党的纲领路线、方针政策、工作任务和工作方法，最迅速最广泛地同群众见面。毛泽东在《谈话》中指出，马克思列宁主义的基本原则，就是要使群众认识自己的利益，并且团结起来，为自己的利益而奋斗。因此，他强调党和政府要做好工作就要善于发挥被领导者的积极性和创造力。他批评一些领导干部总觉得党的政策只要领导人知道就行，不需要让群众知道，做事情不愿意向被领导者讲清楚，不懂得发挥被领导者的积极性和创造力。他指出这是我们的有些工作不能做好的基本原因之一。而要解决这个问题，他认为办法之一就是要"充分地利用报纸。办好报纸，把报纸办得引人入胜，在报纸上正确地宣传党的方针政策，通过报纸加强党和群众的联系，这是党的工作中的一项不可小看的、有重大原则意义的问题"[②]。

1954年9月15日，毛泽东在第一届全国人民代表大会第一次会议开幕词讲话中就明确指出："领导我们事业的核心力量是中国共产党，指导我们思想的理论基础是马克思列宁主义"，明确了马克思主义在新中国意识形态领域的指导地位。

毛泽东的新闻舆论策略思想坚持实事求是，主张既遵守规矩也遵循规律。1957年，毛泽东提出"新闻、旧闻、不闻"的新闻舆论策略。报道什么或不报道什么，要根据实际需要而不单纯是新闻价值来取舍。有些新闻需要抢时间，第一时间报道；有些新闻就要暂时放一放，有了合适的时机再

① 毛泽东.毛泽东选集(第四卷)[M].北京:人民出版社,1991:1318.

② 同①:1319.

发；还有一些新闻，则是不发为好。这一思想强调坚持实事求是，力戒经验主义、本本主义，对具体问题做具体分析，既要遵守规矩也要遵循规律，既要提前计划也要着眼变化，既要争取主动也要夺取主导，既要先声夺人也要后发制人，既要掌握敌情也要把握舆情，既要讲求时效更要讲究实效。

3. 邓小平关于思想舆论工作的重要观点

党的十一届三中全会召开后，以邓小平同志为核心的党的第二代中央领导集体推动意识形态建设工作重新步入正轨。

1978年5月11日，《光明日报》发表特约评论员文章《实践是检验真理的唯一标准》，在全党全军全国产生了极其巨大的影响，引发了全国范围的关于真理标准问题的大讨论。此文受到邓小平的充分肯定，在思想舆论工作的准备阶段，为十一届三中全会重新确立马克思主义实事求是的思想路线作出了历史性贡献。

在改革开放和社会主义现代化建设时期，邓小平提出“两手抓、两手都要硬”，保证了中国特色社会主义建设事业能够沿着正确方向前进。邓小平所阐述的四项基本原则、关于加强社会主义精神文明建设的一系列论述，体现了改革开放和现代化建设时期，党的第二代中央领导集体对意识形态工作的高度重视。

四项基本原则是我们生存发展的政治基石。党的十一届三中全会召开不久，社会上出现了空前的思想活跃局面。但是在纠正“左”的错误倾向时，也出现了一定程度的右的倾向。社会上极少数人片面夸大党的错误，散布种种怀疑或否定社会主义、人民民主专政、党的领导、马克思列宁主义毛泽东思想的言论。邓小平敏锐地察觉到这股错误思潮对党和社会主义事业的危害。1979年3月30日，邓小平在党的理论工作务虚会上的讲话中第一次鲜明提出要坚持四项基本原则。他指出：“我们要在中国实现四个现代化，必须在思想政治上坚持四项基本原则。这是实现四个现代化的根本前提。这四项是：第一，必须坚持社会主义道路；第二，必须坚持无产阶级专政（后表述为人民民主专政）；第三，必须坚持中国共产党的领导；第四，必须坚持马克思列宁主义、毛泽东思想。”[①]此后，邓小平反复论述和强调坚持四项基本原则，旗帜鲜明地反对资产阶级自由化。他还多次强调，坚持四项基本原则的核心，是坚持中国共产党的领导。在苏联解体和东欧剧变后，邓小平关注最多的还是四项基本原则。那段时间他多次谈到，马克思主义、社会主义等四项基本原则，我们绝不会放弃，如果走东欧这条路，中国就完了，东欧发生的事情说明中国坚持四项基本原则是搞对了。

4. 新时代新疆意识形态工作的根本遵循

马克思主义经典作家关于舆论工作的思想，引领着新时代新疆意识形态工作。他们的思想深刻阐明舆论工作是意识形态工作的重要组成部分。正如2016年2月19日，在党的新闻舆论工作座谈会上习近平总书记所指出的那样：“舆论导向正确是党和人民之福，舆论导向错误是党和人民之祸。好的舆论可以成为发展的‘推进器’、民意的‘晴雨表’、社会的‘黏合剂’、道德的‘风向标’，不好的舆论可以成为民众的‘迷魂汤’、社会的‘分离器’、杀人的‘软刀子’、动乱的‘催化剂’。”只有遵循其思想，坚持党对舆论工作的领导，才能体现党的意志、反映党的主张，维护党中央权威、维护党的团结，做到爱党、护党、为党；才能增强看齐意识，在思想上政治上行动上同党中央保持高度一致；才能坚持党性和人民性相统一，把党的理论和路线方针政策变成人民群众的自觉行动，及时把人民群众创造的经验和面临的实际情况反映出来，丰富人民精神世界，增强人民精神力量；才能抓好舆论导向，守好舆论阵地，使各族群众深刻认识到新疆自古以来就是多民族聚居地区，新疆各民族是中华民族血脉相连的家庭成员；才能促进各民族广泛交往、全面交流、深度交融；才能多层次、全方位、立体式讲好新疆故事，理直气壮宣传新疆社会稳定的大好局势、人民安居乐业的幸福生活。

---

① 邓小平.邓小平文选（第二卷）[M].北京：人民出版社，1994：164-165.

二、习近平总书记关于意识形态工作的重要论述

中国共产党始终高度重视意识形态工作。毛泽东同志曾指出："掌握思想教育，是团结全党进行伟大政治斗争的中心环节。"[①]邓小平指出："改善党的领导，其中最主要的，就是加强思想政治工作。"[②]江泽民提出："意识形态领域是和平演变与反和平演变斗争的重要领域……思想宣传阵地，社会主义思想不去占领，资本主义思想就必然会去占领。"[③]胡锦涛指出："意识形态领域历来是敌对势力同我们激烈争夺的重要阵地，如果这个阵地出了问题，就可能导致社会动乱甚至丧失政权。"[④]党的十八大以来，习近平总书记围绕意识形态工作发表了一系列重要讲话，深刻阐述了意识形态工作的重大理论和现实问题，深化、发展了中国共产党意识形态工作思想，科学指导了新时代新疆意识形态工作。

（一）意识形态工作是党的一项极端重要的工作

1. 习近平总书记对意识形态工作作出新概括

在2013年8月召开的全国宣传思想工作会议上，依据马克思主义社会存在和社会意识、经济基础和上层建筑辩证关系的原理，紧密结合我国正反面经验和国际共产主义运动历史经验，习近平总书记对意识形态工作的重要地位和作用作出新概括。他指出："经济建设是党的中心工作，意识形态工作是一项极端重要的工作"，"能否做好意识形态工作，事关党的前途命运，事关国家长治久安，事关民族凝聚力和向心力"。

---

① 中共中央毛泽东著作编辑出版委员会.毛泽东选集(第三卷)[M].北京:人民出版社,1991:1094.

② 邓小平.邓小平文选(第二卷)[M].北京:人民出版社,1994:365.

③ 江泽民.江泽民文选(第一卷)[M].北京:人民出版社,2006:160.

④ 中共中央文献研究室.十六大以来重要文献选编(中)[M].北京:中央文献出版社,2006:318.

2. “三个事关”的基本内涵

能否做好意识形态工作，事关党的前途命运。中国的问题关键在党。坚持党的领导，巩固党的执政地位，是推进中国特色社会主义伟大事业的根本保证。习近平总书记在纪念马克思诞辰二百周年大会上的讲话中指出：马克思主义始终是我们党和国家的指导思想，是我们认识世界、把握规律、追求真理、改造世界的强大思想武器。党的十八大以来，“党面临的长期执政考验、改革开放考验、市场经济考验、外部环境考验具有长期性和复杂性，党面临的精神懈怠危险、能力不足危险、脱离群众危险、消极腐败危险具有尖锐性和严峻性，这是根据实际情况作出的大判断”①。近年来，西方敌对势力妄图将我国纳入其价值体系，国内各种思想观念交锋碰撞异常激烈。面对纷扰，一些党员和干部疑惑了、动摇了，甚至蜕变了。有的认为马克思主义已经过时，共产主义越来越遥远，中国最终也会向西方资本主义靠拢；有的认为理想信念不能当饭吃，别太认真，过好自己的日子才是硬道理；有些党员干部不信马列信鬼神，部分官员迷信的程度甚至高于一般公众。为应对各种风险挑战，必须不断巩固马克思主义在意识形态领域的指导地位，增强广大党员干部的马克思主义理论修养，要求党员干部把学好马克思主义基本理论作为自己的看家本领和必修课。

能否做好意识形态工作，事关国家长治久安。党的十八大以来，中国共产党团结带领全国各族人民坚持稳中求进的工作总基调，迎难而上，开拓进取，取得了改革开放和社会主义现代化建设的历史性成就。目前，中国进入发展关键期、改革攻坚期、矛盾凸显期，在经济稳中向好、社会总体稳定的同时，必须清醒地看到，我们的工作还存在许多不足，也面临不少困难和挑

---

① 央广网.习近平：提高防控能力着力防范化解重大风险保持经济持续健康发展社会大局稳定[DB/OL].(2019-01-21).https://baijiahao.baidu.com/s?id=1623318572232148195&wfr=spider&for=pc.

战。主要是：发展不平衡不充分的一些突出问题尚未解决，发展质量和效益还不高，创新能力不够强，实体经济水平有待提高，生态环境保护任重道远；民生领域还有不少短板，乡村振兴任务艰巨，城乡区域发展和收入分配差距依然较大，群众在就业、教育、医疗、居住、养老等方面面临不少难题；社会文明水平尚需提高；社会矛盾和问题交织叠加，全面依法治国任务依然繁重，国家治理体系和治理能力现代化水平有待加强；意识形态领域斗争依然复杂，国家安全面临新挑战；等等。这些困难和挑战影响着国家长治久安的实现，必须着力加以解决。破解这一系列难题，首先必须做好意识形态工作——通过深入学习贯彻习近平新时代中国特色社会主义思想，加强意识形态工作阵地建设，坚持团结稳定鼓劲、正面宣传为主等，为党和国家事业发展、人民幸福安康、社会和谐稳定、国家长治久安提供思想引领、舆论推动、精神激励和文化支撑。

能否做好意识形态工作，事关民族凝聚力和向心力。社会主义核心价值观是社会主义意识形态的本质体现，是当代中国精神的集中体现，是增强民族凝聚力和向心力的纽带。习近平总书记强调："我国是一个有着13亿多人口、56个民族的大国，确立反映全国各族人民共同认同的价值观'最大公约数'，使全体人民同心同德、团结奋进，关乎国家前途命运，关乎人民幸福安康。"[①]党的十八大以来，习近平总书记多次强调要把社会主义核心价值观建设作为凝魂聚气、强基固本的基础工程来抓，更好构筑中国精神、中国价值、中国力量。新时代，无论是全面建成小康社会、实现"两个一百年"的奋斗目标，还是面对多样化的社会思潮、价值判断、利益诉求，都需要积极培育和践行社会主义核心价值观，凝聚中国力量。因此，做好意识形态工作，充分发挥社会主义核心价值观的评价与导向作用、整合与规范功

① 中共中央宣传部.习近平新时代中国特色社会主义思想三十讲[M].北京：学习出版社，2018：196.

能，能够增强民族凝聚力和向心力，振奋全民族的精气神，创造性地增强团结一心的精神纽带，创造性地激发自强不息的精神动力，让56个民族像石榴籽那样紧紧抱在一起，把铸牢中华民族共同体意识化作民族复兴的磅礴力量。

（二）坚定中国特色社会主义“四个自信”

1. 建设社会主义意识形态的关键是坚定“四个自信”

在2018年8月召开的全国宣传思想工作会议上，习近平总书记强调，“完成新形势下宣传思想工作的使命任务，必须以新时代中国特色社会主义思想和党的十九大精神为指导，增强‘四个意识’、坚定‘四个自信’。”

中国特色社会主义包含道路、理论、制度、文化等不可或缺的内容。改革开放以来，我们取得一切成绩和进步的根本原因，归结起来就是：开辟了中国特色社会主义道路，形成了中国特色社会主义理论体系，确立了中国特色社会主义制度，发展了中国特色社会主义文化。中国特色社会主义道路是实现途径，中国特色社会主义理论体系是行动指南，中国特色社会主义制度是根本保障，中国特色社会主义文化是精神力量，四者统一于中国特色社会主义伟大实践。意识形态工作为国家立心、为民族铸魂。当前，“西强我弱”的国际舆论格局没有发生根本改变，我国意识形态领域形势依然复杂、挑战依然严峻，其本质就是道路之争、理论之争、制度之争、文化之争。因此，建设社会主义意识形态的关键是坚定“四个自信”。

2. 坚定“四个自信”的基本内涵

中国特色社会主义道路是实现社会主义现代化、创造人民美好生活的必由之路，是实现中华民族伟大复兴的必由之路。中国特色社会主义道路，坚持以经济建设为中心，坚持四项基本原则，坚持改革开放；统筹推进经济、政治、文化、社会、生态文明“五位一体”总体布局，协调推进全面建设社会主义现代化国家、全面深化改革、全面依法治国、全面从严治党“四个全面”战略布局；不断解放和发展社会生产力，逐步实现全体人民共同富裕，促进人的全面发展。党领导和团结全国各族人民坚定地走在这条道路上，沉着应对国际国内不断出现的新形势、新情况、新问题，抓住机遇，加快发展，有效化解各种风险挑战，特别是党的十八大以来，在进行具有许多新的历史特点的伟大斗争中取得了一个又一个的胜利。当代中国的历史性变革和历史性成就都无可争辩地证明，中国特色社会主义道路是一条通往复兴梦想的康庄大道、人间正道，必须坚定不移沿着这条正确道路奋勇前进。

中国特色社会主义理论体系是指导党和人民实现中华民族伟大复兴的正确理论，是立于时代前沿、与时俱进的科学理论。这一理论体系，写出了科学社会主义的新版本，凝结了几代中国共产党人团结带领人民不懈探索实践的智慧和心血，是改革开放以来我们党推进马克思主义中国化所取得的理论创新成果，是党最宝贵的政治和精神财富，是全国各族人民团结奋斗的共同思想基础。习近平新时代中国特色社会主义思想，是中国特色社会主义理论体系的重要组成部分，是全党全国各族人民为实现中华民族伟大复兴而奋斗的行动指南。党的十八大以来的历史性变革和历史性成就，归根到底是在习近平新时代中国特色社会主义思想的科学指导下取得的。在当代中国，坚持习近平新时代中国特色社会主义思想，就是真正坚持中国特色社会主义理论体系，就是真正坚持马克思主义。

中国特色社会主义制度是当代中国发展进步的根本制度保障，是具有鲜明中国特色、明显制度优势、强大自我完善能力的先进制度。党的十九届四中全会强调了中国国家制度和国家治理体系具有多方面的显著优势。这些显著优势具体包括：坚持党的集中统一领导，坚持党的科学理论，保持政治稳定，确保国家始终沿着社会主义方向前进的显著优势；坚持人民当家作主，发展人民民主，密切联系群众，紧紧依靠人民推动国家发展的显著优势；坚持全面依法治国，建设社会主义法治国家，切实保障社会公平正义和人民权利的显著优势；坚持全国一盘棋，调动各方面积极性，集中力量办大事的显著优势；坚持各民族一律平等，铸牢中华民族共同体意识，实现共同团结奋斗、共同繁荣发展的显著优势；坚持公有制为主体、多种所有制经济共同发展和按劳分配为主体、多种分配方式并存，把社会主义制度和市场经济有机结合起来，不断解放和发展社会生产力的显著优势；坚持共同的理想信念、价值理念、道德观念，弘扬中华优秀传统文化、革命文化、社会主义先进文化，促进全体人民在思想上精神上紧紧团结在一起的显著优势；坚持以人民为中心的发展思想，不断保障和改善民生、增进人民福祉，走共同富裕道路的显著优势；坚持改革创新、与时俱进，善于自我完善、自我发展，使社会充满生机活力的显著优势；坚持德才兼备、选贤任能，聚天下英才而用之，培养造就更多更优秀人才的显著优势；坚持党指挥枪，确保人民军队绝对忠诚于党和人民，有力保障国家主权、安全、发展利益的显著优势；坚持“一国两制”，保持香港、澳门长期繁荣稳定，促进祖国和平统一的显著优势；坚持独立自主和对外开放相统一，积极参与全球治理，为构建人类命运共同体不断作出贡献的显著优势。这13个方面的显著优势是我们坚定中国特色社会主义道路自信、理论自信、制度自信、文化自信的基本依据。

中国特色社会主义文化积淀着中华民族最深沉的精神追求，代表着中华民族独特的精神标识，是激励全党全国各族人民奋勇前进的强大精神力量。中国特色社会主义文化，源自中华民族五千多年文明历史所孕育的中华优秀传统文化，熔铸于党领导人民在革命、建设、改革中创造的革命文化和社会主义先进文化，根植于中国特色社会主义伟大实践。发展中国特色社会主义文化，就是以马克思主义为指导，坚守中华文化立场，立足当代中国现实，结合当今时代条件，发展面向现代化、面向世界、面向未来的，民族的科学的大众的社会主义文化，推动社会主义精神文明和物质文明协调发展。文化自信是更基础、更广泛、更深厚的自信，是一个国家、一个民族发展中更基本、更深沉、更持久的力量。没有高度的文化自信，没有文化的繁荣兴盛，就没有中华民族伟大复兴。坚定文化自信，就要以更加自信的心态，更加宽广的胸怀，广泛参与世界文明对话，大胆借鉴吸收人类文明成果，推进中华优秀传统文化的创造性转化、创新性发展；继承革命文化，发展社会主义先进文化，在为新时代鼓与呼中滋养社会、铸造国魂，更好构筑中国精神、中国价值、中国力量，为人民提供精神指引。

在庆祝中国共产党成立95周年大会上，习近平总书记强调："全党要坚定道路自信、理论自信、制度自信、文化自信。当今世界，要说哪个政党、哪个国家、哪个民族能够自信的话，那中国共产党、中华人民共和国、中华民族是最有理由自信的。有了'自信人生二百年，会当水击三千里'的勇气，我们就能毫无畏惧面对一切困难和挑战，就能坚定不移开辟新天地、创造新奇迹。"

（三）坚持"举旗帜、聚民心、育新人、兴文化、展形象"

1. 做好新形势下宣传思想工作必须承担的使命任务

在2018年8月召开的全国宣传思想工作会议上，习近平总书记指出：做好新形势下宣传思想工作，必须自觉承担起举旗帜、聚民心、育新人、兴文化、展形象的使命任务。做好新形势下宣传思想工作，党的二十大报告强调：围绕举旗帜、聚民心、育新人、兴文化、展形象建设社会主义文化强国。

这一使命任务，是在新的历史起点上开创宣传思想工作新局面的根本要求。时刻牢记、努力践行使命任务，要看到这五个方面不是简单并列关系，而是相辅相成、相互促进的有机整体，在实践中不能顾此失彼、只抓其一不顾其他，而要注重协同性、关联性、整体性，从而贯通起来把握，结合起来推进。时刻牢记、努力践行这个使命任务，要增强责任感和紧迫感，不断增强党的十九大提出的"八种本领"，以坚定者、奋进者、创新者的姿态，创造无愧于时代的成绩。

2. 准确把握使命任务

举旗帜，就是要高举马克思主义、中国特色社会主义的旗帜，坚持不懈用习近平新时代中国特色社会主义思想武装全党、教育人民、推动工作，在学懂弄通做实上下功夫，推动当代中国马克思主义、21世纪马克思主义深入人心、落地生根。习近平新时代中国特色社会主义思想，是马克思主义中国化最新成果，是党和人民实践经验和集体智慧的结晶，是中国精神的时代精华，是国家政治生活和社会生活的根本指针。只有坚持不懈用习近平新时代中国特色社会主义思想武装全党、教育人民、推动工作，把科学理论转化为认识世界、改造世界的强大力量，才能在风险挑战面前站稳脚跟、淡定从容，在迅速变化的时代赢得主动，凝聚起推动中国号巨轮劈波斩浪的磅礴之力。

聚民心，就是要牢牢把握正确舆论导向，唱响主旋律，壮大正能量，做大做强主流思想舆论，把全党全国人民士气鼓舞起来、精神振奋起来，朝着党中央确定的宏伟目标团结一心向前进。今天的中国，已行进到新的历史方位，正如负重攀爬、中流击水。往前方看，前景壮阔，风光无限；往脚下看，每一步前行，都需披荆斩棘、越障排险。此时，宣传思想战线必须针对群众切身利益问题，既解决实际问题也解决思想问题，不唱高调、不说大话，把聚民心的职责使命落到实处，一点一滴凝聚起亿万人民战胜一切风险挑战的强大合力。

育新人，就是要坚持立德树人、以文化人，建设社会主义精神文明、培育和践行社会主义核心价值观，提高人民思想觉悟、道德水准、文明素养，培养能够担当民族复兴大任的时代新人。中国特色社会主义事业任重道远，中国梦只有在一代代人的接力奋斗中才能变为现实。培养担当民族复兴大任的时代新人，要以坚定的理想信念筑牢精神之基。思想的影响、价值观的塑造，具有长期性、复杂性和艰巨性，必须在“长”“常”二字上下功夫。一方面要抓住青少年价值观形成和确定的关键时期，引导青少年扣好人生第一粒扣子；另一方面，要创新宣传思想工作的形式和方法，把主流价值观融入网络时代的“虚拟生活”。

兴文化，就是要坚持中国特色社会主义文化发展道路，推动中华优秀传统文化创造性转化、创新性发展，继承革命文化，发展社会主义先进文化，激发全民族文化创新创造活力，建设社会主义文化强国。文以载道，文以传情，文以培德。对个人而言，在追求物质生活满足的同时，更渴望精神的饱满、心灵的充实；对国家而言，不仅要在物质上强大起来，更要在精神上强大起来。新时代，只有在实践创造中进行文化创造，在历史进步中实现文化进步，才能更好地构筑中国精神、中国价值、中国力量，让文化的兴盛成为中华民族伟大复兴的有力支撑。

展形象，就是要推进国际传播能力建设，讲好中国故事、传播好中国声音，向世界展现真实、立体、全面的中国，提高国家文化软实力和中华文化影响力。一个真正的大国，需要在思想理念上拥有影响世界的力量，实现软实力和硬实力相得益彰。展形象，既要把中华优秀传统文化中具有当代价值、世界意义的文化精髓提炼出来、展示出来，也要传播优秀当代文化，展示当代中国的发展进步、当代中国人的精彩生活；同时，要推动对外宣传创新，重构外宣格局，解决“有理说不出”“说了传不开”“传开叫不响”等问题，开创外宣工作新局面。

（四）牢牢掌握意识形态工作领导权和主动权

1. 必须坚持和加强党对意识形态工作的全面领导

党的二十大报告强调，要“牢牢掌握党对意识形态工作领导权”。当今中国的意识形态领域，与党和国家各项事业发展一样同步向好。但是，在世界多极化、经济全球化、文化多样化、社会信息化深入发展的大背景下，一些问题和挑战依然不容忽视。比如，如何在众声沸腾的观念碰撞中，用马克思主义指导思想有效引领整合多样化社会思潮；如何在市场经济这把“双刃剑”面前以社会主义核心价值观之“厚德”载起市场经济之“物”；如何在新媒体全媒体大数据时代创新宣传管理方式、有效实现党管媒体；如何抵制敌对势力对我“西化”“分化”的图谋，维护好意识形态安全；等等。因此，新时代做好意识形态工作，必须坚持和加强党对意识形态工作的全面领导，把意识形态工作领导权牢牢抓在手里，更好巩固和发展主流意识形态，不断提升党、国家和民族的凝聚力、向心力。

2. 牢牢把握意识形态工作正确方向

建设社会主义意识形态，立场方向至关重要。如果立场动摇了，方向走偏了，那就会出大问题。要始终绷紧政治这根弦，牢固树立政治意识、大局意识、核心意识、看齐意识，在政治立场、政治方向、政治原则、政治道路上同以习近平同志为核心的党中央保持高度一致，以实际行动维护好习近平总书记核心地位，维护好党中央权威和集中统一领导。要旗帜鲜明坚持党管宣传、党管意识形态、党管媒体，坚持政治家办报、办刊、办台、办新闻网站，在政治方向、舆论导向、价值取向上立场坚定。无论是广播电视、新闻出版单位，还是社科理论、文化艺术单位，无论是传统媒体还是新兴媒体，都要自觉置于党的领导之下，自觉用一把尺子量到底，传播好党的声音和主张，决不允许有“特殊成员”和“舆论飞地”。①

3. 增强意识形态工作的主动权

巩固和壮大主流意识形态。马克思主义是社会主义意识形态的旗帜和灵魂。巩固马克思主义在意识形态领域的指导地位、巩固全党全国人民团结奋斗的共同思想基础，是巩固壮大我国主流意识形态的根本。信仰的坚定来自理论的坚实。要把深入学习贯彻习近平新时代中国特色社会主义思想作为重中之重，在学懂、弄通、做实上下功夫，更加坚定“四个自信”，更加牢固

① 中共中央宣传部.习近平新时代中国特色社会主义思想三十讲[M].北京：学习出版社，2018：217-218.

增强“四个意识”，更加自觉地用习近平新时代中国特色社会主义思想引领改革发展实践，不断开创中国特色社会主义事业新局面。

严格落实意识形态工作责任制。做好意识形态工作，必须坚持全党动手。要压紧压实做好意识形态工作的政治责任、领导责任，全面落实意识形态工作责任制。要加强阵地建设和管理，认真贯彻主管主办和属地管理原则，切实做到守土有责、守土负责、守土尽责，使各类意识形态阵地始终成为传播先进思想文化的坚强阵地，决不给错误思想观点提供传播渠道。当前，思想舆论领域存在红色、黑色、灰色“三个地带”。红色地带是我们的主阵地，一定要守住，决不能丢了；黑色地带主要是负面的东西，要坚决管控，大大压缩其地盘，逐步推动其改变颜色；灰色地带是处在红色和黑色之间的地带，这个地带在政治立场和态度上具有一定模糊性，对其要大张旗鼓争取，加快使其转化为红色地带，防止其向黑色地带蜕变。要发扬斗争精神，始终站在意识形态斗争第一线，敢抓敢管、敢于亮剑，与否定党的领导、否定中国特色社会主义制度等错误言行作不懈斗争。意识形态领域敏感度高、关注度高，在管理和引导上要注意把握好“时、度、效”，掌握好时机、节奏、力度和范围，讲究方式方法。要正确区分和处理政治原则问题、思想认识问题、学术观点问题，无论处理什么问题，都要有利于坚持和加强党的全面领导，有利于凝聚党心民心，有利于促进改革发展稳定。

加强意识形态人才队伍建设。做好意识形态工作，根本在人才，根本靠队伍。要以政治家的标准严格要求，以专门家的标准提升素质，以实干家的标准推进工作，建设一支高素质的人才队伍。要选好配强宣传思想部门领导班子，确保宣传思想工作领导权牢牢掌握在忠于党和人民的人手里。各级宣传思想部门领导干部要加强学习、加强实践，真正成为在理论上、笔头上、口才上或其他专长上有“几把刷子”、让人信服的行家里手。高度重视做好知识分子工作，加强团结和引导，加强政治引领和政治吸纳，最大限度把他们凝聚在党的周围。[①]

（五）讲好中国故事、传播好中国声音

1. 新形势下对外宣传工作的根本遵循

2018年8月，习近平总书记在全国宣传思想工作会议上发表重要讲话指出，“要推进国际传播能力建设，讲好中国故事、传播好中国声音，向世界展现真实、立体、全面的中国，提高国家文化软实力和中华文化影响力”。党的二十大报告强调：讲好中国故事、传播好中国声音。

坚持讲好中国故事、传播好中国声音，是党的十八大以来宣传思想工作的重要理论创新，是做好新形势下对外宣传工作的根本遵循。中国特色社会主义进入新时代，国际社会对中国发展的关注、认同与日俱增，但“中国威胁论”“中国崩溃论”等噪声杂音依然存在。面对新形势、新任务，唯有讲好中国故事、传播好中国声音，才能让世界深入了解中国，为我国发展营造良好国际环境。

党的十八大以来，全面深化改革风生水起，全面从严治党激浊扬清，中国经济发展亮点纷呈，中国与世界的互利合作不断推进，亿万中国人民埋头苦干，为讲好中国故事提供了更多更新的鲜活素材。讲好中国故事，就是讲好中国共产党治国理政的故事、中国人民奋斗圆梦的故事、中国坚持和平发展合作共赢的故事，用各种生动事例说明中国的发展本身就是对世界的最大贡献，为解决人类问题贡献了智慧，努力向世界展现可信、可爱、可敬的中国形象。

2. 加强国际传播能力建设

讲好中国故事、传播好中国声音，必须加强国际传播能力建设，全面

---

① 中共中央宣传部.习近平新时代中国特色社会主义思想三十讲[M].北京：学习出版社，2018：219-220.

提升国际传播效能，形成同我国综合国力和国际地位相匹配的国际话语权。要坚持传统媒体与新兴媒体并举，加快传统媒体与新兴媒体融合发展，以报纸、通讯社、电台、电视台等传统媒体为依托，大力开发和运用数字化、网络化技术，把传统媒体的内容优势和新兴媒体的传播优势有机结合起来，充分运用新技术新应用，创新媒体传播方式，在新一轮传播能力竞争中赢得主动。要以社会主义核心价值观为支撑，在对外宣传中充分体现我们自己的价值理念、实际情况和立场主张。要以“美人之美、美美与共”的开放包容姿态，积极反映中国对人类共同命运和全球事务的认识、思考和担当，多反映中国与外部世界的话语共同点、利益交汇点。要创新对外话语表达方式，研究国外不同受众的习惯和特点，采用融通中外的概念、范畴、表述，把我们想讲的和国外受众想听的结合起来，把“陈情”和“说理”结合起来，把“自己讲”和“别人讲”结合起来，使中国故事更多为国际社会和海外受众所认同。

就新疆而言，推进国际传播能力建设要学会借船出海——充分用好外国媒体、境外我办媒体、中央外宣办公室和新媒体等，开展合作传播，鼓励创作生产适合网络传播的短文章、小故事、微视频。加大广播对外传播力度——推进《中国之声》在丝绸之路沿线国家落地播出。以广播剧、民族歌曲、节日诗会等形式，强化新疆广播节目对中亚五国、俄罗斯、土耳其、蒙古国的文化传播力度。加大影视对外传播力度——增加新疆影视作品的译配数量，满足中西亚国家电视机构对新疆影视作品的播出需求；出台政策，支持新疆多民族题材电影在中西亚国家发行放映。加大报纸期刊以及出版物对外传播力度——重点支持国家对外传播刊物《大陆桥》（俄文、塔吉克文）、《友邻》（俄文、英文），以及针对中亚华人华侨发行的报纸《中亚侨报》和《哈萨克斯坦华侨报》出版发行，出版维吾尔文、土耳其文版的《大陆桥》；利用“丝路书香”和丝绸之路国家图书展等平台，加大出版物对外输出力度，支持报纸期刊、图书音像制品经营企业在境外设立分支机构，依托出版

“走出去”战略，加强与境外出版机构联合运作，争取进入国外发行主渠道，实现境外落地出版。加大新媒体对外传播力度——用好中央涉疆重点网站和频道资源；支持自治区主要对外传播媒体建设“互联网+新媒体”平台，办好特色品牌栏目，面向周边国家开展对外宣传；办好新疆全媒体智能云平台——“石榴云”，通过“石榴云”持续打造纵向贯通、横向联通的一体化智能传播体系，成为媒体宣传新疆、服务新疆，用户了解新疆、热爱新疆的超级入口；办好新疆重点新闻网站天山网，打造融网页、手机客户端等为一体的多媒体、多语种对外传播平台；开办“中亚之声”网络电台，对丝绸之路经济带沿线国家开展常态化、规模化网络传播；在巴基斯坦建设新媒体中心，内容包括网络平台、网站、手机客户端应用开发、影视作品译制及交易平台建设等。成立自治区多语种翻译中心——着眼打造新疆高端翻译资源平台，加强翻译人才培养，推动中外翻译界交流，实现翻译资源共享。

中华优秀传统文化是讲好中国故事、传播好中国声音的突出优势。中华优秀传统文化是中华民族的文化根脉，其蕴含的思想观念、人文精神、道德规范不仅是中国人思想和精神的内核，对解决人类问题也有重要价值。讲好中国故事、传播好中国声音，要把优秀传统文化的精神标识提炼出来、展示出来，把优秀传统文化中具有当代价值、世界意义的文化精髓提炼出来、展示出来，不断提升中华文化影响力。新疆各民族文化始终扎根中华文明沃土，是中华文化不可分割的一部分，要坚持创造性转化、创新性发展。要加强对新疆各民族传统文化的去芜存菁、凝练萃取；要围绕人类共同审美追求和道德情感，精心提炼新疆各民族优秀传统文化中体现人类共同情怀的元素，创作推介兼具亲和力与共鸣性的中华文化新成果。

三、新时代党的治疆方略关于做好意识形态工作的基本要求

新时代党的治疆方略蕴含着深入做好新疆意识形态领域工作、坚决维护

新疆意识形态领域安全的基本要求。

（一）打击敌人和教育群众两手都要硬

“打击敌人和教育群众两手都要硬”是对马克思主义哲学关于事物矛盾运动基本原理的深刻运用。2014年4月，习近平总书记在新疆考察时指出：“新疆各族群众是我们的兄弟姐妹，宗教极端思想和恐怖主义是我们共同的敌人。团结兄弟姐妹，我们要付出真情、献上真心；打击共同敌人，我们要针锋相对、毫不留情。要深入开展各种形式的群防群治活动，着力打好反恐怖人民战争，筑起铜墙铁壁，使暴力恐怖分子成为‘过街老鼠、人人喊打’，通过打击极少数教育团结大多数。”

在第二次中央新疆工作座谈会上，习近平总书记关于严厉打击暴力恐怖活动、加强民族团结等重要讲话，同样蕴含着“打击敌人和教育群众两手都要硬”的理念和要求。习近平总书记强调：“必须把严厉打击暴力恐怖活动作为当前斗争的重点，高举社会主义法治旗帜，大力提高群防群治预警能力，筑起铜墙铁壁、构建天罗地网。”“要高举各民族大团结的旗帜，在各民族中牢固树立国家意识、公民意识、中华民族共同体意识，最大限度团结依靠各族群众，使每个民族、每个公民都为实现中华民族伟大复兴的中国梦贡献力量，共享祖国繁荣发展的成果。”

在第三次中央新疆工作座谈会上，习近平总书记关于高举社会主义法治旗帜、不断巩固各民族大团结等重要讲话，依然蕴含“打击敌人和教育群众两手都要硬”的内在要求。习近平总书记强调：保持新疆社会大局持续稳定长期稳定，要高举社会主义法治旗帜，弘扬法治精神，把全面依法治国的要求落实到新疆工作各个领域。要加强中华民族共同体历史、中华民族多元一体格局的研究，将中华民族共同体意识教育纳入新疆干部教育、青少年教育、社会教育，教育引导各族干部群众树立正确的国家观、历史观、民族观、文化观、宗教观，让中华民族共同体意识根植心灵深处。

（二）坚决推进去极端化

极端主义假宗教之名向政治、文化、社会等领域进行渗透，营造浓厚的宗教极端氛围，为其政治目的服务。宗教极端主义的蔓延渗透，不仅严重危害国家安全、社会稳定，而且严重侵蚀部分群众的思想，弱化了他们对伟大祖国、中华民族、中华文化、中国共产党、中国特色社会主义的认同，削弱了党执政的思想基础和社会基础。开展“去极端化”，是实现新疆社会稳定和长治久安总目标的基本前提，是维护意识形态领域安全的根本举措。

在第二次中央新疆工作座谈会上，党中央明确提出把“遏制宗教极端思想蔓延”作为新疆工作的重点，“深入实施‘去极端化’工作”，这为新疆坚定坚决推行去极端化提供了指导思想和根本遵循。在去极端化工作中，新疆始终坚持法治思维、依法治疆，依据《中华人民共和国宪法》《中华人民共和国刑法》《中华人民共和国反恐怖主义法》《宗教事务条例》等法律法规严厉打击极端主义，同时，结合本地区实际，积极探索地方立法工作，先后出台了《新疆维吾尔自治区宗教事务条例》《新疆维吾尔自治区实施〈中华人民共和国反恐怖主义法〉办法》《新疆维吾尔自治区去极端化条例》等，为遏制、打击恐怖主义、极端主义提供了有力的法律武器。新疆按照“保护合法、制止非法、遏制极端、抵御渗透、打击犯罪”的基本原则，全面贯彻落实党的宗教工作基本方针，既充分尊重和保障公民宗教信仰自由等权利，保护合法宗教活动，满足信教群众正常宗教需求，维护公民和组织的合法权益，又依法查处利用宗教进行的违法犯罪活动。充分发挥宗教界的积极引导作用，深入挖掘宗教教义教规中的积极因素，开展讲经解经工作，引导信教群众确立正信、抵制极端。重视源头治理，依法开展打击非法宗教活动、非法宗教宣传品、非法宗教网络传播的专项治理，切断宗教极端思想传播渗透的渠道。高举社会主义法治旗帜，持续深入开展法治宣传教育，引导信教群众正确认识法律与宗教、公民与教民、国法与教法的关系，增强国家意识、公民意识和法治意识，提高明辨是非和自觉抵御宗教极端思想渗透的能力。引导社会各界共同参与去极端化，形成强大的反对宗教极端主义声势。坚持标本兼治、综合施策，“一手抓打击、一手抓预防”，依法严厉打击少数严重暴力恐怖犯罪的同时，又把预防性反恐放在第一位，通过依法设立职业技能教育培训中心，教育挽救那些感染宗教极端思想、有轻微违法犯罪的人员，使他们学会使用国家通用语言文字，增强法治意识，摆脱宗教极端思想束缚，掌握基本就业技能，融入现代文明社会。

（三）旗帜鲜明批判“双泛”思想

长期以来，“三股势力”利用“双泛”思想在新疆历史问题上，妄称“新疆是东突厥斯坦”“新疆自古以来就是一个独立的国家”等反动观点；在民族问题上，杜撰“历史上的维吾尔族是独立于中国之外的民族”“我们的民族是突厥族”“维吾尔人就是突厥人”等错误观点；在文化问题上，编造“维吾尔族在历史的进程中从来没有吸收过汉族文化”等错误观点；在宗教问题上，叫嚣“宗教至上”“圣战殉教进天堂”等反动观点。“双泛”思想散布的各种歪理邪说颠倒是非，其背后隐含着分裂中国的政治图谋和险恶用心，是不折不扣的反动思想。“双泛”思想在新疆意识形态领域造成的危害极大，其余毒还将在一段时期发挥影响。

一段时期内，新疆暴力恐怖活动多发频发，给新疆社会稳定和人民生命财产安全造成严重危害。纵观每一起暴恐活动的背后，都能找到“泛伊斯兰主义”“泛突厥主义”思想的根子。不根除“双泛”思想，民族分裂和暴力恐怖活动就会像癌细胞一样不断复制繁衍，毒害易感染人群，特别是涉世未深、鉴别力弱的青少年。不肃清“双泛”流毒，解决意识形态领域深层次问题，受其毒害的群众就无法铸牢中华民族共同体意识，坚定“五个认同”，新疆社会稳定和长治久安就无从谈起，来之不易的稳定局面也只能是暂时的、不稳固的。因此，我们必须正确认识新疆历史、民族、宗教等问题，揭穿谎言、正本清源，使人们的思想认识回归正确的轨道。这是当务之急，更是百年大计。

（四）做好重点人群的工作

以习近平同志为核心的党中央始终重视做好青少年学生、知识分子等重点人群的工作。

青年兴则国家兴，青年强则国家强。党的十八大以来，以习近平同志为核心的党中央站在党和国家事业发展薪火相传、后继有人的战略高度，关心青年成长成才、谋划青年工作发展进步，激励广大青年在实现中华民族伟大复兴的时代洪流中踔厉奋发、勇毅前进。2014年4月，习近平总书记来到喀什地区疏附县托克扎克镇中心小学看望孩子们，他嘱咐校长："少数民族孩子双语教育要抓好，学好汉语将来找工作会方便些，更重要的是能为促进民族团结多作贡献。"[①]同年5月，总书记在第二次中央新疆工作座谈会上强调，要坚持教育优先，培养优秀人才，全面提高入学率，让适龄的孩子们学习在学校、生活在学校、成长在学校。以习近平同志为核心的党中央高度重视区外新疆少数民族学生的教育培养工作，要求像对待自己的孩子一样关心教育少数民族学生，多组织开展结对子、走进当地师生家庭、外出旅游等活动，引导少数民族学生增强"五个认同"。要帮助他们选好专业、学好国家通用语言文字、掌握好专业技能，切实解决好他们学习和生活上的困难，做好就业指导服务工作，努力让他们成为民族团结的骨干，成为新疆发展进步的骨干。

人才是实现新疆社会稳定和长治久安的支撑力量。完整准确全面贯彻新时代党的治疆方略，就要聚焦社会稳定和长治久安总目标，深入实施新时代

① 人民政协网.习近平新疆考察纪实:民族团结是发展进步的基石[DB/OL].(2014-05-04).https://www.rmzxb.com.cn/sy/jrtt/2014/05/04/321567_1.shtml.

人才强区战略，全方位培养、引进、用好人才，为建设新时代中国特色社会主义新疆提供数量充足、结构合理、素质优良的人才资源。近年来，新疆以激发活力为核心，深化人才发展体制机制改革，充分向用人主体授权，积极为人才松绑，改革人才评价制度，完善人才激励机制，激励人才创新创造；设立人才发展基金，支持重大产业项目、重要建设工程、重大科研平台、关键民生领域等人才培养引进，有力推动保障重点人才工作；聚焦服务高质量发展，实施“天山英才”培养计划“天池英才”引进计划、行业领域人才培养项目等重大人才项目，推动人才队伍建设；完善人才培养体系，发挥高校主阵地作用，突出企业主体地位，强化科研创新平台建设，打造自主创新人才示范区，源源不断培养造就优秀人才；坚持需求导向，充分发挥好新疆特色产业聚才作用和对口援疆优势，积极引进用好高端人才和智力资源；优化人才发展环境，大力宣传表彰奖励人才，健全人才服务保障体系，形成识才爱才敬才用才浓厚氛围。近年来，新疆呈现出自然科学与人文社科齐头发展的良好态势。哲学社会科学智库建设成果明显，既具有边疆民族地区鲜明特色，又体现出新时代鲜明特点，高质量研究成果不断涌现，聚集了一批优秀研究人才和高素质智库管理人才，形成了一套行之有效的管理体系和运行机制，在传播研究成果、引领社会舆论方面表现突出。同时，新疆加强对人才的政治引领，引导广大人才弘扬科学家精神，扎根边疆、奉献边疆；充分发挥新闻媒体的舆论宣传和监督作用，营造促进人才发展的良好社会氛围。

（五）引导各族群众追求现代文明生活

习近平总书记在第二次中央新疆工作座谈会上强调，要加强思想政治工作，营造昂扬向上的社会氛围，引导各族群众追求现代文明生活。这一要求是党中央坚持从新疆客观实际出发作出的重要决策。

曾经一个时期，在极端思想毒害下，新疆特别是位于南疆的喀什地区、和田地区、克孜勒苏柯尔克孜自治州、阿克苏地区出现信教群众背离世俗生活、背离现代文明的态势。蒙面、穿着罩袍上街，在公共场所做礼拜，婚礼上不笑、葬礼上不哭，小卖部不卖烟酒等成为普遍现象。在宗教极端势力的持续煽动、蛊惑下，信教群众一度排斥现代科学知识，“拒绝学习掌握就业技能、改善经济条件、提升自我发展能力。大量群众不具备掌握国家通用语言文字能力，不具备基本法律知识”[①]。立足严峻现实，引导各族群众追求现代文明生活成为新时代党的治疆方略关于做好意识形态工作的重要思考。

引导各族群众追求现代文明生活，在衣食住行、婚丧嫁娶、礼仪风俗等方面顺应现代社会发展要求，并大力传播现代文明理念，使各族群众摆脱陈规陋习束缚，营造追求现代科学技术知识、文明生活的昂扬向上的社会氛围。

全面加强国家通用语言文字教育是引导各族群众追求现代文明生活的关键。我国是一个多民族、多语言、多方言、多文字的国家，学习使用国家通用语言文字才能为铸牢中华民族共同体意识、增强各族群众“五个认同”提供根本保障。推广使用国家通用语言文字是实现更优质、更高效、更便捷现代生活的必备条件。学好国家通用语言文字对于少数民族群众接受科学文化知识、满足精神文化需要、分享文明成果、融入现代社会具有重要意义。

（六）坚决管住管好用好互联网

党的二十大报告强调：健全网络综合治理体系，推动形成良好网络生态。

多年来，境内外“三股势力”和西方反华势力在我国境内特别是新疆地区进行渗透传播，对新疆意识形态安全构成极大威胁。一段时期内，境内外

① 中华人民共和国国务院新闻办公室.新疆的职业技能教育培训工作[M].北京.人民出版社，2019:5.

“三股势力”利用互联网和移动存储介质，向新疆各族群众传播宗教极端思想和暴恐宣传品的违法犯罪现象十分突出，一度成为暴恐案件发生的主要诱因。且涉疆网络突发事件多涉及民族宗教问题，其背后都有国际敌对势力操纵，每次网络舆情发展迅速、问题棘手、牵扯面广、国际影响大、政治敏感度高。必须清楚认识到，互联网是意识形态交锋的最前沿，是一个没有硝烟的战场。因此只有坚决管住管好互联网，新疆才能遏制宗教极端思想蔓延渗透。

在国家互联网安全战略指导下，新疆互联网安全得到较好的保障。针对新疆互联网环境特征，从中央到新疆开展一系列专项打击网络暴恐音视频和宗教极端思想专项行动。严厉打击利用网络从事分裂渗透、破坏祖国统一、损害民族团结、煽动制造暴恐活动的违法行为，营造风清气正的网络空间。

在2018年8月21日全国宣传思想工作会议上，习近平总书记强调：我们必须科学认识网络传播规律，提高用网治网水平，使互联网这个最大变量变成事业发展的最大增量。

在全国互联网事业高速发展的带动下，新疆互联网要在管住管好的同时，也要坚决用好。充分发挥网络引导舆论的作用，遏制宗教极端思想蔓延渗透，增强新疆各族人民“五个认同”，丰富群众精神文化生活。坚持党管网络，以团结稳定鼓劲、正面宣传为主，牢牢把握正确舆论导向，发挥好网络正面宣传的作用，不断提高网络舆论引导水平，做到正能量充沛、主旋律高昂。

2014年5月，习近平总书记在第二次中央新疆工作座谈会上强调：要为群众提供丰富多彩、喜闻乐见的文化生活，完善公共文化服务体系，加强基层场地设施建设，加强互联网建设和管理，激发各族群众热爱新疆的美好情感。党的十九大以来，健康发展的互联网已经成为传播社会主义先进文化的新阵地、为各族人民提供公共文化服务的新平台、丰富各族群众精神生活的新空间。

坚决管住管好用好互联网，是新时代不断增强新疆各族人民对伟大祖国、中华民族、中华文化、中国共产党、中国特色社会主义认同的必要举措。互联网是把双刃剑，用得好造福国家和人民，用不好就可能带来难以预见的危害。只有坚持正能量是总要求、管得住是硬道理、用得好是真本事，才能更好地服务于维护祖国统一、社会稳定、民族团结、宗教和谐、民生改善、乡村振兴等各项事业，让各族群众在共享互联网发展成果上有更多获得感。

第三章

坚持马克思主义在意识形态领域的指导地位

马克思主义是关于全世界无产阶级和全人类彻底解放的学说，为我们认识世界、改造世界提供了强大思想武器，是立党立国的根本指导思想。党的十九届四中全会从新时代党和国家事业全局出发，把坚持马克思主义在意识形态领域指导地位作为一项根本制度明确提出和全面部署。这是中国特色社会主义制度在意识形态领域的具体体现，表明中国共产党对坚持以马克思主义为指导的意识形态工作规律的认识达到一个新高度。新疆意识形态领域的形势要求必须坚持马克思主义在意识形态领域的指导地位，将马克思主义与新疆实际相结合，始终坚持马克思主义"五观"，不断增强新疆各族干部群众对伟大祖国、中华民族、中华文化、中国共产党、中国特色社会主义的认同。在新时代，坚持马克思主义在意识形态领域的指导地位，就必须推进学习贯彻习近平新时代中国特色社会主义思想、新时代党的治疆方略、涉疆问题系列白皮书精神，并将其内化于心、外化于行。

一、深入学习贯彻习近平新时代中国特色社会主义思想

（一）充分认识理论武装全党、教育人民的重大意义

1. 广大党员干部坚定理想信念

在党的百年历史进程中，若没有全党范围内一次又一次的马克思主义理论大学习和思想大武装，党和国家的事业就不可能一步步推向前进。习近平新时代中国特色社会主义思想是马克思主义中国化的最新理论成果，是21世纪的马克思主义，在回答时代新课题中创新发展了马克思主义，为发展21世纪马克思主义作出原创性的贡献，贯穿着马克思主义的立场观点和方法，是世界观和价值观，又是认识论和方法论。

一段时间以来新疆的有些党员干部理想信念淡化，甚至动摇；有些党员干部看重经济发展，政治观念淡薄，缺乏政治敏锐性，对新形势新问题认识不清、定位不准；有些党员干部思想认识模糊，对现阶段意识形态领域出现的问题认识不足，甚至低估了意识形态领域斗争的艰巨性。通过深入学习贯彻习近平新时代中国特色社会主义思想，引导广大党员干部增强“四个意识”、坚定“四个自信”、做到“两个维护”，坚定其政治方向、保持其政治定力，提高其政治能力，才能以永不懈怠的精神状态和一往无前的奋斗姿态把新疆工作总目标一以贯之推向前进。

2. 维护新疆意识形态领域安全

意识形态工作是从思想上引导人和影响人的重要工作，关乎旗帜、关乎道路、关乎国家政治安全。在全国宣传思想工作会议上，习近平总书记从战略高度阐述了意识形态工作“三个事关”的重大意义，即能否做好意识形态工作，事关党的前途命运，事关国家长治久安，事关民族凝聚力和向心力。新疆在我国地缘政治格局中占据重要地位，新疆各民族是中华民族血脉相连的家庭成员，新疆的命运与伟大祖国和中华民族的命运紧密相连，在中国共

产党的领导下，新疆的经济建设和各项事业取得了翻天覆地的变化。党的十八大以来，习近平总书记多次对新疆工作作出重要指示批示，作出重大战略部署，把社会稳定和长治久安作为新疆工作的着力点，统筹推进各个方面工作。但是，“三股势力”通过广播电台、手机媒体、出版物、互联网等渠道进行反动思想的宣传，通过杜撰和歪曲新疆历史、民族发展史、文明融合史、宗教演变史等宣扬错误观点，严重影响民族团结和社会稳定，给新疆意识形态领域带来极大威胁。面对新疆意识形态领域出现的种种情况，应运用马克思主义基本原理分析解决这一现实问题。新时代党的治疆方略是习近平新时代中国特色社会主义思想的重要组成部分，完整准确全面贯彻新时代党的治疆方略，持续维护新疆社会稳定和长治久安，必须坚决守护意识形态阵地，维护意识形态领域安全。

3. 用习近平新时代中国特色社会主义思想教育人民

人民群众是党的根基、血脉和力量之源，党的理论和思想只有扎根于广泛的群众基础之上才能迸发出强大的生命力和感召力。党的理论和思想在群众的头脑中生根、发芽乃至成长为一棵参天大树，靠的是教育的力量和引领的力量。当今世界正经历百年未有之大变局，世界面临的不稳定性不确定性明显增强，在这样的时代背景下，人们的思想也必然发生深刻变化。新疆基层群众的受教育水平普遍不高，加上境内外分裂势力的渗透和拉拢，致使一些群众对伟大祖国、中华民族、中华文化、中国共产党、中国特色社会主义的认同度不高。宣传思想阵地我们不去占领，敌对势力就会去占领。用习近平新时代中国特色社会主义思想教育人民，对于进一步统一思想、坚定“五个认同”、铸牢中华民族共同体意识、培育社会主义核心价值观以及提升群众文化水平都具有重大意义；用习近平新时代中国特色社会主义思想教育人民，汇聚起建设美丽新疆的强大精神力量。

（二）深刻把握习近平新时代中国特色社会主义思想的精髓

1. 以人民为中心

人民立场是党的根本政治立场，深刻体现了马克思主义唯物史观，体现了对人民创造历史的地位和作用的深刻认识，体现了对人类社会发展规律的科学把握。习近平总书记强调，“必须牢记我们的共和国是中华人民共和国，始终要把人民放在心中最高的位置，始终全心全意为人民服务，始终为人民利益和幸福而努力工作。”[①]习近平新时代中国特色社会主义思想涉及中国特色社会主义政治、经济、文化、军事、外交等各个领域，深刻回答了时代之问，贯穿于其中的主题是以人民为中心。党的十八大以来，习近平总书记反复强调要坚持以人民为中心的发展思想，要坚持新发展理念，要把人民对美好生活的向往作为奋斗目标，要坚持在发展中保障和改善民生，要把增进民生福祉作为发展的根本目的，要坚决打赢脱贫攻坚战，要紧紧抓住人民最关心最直接最现实的利益问题，要让人民有更多的、更直接的、更实在的获得感、幸福感和安全感，等等，这些思想充分体现了以人民为中心的情怀。

为人民谋幸福是中国共产党的初心。习近平新时代中国特色社会主义思想始终坚持马克思主义的人民主体地位，尊重人民群众的首创精神，注重从人民群众中汲取智慧和力量，充分体现了中国共产党来自人民、不忘人民、依靠人民的价值追求；始终坚持以人民为中心，把让老百姓过上好日子作为全部工作的出发点和落脚点，时刻关注人民群众的喜怒哀乐，充分体现了为了人民、先忧后乐、舍己为民的公仆情怀；始终坚持为人民立德、为人民立功、为人民代言，充分体现了大公无私和立党为公、执政为民的政治本色。习近平新时代中国特色社会主义思想深刻回答了“为了谁、依靠谁”的问

① 中共中央宣传部.习近平新时代中国特色社会主义思想三十讲[M].北京:学习出版社,2018:85.

题，把实现好维护好发展好最广大人民根本利益作为不懈追求。

2. 实事求是

一切从实际出发、理论联系实际、实事求是是党的思想路线，其中，实事求是是核心，是马克思主义认识论的集中体现。中国共产党是以马克思主义为指导的无产阶级政党，在马克思主义中国化的进程中，实事求是成为中国共产党认识世界和改造世界的重要方法论。以毛泽东同志为代表的中国共产党人，依靠实事求是，使中华民族站起来了；以邓小平同志为代表的中国共产党人，依靠实事求是，使中华民族富起来了。

新时代，习近平总书记指出："学习和掌握马克思主义方法，必须学习和掌握实事求是的思想方法，实事求是，集中体现了马克思主义唯物的、辩证的认识论，是我们党始终坚持的根本思想方法。"[①]习近平新时代中国特色社会主义思想以新的历史站位、宏观视野和战略眼光，从世界正在发生的大发展、大变革、大调整的局势出发，实事求是地回应了新时代世情、国情、党情的深刻变化，在此基础上提出了一系列切合实际的大政方针。

习近平新时代中国特色社会主义思想实事求是地回答了新时代世情的深刻变化。党的十九大报告指出，世界正处于大发展、大变革、大调整时期。为了实事求是地把握和回应当今世界发展大势、大变革，习近平新时代中国特色社会主义思想明确提出中国特色大国外交，推动构建人类命运共同体，推动建立相互依存、休戚与共，谁也离不开谁的全球命运共同体，推动构建新型国际关系，在相互尊重、平等协商的基础上，构建共商、共建、共享的国际关系新秩序。

习近平新时代中国特色社会主义思想实事求是地回应了新时代国情的深刻变化。进入新时代，我国国情发生了深刻变化。近代以来久经磨难的中华民族迎来了从站起来、富起来到强起来的伟大飞跃，迎来了实现中华民族伟

---

① 习近平.习近平党校十九讲[M].北京:中共中央党校出版社,2014:275.

大复兴的光明前景。鸦片战争后，中国陷入内忧外患的境地，山河破碎、民不聊生，中国人民历经深重苦难。中国共产党在民族蒙受苦难、探求光明的逆境中应运而生，带领人民浴血奋战28年，建立中华人民共和国。习近平总书记指出："今天，我们比历史上任何时期都更接近中华民族伟大复兴的目标，比历史上任何时期都更有信心、有能力实现这个目标。"①为了实事求是地回应新时代民族发展的要求，习近平新时代中国特色社会主义思想提出要坚持和发展中国特色社会主义，在全面建成小康社会的基础上，再分两步走，到21世纪中叶建成富强民主文明和谐美丽的社会主义现代化强国。为了实事求是地回应新时代主要矛盾的变化，习近平新时代中国特色社会主义思想明确提出了新时代我国社会的主要矛盾是人民日益增长的美好生活需要和不平衡不充分的发展之间的矛盾。我国社会的主要矛盾发生深刻变化，从"物质文化需要"到"美好生活需要"，从解决"落后的社会生产"问题到解决"不平衡不充分的发展"问题，适应了我国发展的阶段性要求，体现了党和国家事业发展战略重点的变化。

习近平新时代中国特色社会主义思想实事求是地回应了新时代党情的深刻变化。为了实事求是地回应党的领导是推进中国特色社会主义事业的根本保证，习近平新时代中国特色社会主义思想明确提出中国特色社会主义最本质的特征是中国共产党的领导，中国特色社会主义制度的最大优势是中国共产党领导。这一重要论断，丰富和发展了马克思主义建党学说，深刻反映了对党的领导和中国特色社会主义这一基本关系的认识达到了新的高度。为了实事求是地把握和回应新时代如何加强党的建设，习近平新时代中国特色社会主义思想明确提出了新时期党的建设的总要求，突出了政治建设在党的建设中的重要地位，要以加强党的长期执政能力建设、先进性建设和纯洁性建设为主线，以党的政治建设为统领，以坚定理想、信念和宗旨为根基，以调

① 习近平.在纪念孙中山先生诞辰150周年大会上的讲话[M].北京:人民出版社,2016:02.

动全党积极性、主动性和创造性为着力点，全面推进党的思想建设、政治建设、组织建设、作风建设和纪律建设，并把制度建设贯穿其中，不断提高党的建设质量和水平。

3. 知行合一

“知行合一”是中国古代哲学中的重要命题，强调不仅要认识（知），更要去实践（行），只有把“知”和“行”统一起来，才能称得上为“善”。“知行合一”阐释了理论与实践的辩证关系，是认识论和方法论的统一，成为中国传统文化的重要内容。

在新时代，习近平总书记高度重视学以致用和崇尚实践的“知行合一”观，并将其娴熟运用于分析和解决新时代中国特色社会主义的理论与实践问题，使“知行合一”成为新时代党治国理政的重要思想文化资源。2019年3月1日，习近平总书记在中央党校（国家行政学院）中青年干部培训班开班式上指出，领导干部要牢记“空谈误国、实干兴邦”的道理，叮嘱党员干部要“坚持知行合一、真抓实干，做实干家”，并高度肯定了知行合一的时代价值。习近平总书记十分重视挖掘知行合一的思想内涵，并将这一思想内涵注入新时代党建工作、社会主义核心价值观培育等诸多领域。习近平总书记多次使用的“空谈误国、实干兴邦”“实干才能梦想成真”“关键在于落实”“踏石留印、抓铁有痕”“久久为功”等词汇中处处闪耀着“行”的光芒。

习近平新时代中国特色社会主义思想明确指出中国特色社会主义最本质的特征是中国共产党的领导，这是新时代坚持和发展中国特色社会主义的政治保障。习近平总书记多次强调，广大党员干部应从知行合一的角度来要求自己，把深入学习习近平新时代中国特色社会主义思想与做新时代党的初心的践行者和使命的担当者有机结合起来，努力做到“知”和“行”的统一。

习近平新时代中国特色社会主义思想明确把培育和践行社会主义核心价值观作为重要内容，明确了其重要地位和职责使命。习近平总书记指出，培育和践行社会主义核心价值观，贵在坚持知行合一、坚持行胜于言。“知”

即要深刻把握社会主义核心价值观的内涵，全面领会其中所蕴含的当代中国精神和价值取向；“行”即坚持把社会主义核心价值观作为日常行为准则。

促进“一带一路”国际合作和构建人类命运共同体是习近平新时代中国特色社会主义思想中独特的中国智慧和中国方案，更是充分体现知行合一的典范。习近平总书记强调指出，要促进“一带一路”国际合作，努力实现政策沟通、设施联通、贸易畅通、资金融通、民心相通，打造国际合作平台，增添共同发展新动力。这是新时期的政治宣言，更是最响亮的行动口号。[①] 在此思想指导下，深化贸易投资合作、促进基础设施互联互通、加强创新能力国际合作、加强全球经济治理合作等逐步展开，充分彰显了新时代的中国智慧，也充分体现出习近平新时代中国特色社会主义思想知行合一的强大力量。

习近平新时代中国特色社会主义思想为“什么是知行合一”“为什么要知行合一”“怎么做到知行合一”的中国传统文化命题赋予了鲜明的时代色彩。

（三）推进党员干部“学思用贯通”和“知信行合一”

习近平新时代中国特色社会主义思想是我们党在中国特色社会主义进程中持续进行理论创新和实践探索的经验总结，是马克思主义中国化的最新理论成果，展现出强大的真理力量和独特思想魅力。学习习近平新时代中国特色社会主义思想，关键是把握好“学思用贯通”和“知信行合一”的辩证关系。在2019年中央党校（国家行政学院）中青年干部培训班开班式上，习近平总书记强调，理论学习要做到学思用贯通、知信行合一，这一要求充分体现了辩证唯物主义的认识论、实践论和方法论的统一，具有深远的哲学意义和实践意义。学知、思信、用行的过程，就是认识、实践、再认识螺旋式

① 习近平.《习近平著作选读》(第二卷)[M].北京:人民出版社,2023:42.

上升的思想过程，也是改造主观世界和改造客观世界相统一的实践过程。

1. 学和知是基础

要学原著、学原文、学原理，学深悟透。原原本本地学习习近平总书记的重要论述，包括《习近平新时代中国特色社会主义思想学习纲要》《习近平新时代中国特色社会主义思想三十讲》《习近平谈治国理政》《习近平关于“不忘初心、牢记使命”重要论述选编》《学习习近平同志关于机关党建重要论述》《习近平新闻舆论思想要论》《论坚持党对一切工作的领导》等文献。尤其《习近平谈治国理政》，是当代中国特色社会主义的理论宝典，是马克思主义中国化的最新成果。新时期新疆党员干部应该深入学原著、学原文、学原理，深刻领会贯穿其中的马克思主义立场、观点、方法。在学习过程中，应深刻把握习近平新时代中国特色社会主义思想的逻辑结构、理论要点等。通过集中学习、集中研讨、个人自学等方式，学习习近平总书记系列重要讲话精神，深入理解讲话提出的新思想、新观点、新论断、新要求，重点学习党的二十大报告和《论党的宣传思想工作》等，并深刻领会核心要义、精神实质、丰富内涵和重大意义。

习近平新时代中国特色社会主义思想涵盖了政治、经济、文化、外交等各个领域和方面，形成一个系统完整、逻辑严密和相互贯通的科学理论体系。深入学习这一思想要坚持整体性原则，全面理解其基本内容和观点。坚持把学习领会习近平新时代中国特色社会主义思想同学习马克思列宁主义、毛泽东思想、邓小平理论、“三个代表”重要思想、科学发展观贯通起来，同学习党史、新中国史、改革开放史、社会主义发展史贯通起来，真正领会这一思想的历史逻辑、理论逻辑、实践逻辑。

新时代党的治疆方略是习近平新时代中国特色社会主义思想的重要组成部分，为做好新时代新疆工作指明了前进方向，提供了根本遵循和强大动力。新时代党的治疆方略是习近平新时代中国特色社会主义思想精神实质的充分体现，在指导稳疆安疆的实践中提出了一系列重大判断认识，观点鲜明、思想深刻、内涵丰富，鲜明地体现了以问题为导向的实践观。自治区各级党员干部应进一步加强新时代党的治疆方略的学习，深刻领会依法治疆、团结稳疆、文化润疆、富民兴疆、长期建疆的内涵要义和辩证关系，从“三个事关”（事关改革发展稳定大局、事关祖国统一和民族团结、事关“两个一百年”奋斗目标和中华民族伟大复兴）、“四个定位”（新疆是我国西北的战略屏障，是实施西部大开发战略的重点地区，是我国向西开放的重要门户，是全国重要的能源基地和运输通道）等重要论述中学习和领会新时代党的治疆方略的战略地位。

发挥理论学习中心组“头雁”的作用，把学习习近平新时代中国特色社会主义思想作为学习中心组的重中之重。成员班子带头学习、带头宣讲、带头讲党课、带头开展研讨，以身作则、率先垂范，持久发力、久久为功。以建设学习型党组织为目标，做到经常学、反复学、持久学。创新学习形式，通过专题学习、研讨交流、主题党课等形式，组织广大党员干部深入学习领会习近平新时代中国特色社会主义思想，筑牢信仰之基、补足精神之钙。

2. 思和信是纽带

“思”是学用结合的关键环节，“信”是知行合一的纽带。“学而不思则罔”，要在学习中善于思考、勤于思考、深入思考。从境内与境外、线上与线下、虚拟与现实、体制内与体制外等多角度思考，知其然更知其所以然。在“乱花渐欲迷人眼”的干扰面前，保持“乱云飞渡仍从容”的定力，善于思考，从而将习近平新时代中国特色社会主义思想内化于心。结合新疆实际，坚持问题导向，重点学习思考以下问题：如何用习近平总书记关于意识形态工作重要论述的观点方法来分析解决新疆意识形态领域的诸多问题？如何用习近平总书记关于新闻舆论工作重要论述的观点方法提高新疆新闻舆论传播力、引导力、影响力和涉疆舆论斗争能力？如何以习近平新时代中国特色社会主义经济思想为指导推动新疆经济高质量发展？如何以习近平文化思想为指导深入推进文化润疆？在“思”和“信”的过程中，深刻理解习近平新时代中国特色社会主义思想的科学内涵和精神实质，不断提升习近平新时代中国特色社会主义思想的阐释力。

3. 用和行是关键

“为学之实，固在践履。”理论的价值在于指导实践。学习贯彻习近平新时代中国特色社会主义思想，关键要将其中要义运用到实践中，在实践中完整准确全面贯彻新时代党的治疆方略。新时代党的治疆方略涵盖了经济、文化、法治等多方面，坚持以习近平新时代中国特色社会主义法治思想为指引，全面推进法治新疆建设；坚持以习近平文化思想为指导，深入做好意识形态领域工作，深入开展文化润疆；坚持以习近平新时代中国特色社会主义经济思想为指引，全面推进富民兴疆建设。

（四）推进党的创新理论“飞入寻常百姓家”

1. 以推进马克思主义大众化为根本

马克思主义大众化，就是把马克思主义科学理论同人民群众的实践活动结合起来，用人民群众普遍接受的方式普及科学理论，使科学理论为人民群众所掌握，转化为思想信仰和物质力量。只有深刻认识推进当代中国马克思主义大众化的必要性和现实性，采用科学方法，才能让党的创新理论“飞入寻常百姓家”。

让党的创新理论“飞入寻常百姓家”，要着力于推进马克思主义大众化传播，关键在于多措并举抓好习近平新时代中国特色社会主义思想学习教育。

扎实推进基层理论宣讲。适应对象化、差异化、分众化的特点，深入城乡基层开展面对面理论宣讲，把习近平新时代中国特色社会主义思想讲清楚、讲明白，让老百姓听得懂、能领会；充分发挥各级党委讲师团作用，组建各类宣讲队伍，有针对性地进行宣讲，推动习近平新时代中国特色社会主义思想进企业、进农村、进校园、进社区、进军营、进网络。

持续深化宣传研究阐释。各类各级媒体同向发力、协同联动，形成全方位、多层次、多声部传播党的创新理论的舆论矩阵，综合运用各类栏目形式、各种节目形态进行报道，使习近平新时代中国特色社会主义思想成为时代最强音。充分发挥习近平新时代中国特色社会主义思想研究中心的作用，发挥理论工作“四大平台”作用，开展专题研究，办好系列理论研讨会，推出一批高质量的研究成果，提供学理支撑。

2. 注重方法手段创新

推动党的创新理论“飞入寻常百姓家”必须顺应时代发展大势、遵循新媒体传播规律，加强传播手段和话语方式创新，不断提高理论宣传工作的吸引力、感染力、影响力，让党的创新理论更接地气。

做强做大主流舆论。习近平总书记在人民日报调研时强调，党报、党刊、党台、党网等主流媒体必须紧跟时代，大胆运用新技术、新机制、新模式，加快融合发展步伐，实现宣传效果的最大化和最优化。推动党的创新理论“飞入寻常百姓家”需要主流媒体发挥主要作用。主流媒体要以增强“四个意识”、坚定“四个自信”、做到“两个维护”为准则，牢牢把握正确的政治方向和舆论导向，有理有据地批驳谬误；高举马克思主义和中国特色社会主义的伟大旗帜，坚持不懈地用习近平新时代中国特色社会主义思想武装全党和教育人民，从而推动党的创新理论不断深入人心。

注重传播方式创新。随着传媒技术的不断变革，人们获取信息的方式也发生了很大变化。信息产品越入眼入耳就越容易入脑入心。推进党的创新理论“飞入寻常百姓家”要紧贴受众，不断推出符合受众认知特点和内在需求的信息产品。

注重传播手段创新。网络化传播促进党的创新理论更加快速高效地传播，要善于运用网络传播手段推进党的创新理论“飞入寻常百姓家”。第一，找准发力点和切入口，主动设置议题引导网络舆论，形成网络正面宣传趋势，让党的创新理论走进网络、占领网络、引领网络，提升网络理论宣传的到达率、阅读率、点赞率，使主旋律和正能量充盈网络空间，确保网络理论传播真正在线、时刻在线。第二，传播方式要实现科学性、艺术性、思想性与观赏性的有机结合才能取得最佳效果，要运用移动多媒体和“两微一端”等技术手段和媒体平台，灵活采用多种形式，制作推出民众愿意看、喜欢看、看得懂、记得住的可视化媒体产品。通过微视频、微电影、微纪录片、微动画等形式确保党的创新理论切切实实地“飞入寻常百姓家”。

二、深入学习贯彻新时代党的治疆方略

（一）深刻理解把握习近平总书记关于新疆工作的重要论述

习近平总书记关于新疆工作的重要论述主要体现于第二次中央新疆工作座谈会和第三次中央新疆工作座谈会中，是新时代做好新疆工作的指导思想。在第二次中央新疆工作座谈会上，习近平总书记紧紧围绕社会稳定和长治久安总目标，全面系统阐述了经济发展、民生改善、遏制宗教极端等关乎新疆稳定和发展的重大问题。在第三次中央新疆工作座谈会上，习近平总书记紧紧围绕依法治疆、团结稳疆、文化润疆、富民兴疆、长期建疆系统阐述了新时代党的治疆方略：坚持从战略上审视和谋划新疆工作，坚持把社会稳定和长治久安作为新疆工作总目标，坚持以凝聚人心为根本，坚持铸牢中华民族共同体意识，坚持我国宗教中国化方向，坚持弘扬和培育社会主义核心价值观，坚持紧贴民生推动高质量发展，坚持加强党对新疆工作的领导。理论内涵主要包括：

1. 社会稳定和长治久安

新疆是我国反渗透反分裂的前沿阵地和主战场，新疆社会稳定和长治久安事关全国改革发展稳定大局、事关实现“两个一百年”奋斗目标和实现中华民族伟大复兴。2014年，习近平总书记考察新疆时明确指出，新疆工作做得好不好，最根本的是要看反分裂斗争搞得怎么样，是不是保持了安定团

结的政治局面、和谐稳定的社会局面。社会稳定和长治久安是习近平总书记关于新疆工作重要论述的核心要义，只有紧紧抓住这一点，才能谋长远之策、行固本之举、建久安之势。

新疆社会稳定和长治久安总目标充分体现了以习近平同志为核心的党中央运用矛盾规律治疆的马克思主义方法论。首先，充分体现了“两点论”和“重点论”的对立统一。对立统一规律即矛盾规律，是唯物辩证法的实质和核心。矛盾规律告诉我们，矛盾存在于一切事物的全过程，矛盾无处不在，无时不有。矛盾分为主要矛盾和次要矛盾，其地位和作用是不同的。主要矛盾是指在事物发展过程中居于支配地位起主导作用的矛盾。只有抓住了主要矛盾以及矛盾的主要方面，才能找到事物的关键点。社会稳定和长治久安这一总目标的确立，正是从新疆各种矛盾的存在及走向出发，准确把握了新疆工作的主要矛盾，只要牢牢抓住新疆社会稳定和长治久安这一主要矛盾，并在这一主要矛盾上下功夫，突出重点，其他矛盾就会迎刃而解。新疆工作的重点就是在解决社会稳定和长治久安这一主要矛盾上下力气，要坚持所有工作都围绕总目标、服务总目标，聚焦主要矛盾，重点解决这一主要矛盾。社会稳定和长治久安工作总目标是民族团结的强大动力，是改善民生的根本保证。以习近平同志为核心的党中央运用马克思主义方法，从纷繁复杂的新疆工作中把握本质，抓住了新疆工作的主要矛盾。聚焦总目标，就是聚焦这一主要矛盾，下大力气解决这一主要矛盾，这一主要矛盾解决了，才能为其他各项事业的顺利推进打下坚实的基础。

其次，把社会稳定和长治久安确定为新疆工作总目标是在准确把握新疆面临的新情况新问题基础上得出的正确判断和科学认识。习近平总书记在关于新疆工作的系列讲话当中多次指出新疆地理位置的特殊性、面临问题的特殊性以及做好新疆工作的重要性。新疆是我国西北重要安全屏障，是我国对外开放的重要门户，是丝绸之路经济带核心区，是我国重要的能源资源战略保障基地。如此重要的战略地位使新疆成了西方反华势力和境内外分裂势力觊觎的重点目标，这些势力妄图将新疆从祖国的版图上分裂出去。2022年7月12日至15日，习近平总书记在新疆考察时发表重要讲话，他指出："做好新疆工作事关大局，是全党全国的大事。"把社会稳定和长治久安确定为新疆工作总目标正是在对上述问题准确把握的基础上得出的正确判断和科学认识。

2. 严厉打击暴力恐怖活动

自20世纪90年代以来，境内外"三股势力"在新疆策划并组织实施了一系列暴力恐怖事件，其罪恶行径令人发指，不仅严重破坏了新疆安定祥和的社会秩序、团结进步的氛围，更肆意践踏了新疆各族群众的生命权和发展权。

党的十八大以来，以习近平同志为核心的党中央高度重视新疆社会稳定和长治久安工作。2014年，习近平总书记到新疆考察并发表重要讲话，在谈到反恐问题时，习近平总书记指出，宗教极端思想和恐怖主义是我们共同的敌人，面对这些敌人，我们要打好反恐怖人民战争，筑起铜墙铁壁，让暴恐分子成为众矢之的，如过街老鼠人人喊打。2014年5月26日，中共中央政治局召开会议，会议进一步强调新疆工作在党和国家工作全局中的重要战略地位以及新疆反分裂斗争的长期性、复杂性、尖锐性。紧接着，2014年5月28日至29日召开的第二次中央新疆工作座谈会确立了新疆工作总目标。在这次会议上，习近平总书记紧紧围绕新疆社会稳定和长治久安主线，重点强调促进民族团结、遏制宗教极端思想蔓延等重大问题，这些重要论述为新疆反恐维稳工作提供了重要思路。

3. 加强民族团结

习近平总书记深刻论述了什么是民族团结、怎样做到民族团结以及加强民族团结的意义等重大理论与现实问题，是新时代做好新疆民族团结工作的思想指南。民族分裂势力越是企图破坏民族团结，我们越要加强民族团结，筑牢各族人民共同维护祖国统一、维护民族团结、维护社会稳定的钢铁长城。

在第二次中央新疆工作座谈会上，习近平总书记着重强调，新疆的问题最长远的还是民族团结问题，并全面系统论述了其内涵：第一，民族团结是各族人民的生命线这一重要论断，把民族团结的重要性提高到一个新的高度。第二，要高举各民族团结旗帜，在各民族中牢固树立国家意识、公民意识、中华民族共同体意识。第三，最大限度团结依靠各族群众，使每个民族、每个公民都为实现中华民族伟大复兴的中国梦贡献力量，共享祖国繁荣发展的成果。把团结依靠各族群众同实现中华民族伟大复兴的中国梦联系在一起，确保了实现中国梦的最广泛的群众基础。第四，各民族要相互了解、相互尊重、相互包容、相互欣赏、相互学习、相互帮助，像石榴籽那样紧紧抱在一起。“六个相互”的关系层层递进，各民族首先要相互了解和尊重彼此的风俗习惯、宗教信仰，包容彼此间的差异，然后在此基础上学习和借鉴彼此的长处，取长补短，互相帮助，最终实现共同团结进步，共同繁荣发展。第五，提出了推动建立各民族相互嵌入式的社会结构和社区环境，有序扩大新疆少数民族群众到其他省份接受教育、就业、居住的规模，促进各族群众在共同生产生活和工作学习中加深了解、增进感情。在第三次中央新疆工作座谈会上，习近平总书记强调，要以铸牢中华民族共同体意识为主线，不断巩固各民族大团结。教育引导各族群众树立正确的国家观、历史观、民族观、文化观、宗教观，让中华民族共同体意识植根心灵深处；要促进各民族广泛交往，全面交流，深度交融。在2021年中央民族工作会议上，习近平总书记站在党和国家事业发展全局的战略高度，深入阐明了铸牢中华民族共同体意识的重大意义，强调必须以铸牢中华民族共同体意识为新时代党的民族工作的主线，推动各民族坚定对伟大祖国、中华民族、中华文化、中国共产党、中国特色社会主义的高度认同，不断推进中华民族共同体建设。

4. 做好新时代的宗教工作

在第二次中央新疆工作座谈会上，习近平总书记强调，要精心做好宗教工作，积极引导宗教与社会主义社会相适应，发挥好宗教界人士和信教群众在促进经济社会发展中的积极作用，并对做好新时代的宗教工作提出了原则，给出了方法。第一，在处理宗教问题的基本原则上根据形势的发展变化，在“保护合法、制止非法、抵御渗透、打击犯罪”的基础上，增加了“遏制极端”，充分体现了党中央遏制宗教极端思想蔓延的坚定决心。第二，提出了要依法保障信教群众正常宗教需求，尊重信教群众的习俗，使宗教工作在保护合法方面更具有可操作性，更加有利于团结信教群众。第三，提出稳步拓宽信教群众正确掌握宗教常识的合法渠道。以往新疆信教群众学习和了解宗教知识的渠道比较单一，提出这一举措，有利于信教群众通过更多合法渠道正确了解和学习宗教教义，这也要求有关部门根据信教群众的实际需要，合理布局宗教活动场所并依法实施有效管理。第四，在培养爱国宗教教职人员队伍方面，强调采取有力措施提高宗教界人士素质。只有依法加强对宗教教职人员的教育和引导，才能使宗教与社会主义社会相适应。在第三次中央新疆工作座谈会上，习近平总书记强调，要坚持新疆伊斯兰教中国化方向，实现宗教健康发展，这是以习近平同志为核心的党中央深刻总结治疆规律、宗教发展规律、社会治理规律以及在深刻分析新疆伊斯兰教历史与现状特点基础上得出的科学论断，为新疆宗教工作提供了理论遵循，是新时代党的治疆方略的重要内容。

5. 坚持加强党对新疆工作的领导

在第三次中央新疆工作座谈会上，习近平总书记指出，“要坚定不移加强党的全面领导”。这一论断是习近平总书记结合新疆实际作出的重大判断。坚持和加强党的领导是做好新疆工作的根本保证，是新时代党的治疆方略的重要组成部分。做好新疆工作，关键是要全面加强和改进党的建设，发挥党总揽全局、协调各方的领导核心作用。它的理论内涵包括：第一，党员干部政治上要坚强。引导各级各族干部自觉在政治方向、政治立场、政治言论、政治行为方面守规矩、讲纪律，特别是在反对分裂、维护社会稳定重大问题上，立场要坚定，旗帜要鲜明，要敢于表明态度，敢于迎难而上、敢于挺身而出、敢于坚决斗争。第二，党员干部要讲政治守规矩。习近平总书记强调，新疆全体党员干部要严明政治纪律和政治规矩，规范政治行为，增强政治警觉性和政治鉴别力，永葆政治纯洁性。第三，全党要用战略思维认识新疆工作。2014年4月，习近平总书记在新疆考察时指出，全党都要站在战略和全局高度来认识新疆工作的重要性，多算大账，少算小账，特别要多算政治账、战略账，少算经济账、眼前账。第四，加强干部队伍建设。习近平总书记指出，要“着力培养一支理论功底扎实、政策把握到位、实践能力强的干部队伍”，要“坚持把建设一支对党忠诚、德才兼备的高素质少数民族干部队伍作为重要任务常抓不懈”。

6. 发展是新疆长治久安的重要基础

发展与稳定是当今世界普遍关注的重大理论与现实问题。对于地处我国西北边陲，经济发展相对滞后，同时又作为边疆民族地区、反分裂主战场的新疆来说，发展与稳定显得尤为重要。党的十八大以来，以习近平同志为核心的党中央准确把握新发展阶段、全面贯彻新发展理念、加快构建新发展格局，结合新疆发展实际，指出发展是新疆长治久安的重要基础。2023年8月26日，习近平总书记在听取新疆维吾尔自治区党委和政府、新疆生产建设兵团工作汇报后发表讲话指出：新疆面临新机遇，要有新作为。要立足资源禀赋、区位优势和产业基础，大力推进科技创新，培育壮大特色优势产业，积极发展新兴产业，加快构建体现新疆特色和优势的现代化产业体系，推动新疆迈上高质量发展的轨道，同全国一道全面建设社会主义现代化国家。实现新疆社会稳定和高质量发展，最艰巨的任务在农村。要把巩固拓展脱贫攻坚成果、推进乡村振兴作为发展的重要抓手，加大经济发展和民生改善工作力度，加强水利设施建设和水资源优化配置，积极发展现代农业和光伏等产业园区，根据资源禀赋，培育发展新增长极。要做好对口支援工作，加强新疆与内地产业合作、人员往来，鼓励和引导新疆群众到内地就业，鼓励和支持内地人口到新疆创业、居住。要发挥新疆独特的区位优势，积极服务和融入新发展格局，从实际出发抓好对外开放工作，加快“一带一路”核心区建设，使新疆成为我国向西开放的桥头堡。

（二）增强贯彻落实新疆工作总目标的政治自觉和行动自觉

1. 增强贯彻落实新疆工作总目标的政治自觉

相对于一般意义上的自觉意识而言，政治自觉是较深层次的自觉意识，是讲政治的鲜明体现。政治自觉主要体现在牢固树立政治意识、精准把握政治方向、有效化解政治风险、切实维护政治安全等方面。新疆工作总目标是新时代新疆工作的总纲领，贯彻落实新疆工作总目标离不开各级党员干部的政治自觉。在贯彻落实新疆工作总目标过程中，各级党员干部要增强政治自觉，就是要讲政治，包括坚定政治立场、遵守政治纪律、端正政治态度等等。第一，坚定政治立场。坚定的政治立场是我们党对广大党员干部的基本要求。对新疆广大党员干部而言，政治上强不强，关键要看在维护民族团结、反对民族分裂的立场上是不是坚定。以坚定的政治立场带头维护民族团结、反对民族分裂，是新疆各级党员干部都应具备的政治自觉。第二，遵守政治纪律。没有规矩，不成方圆。邓小平同志曾指出，我们这么大一个国家，怎样才能团结起来、组织起来，一是靠理想，二是靠纪律。[①]面对新疆复杂严峻的反分裂斗争形势，广大党员干部要严肃政治纪律和政治规矩，尤其是反分裂斗争纪律，坚定与“三股势力”斗争到底的决心和信心。第三，端正政治态度。广大党员干部要有对党绝对忠诚的政治态度，保持对党唯一的、彻底的、无条件的、不掺任何杂质的、没有任何水分的忠诚，在重大政治原则问题上，始终旗帜鲜明、立场坚定、认识统一、表里如一，不搞伪忠诚。

---

① 邓小平.邓小平文选(第三卷)[M].北京:人民出版社,1993:187.

2. 增强贯彻落实新疆工作总目标的行动自觉

党的十八大以来，以习近平同志为核心的党中央对坚持和发展中国特色社会主义作出了一系列重大部署，提出了一系列重大举措，带领全国各族人民积极投身于新时代中国特色社会主义伟大实践之中，在实现中华民族伟大复兴的征程上开新局、创新机，实现中华民族伟大复兴进入了不可逆转的历史进程。

“纸上得来终觉浅，绝知此事要躬行。”习近平总书记在多次会议上阐释行动自觉的内涵，指出：改革越是到深处，越要担当作为、蹄疾步稳、奋勇前进，不能有任何停一停、歇一歇的懈怠。[①]改革是循序渐进的工作，既要敢于突破，又要一步一个脚印、稳扎稳打向前走，确保实现改革的目标任务。[②]强调胆子要大、步子要稳，要敢于担当，敢于啃硬骨头，敢于涉险滩。贯彻落实新疆工作总目标，要以习近平总书记的这些重要论述为指导，增强行动自觉。

增强行动自觉，要紧紧围绕关涉新疆社会稳定和长治久安的重大问题，紧扣新疆经济发展实际的中心问题，紧扣全面从严治党面临的现实问题，紧扣新疆意识形态领域的现实状况，把各项工作做实、做好，具体包括文化润疆、乡村振兴工作、“访惠聚”驻村工作、“民族团结一家亲”工作、反恐维稳工作、丝绸之路经济带核心区建设等等。

（三）依法治疆、团结稳疆、文化润疆、富民兴疆、长期建疆

1. 依法治疆

法律的产生是人类文明进步的重要体现，体现着人类对公平、正义的不懈追求。法治建设体现着一个国家的文明发展程度。党的十八大以来，

---

① 习近平.习近平谈治国理政(第三卷)[M].北京:外文出版社,2020:179.

② 中共中央文献研究室.习近平关于全面深化改革论述摘编[M].北京:中央文献出版社.2014:69.

以习近平同志为核心的党中央更加注重法治中国建设。在第二次中央新疆工作座谈会上，习近平总书记强调要坚持依法治疆，并且把依法治疆置于新时代党的治疆方略的首位，充分说明了依法治疆对于实现新疆工作总目标的重要性。

在依法治疆过程中，第一，要坚持中国共产党的领导。这是依法治疆的首要前提，失去了这个前提，就失去了坚强的政治保障。第二，要依法严厉打击各种犯罪活动。要高举社会主义法治旗帜，依法严厉打击暴恐活动，用法律武器彻底铲除滋生恐怖主义的土壤。第三，要依法管理宗教事务。按照保护合法、制止非法、遏制极端、抵御渗透、打击犯罪的基本原则，依法妥善处置各类问题，积极引导宗教与社会主义社会相适应。

2. 团结稳疆

新疆民族团结和社会稳定一直是党和国家高度关注的问题。习近平总书记在第二次中央新疆工作座谈会上指出，各民族要相互了解、相互尊重、相互包容、相互欣赏、相互学习、相互帮助，像石榴籽那样紧紧抱在一起，并提出了“依法治疆、团结稳疆、长期建疆”的总体方略；在第三次中央新疆工作座谈会上提出了以“坚持依法治疆、团结稳疆、文化润疆、富民兴疆、长期建疆”为主要内容的新时代党的治疆方略。团结稳疆作为新时代党的治疆方略之一，突出了民族团结在新疆的重要地位。

团结稳疆在新时代党的治疆方略中占有重要地位，是前提和基础。依法治疆、团结稳疆、文化润疆、富民兴疆、长期建疆是一个有机整体，不可分割。离开了团结稳疆，依法治疆、文化润疆、富民兴疆、长期建疆就失去了群众基础和力量之源。

团结稳疆事关新疆社会稳定和长治久安总目标的实现。民族团结是社会主义民族关系的基本特征和核心内容之一，坚持各民族平等团结、共同繁荣是我国社会主义时期处理民族关系问题的一个基本原则。新疆的社会稳定和民族团结紧密地联系在一起，民族团结工作历来是新疆各项工作的重中之重，是维护稳定的重要内容。在第三次中央新疆工作座谈会上，习近平总书记更加精准地指出，新疆的问题最长远的还是民族团结问题。长期以来，西方反华势力和境内外“三股势力”利用各种机会破坏新疆民族关系，在这种背景下，团结稳疆则具有重大意义。新疆是一个多民族聚居地区，各民族只有像石榴籽那样紧紧抱在一起，心往一处想、劲往一处使，共同维系和谐的民族关系，紧密团结在以习近平同志为核心的党中央周围，旗帜鲜明地反对民族分裂主义，新疆社会稳定和长治久安局面才能实现。

3. 文化润疆

文化润疆是新时代党的治疆方略的重要组成部分，为当前和今后一段时期推进新疆文化工作提供指引和遵循。文化润疆中的“文化”内涵丰富，主要是指包括中华优秀传统文化、革命文化、社会主义先进文化在内的文化体系，“润”有潜移默化、润物细无声之意。新疆地处亚欧大陆中心，是我国向西开放的桥头堡，战略地位十分重要。文化润疆立足新疆重要的战略地位，以增强文化认同、铸牢中华民族共同体意识、不断丰富各族人民的精神世界、促进新疆文化发展为工作重点，蕴含了各民族文化你中有我、我中有你的精神内核，具有重大理论与实践意义。

文化润疆是维护新疆意识形态安全的客观需要。新疆的地缘特点有利于文化交流，但意识形态领域也容易受到境外“三股势力”的渗透，特别是分裂势力通过网络进行文化渗透，诱导群众不认同中华文化，妄图将新疆各民族文化与中华文化割裂开来，严重影响新疆文化的健康发展。习近平总书记在第三次中央新疆工作座谈会上指出，要深入做好意识形态领域工作，深入开展文化润疆工程。这一重要论述将文化润疆与意识形态联系在一起，充分显示出文化润疆对解决新疆意识形态领域存在的一些问题所发挥的积极作用。

文化润疆是增强文化认同和铸牢中华民族共同体意识的有效途径。中华民族共同体是指以中国为主要区域形成的具有中华民族历史文化联系、稳定经济活动特征和心理素质的民族综合体。习近平总书记在第二次中央新疆工作座谈会上明确提出在各民族中牢固树立中华民族共同体意识，在党的十九大报告中发展为“铸牢中华民族共同体意识”，并在多个重要场合反复提及、强调，可见其重要性。铸牢中华民族共同体意识的核心要义是引导人民牢固树立休戚与共、荣辱与共、生死与共的共同体理念，从而推动各民族坚定对伟大祖国、中华民族、中华文化、中国共产党、中国特色社会主义的认同。铸牢中华民族共同体意识对于统一的多民族国家的发展具有极为重要的意义，对于新疆而言，文化润疆是铸牢中华民族共同体意识的有效途径，是实现新疆社会稳定和长治久安的重要措施。

4. 富民兴疆

富民兴疆是新时代党的治疆方略的重要组成部分。紧紧围绕铸牢中华民族共同体意识这一主线，满足各族群众对美好生活的向往，是富民兴疆的重要目标。富民、兴疆是中国共产党几代中央领导集体都高度重视的问题。以毛泽东同志为核心的党的第一代中央领导集体，从新疆实际出发，重视发展少数民族经济。1956年，毛泽东在《论十大关系》中提出：“我们要诚心诚意地积极帮助少数民族发展经济建设和文化建设。”以邓小平同志为核心的党的第二代中央领导集体给予新疆经济建设特别关注，邓小平同志强调，我们帮助少数民族地区发展的政策是坚定不移的。20世纪90年代，国际局势风云变幻，以江泽民同志为核心的党的第三代中央领导集体强调新疆经济发展的重大意义，对兵团提出了“艰苦奋斗、屯垦戍边、建设边疆、保卫边疆、维护祖国统一、增强民族大团结、促进各民族共同发展”的要求。党的十六大以后，以胡锦涛同志为总书记的党中央站在新世纪新的历史起点上，提出稳疆兴疆、富民固边战略，牢牢把握稳定与发展主题，进一步解决好新疆“三农”问题，确立全国对口援疆工作，努力实现新疆经济又好又快发展。

党的十八大以来，以习近平同志为核心的党中央高度重视新疆工作，围绕社会稳定和长治久安总目标，以大力发展经济、促进民生改善为基础，促进民族团结、遏制宗教极端思想蔓延，使新疆整体面貌发生了翻天覆地的变化。在第三次中央新疆工作座谈会上，习近平总书记指出，要牢牢扭住新疆工作总目标，大力推进依法治疆、团结稳疆、文化润疆、富民兴疆、长期建疆工作。与第二次中央新疆工作座谈会相比，第三次中央新疆工作座谈会增加了文化润疆、富民兴疆的内容，丰富了新时代党的治疆方略，体现了以习近平同志为核心的党中央更加关心新疆各族人民的生活，更加重视新疆经济发展。

从实践维度看，富民兴疆就是大力发展新疆经济和改善各族人民生活。马克思主义认为，经济基础决定上层建筑。富民是兴疆的物质基础，脱离了新疆各族群众的共同富裕，兴疆就会落空，新疆的长治久安更实现不了。只有通过发展经济、增加就业、提高收入、改善民生等方式，不断增强各族群众的获得感、幸福感、安全感，才能最终实现富民兴疆。

5. 长期建疆

发展是新疆的重大课题，没有发展就没有新疆的社会稳定和长治久安。长期建疆蕴含着丰富的发展思维，是新时代党的治疆方略的重要组成部分。新时代党的治疆方略中依法治疆、团结稳疆、文化润疆、富民兴疆的最终目标是长期建疆。

实现新疆工作总目标与长期建疆。实现新疆社会稳定和长治久安是一项长期的、复杂的、艰巨的、系统的工程。从历史上看，边疆稳则国家安，边疆乱则国难安。19世纪末20世纪初，在帝国主义的极力鼓吹和支持下，“泛突厥主义”“泛伊斯兰主义”思潮传到新疆①，在其影响下，新疆发生了一系列的分裂破坏案事件，直到新疆和平解放，老牌民族分裂分子的政治图谋才彻底破灭。中华人民共和国成立后，新旧矛盾交织，斗争复杂，分裂分子

① 赵璇，高静文.新疆反分裂斗争的历史回顾和经验总结[J].思想理论教育导刊，2010(06):96.

妄图东山再起，叫嚣新疆“独立”。20世纪90年代是分裂分子犯罪活动的高发期，21世纪以来，新疆对“三股势力”采取“露头就打，先发制敌，毫不手软”的斗争方针，使暴力恐怖事件发生率有所下降。从这个角度出发，长期建疆蕴含着长期打击暴恐活动，铲除分裂思想的要义，要把维护社会稳定和长治久安作为头等大事来考虑。

新疆文化领域面临的现实境况与长期建疆。文化作为一种柔性的、隐形的力量，渗透在社会生活的各个方面，并与政治、经济、军事密切相连，文化塑造人的精神和灵魂，是民族凝聚力和创造力的重要源泉。如今，我国在实现中华民族伟大复兴的同时，与其他国家之间的交往日益密切，文化安全面临的威胁越来越大。新疆毗邻中亚“三股势力”的盘踞带，经常受到境外文化的冲击，加上新疆区域内多元文化并存的局面，种种因素导致社会文化整合度下降。要想解决这一问题，应该在多元化的社会思潮中充分发挥中国特色社会主义文化的引领作用，使之成为长期建疆的精神支撑，引导群众不断增强“五个认同”，筑牢意识形态阵地和文化阵地。

新疆经济发展相对落后的状况与长期建疆。新疆是西部大开发重点地区、向西开放重要门户和交通要道、国家战略资源重要基地、丝绸之路经济带核心区，战略地位不言而喻。但受自然环境、历史因素、地理因素等影响，新疆仍属于典型欠发达、后发展地区，具有典型的区域二元经济和城乡二元经济结构特征，这一特征还将存在相当长的时间，如何实现经济快速发展仍然是当前新疆面临的重要问题。2014年，习近平总书记来新疆考察，对新疆经济发展状况、保障和改善民生进行深入调研指导，深刻指出，发展是解决新疆一切问题的关键。在第三次中央新疆工作座谈会上，习近平总书记进一步把经济发展和民生改善作为当前和今后新疆工作的基础。新时代新疆经济发展需以习近平总书记的重要论述为指导，在长期性和长远性上努力。

长期建疆需要树立系统思维。长期建疆是国家长远的、宏大的、复杂的工程，要以习近平总书记关于系统思维重要论述为指导，坚持长远的顶层设计，思路要全面细致、方法要精准有力，积极探索建立长效机制。长期建疆具有重要的时代价值，丰富了国家治理体系的理论内涵，升华了新时代党的治疆方略。

（四）凝聚“建设美丽新疆、共圆祖国梦想”精神力量

精神力量发挥着鼓舞干劲、弘扬正能量、调动积极性的重要作用。自成立之日起，中国共产党领导全国人民在打败日本帝国主义、推翻国民党反动统治、取得新民主主义革命胜利、建立中华人民共和国以及进行社会主义建设的每个阶段均取得辉煌成就，成为一个坚强有力的马克思主义政党。中国共产党为什么行？究其原因是其精神力量发挥着关键作用，精神力量就是共产党人的“钙”。习近平总书记曾把“红船精神”概括为开天辟地、敢为人先的首创精神，坚定理想、百折不挠的奋斗精神，立党为公、忠诚为民的奉献精神。除此之外，“井冈山精神”“苏区精神”“长征精神”“延安精神”“沂蒙精神”“西柏坡精神”等都是宝贵精神遗产和干事创业的力量之源。新时代进一步推进新疆各项事业前进需要强大的精神力量。

1. 壮大主流舆论凝聚精神力量

习近平总书记深刻指出：“舆论导向正确是党和人民之福，舆论导向错误是党和人民之祸。”[①]这充分说明了舆论导向的重要性。坚持团结稳定鼓劲、正面宣传为主的舆论导向，是党的新闻舆论工作遵循的基本方针，它承担着宣传党的主张、反映人民的心声、营造良好舆论环境、激发全党全国各族人民为实现中华民族伟大复兴的中国梦凝心聚力的重任。在实现中华民族伟大复兴的中国梦过程中，建设一个社会稳定、团结和谐的新时代新疆是必

① 中共中央宣传部新闻局. 习近平总书记党的新闻舆论工作座谈会重要讲话精神学习辅助材料[M]. 北京：学习出版社，2016:46.

不可少的，在这个过程中需要良好的舆论环境。新疆面临着来自西方反华势力和境内外“三股势力”的巨大舆论威胁。他们通过舆论施压，不断恶意炒作和捏造虚假的涉疆议题，以此形成对疆强大舆论攻势，达到全面诋毁新疆的险恶目的。在巨大舆论压力面前，只有通过壮大主流舆论，唱响主旋律，讴歌新时代新疆各族人民为建设美丽新疆作出的巨大贡献，展示新时代新疆各族人民的美好生活和精神面貌，才能用事实反击西方反华势力和境内外“三股势力”污蔑、抹黑新疆的言论。

2. 以文艺精品凝聚精神力量

习近平总书记指出：“文艺是时代前进的号角，最能代表一个时代的风貌，最能引领一个时代的风气。”①“文艺是铸造灵魂的工程，文艺工作者是灵魂的工程师。”②习近平总书记对文艺工作的论述回答了事关文艺繁荣发展的一系列带有根本性、方向性的重大问题，具有重要指导意义。文艺创作可以发时代之先声，文艺精品可以凝聚起精神力量。反映时代精神的、绚丽多彩的音乐、舞蹈及文学、影视剧等文艺作品是凝聚“建设美丽新疆、共圆祖国梦想”精神力量的重要载体，是满足各族人民精神文化需求的重要内容。新疆广大文艺工作者应增强“铁肩担道义”的社会责任感，把坚定理想信念、坚守人民立场，讴歌新疆、讴歌新时代作为文艺创作的永恒主题，推出更多群众喜爱的精品力作。新疆文学艺术界联合会、新疆艺术剧院、新疆电视台、天山电影制片厂等文艺创作单位要充分发挥阵地作用，使高质量凝心聚力的文艺作品走进千家万户，激发新疆各族人民“建设美丽新疆、共圆祖国梦想”的精神力量。

① 中共中央宣传部.习近平总书记在文艺工作座谈会上的重要讲话学习读本[M].北京:学习出版社,2015:25.

② 同①:83.

3. 采取灵活多样的方式凝聚精神力量

以主题党日、“民族团结一家亲”和民族团结联谊活动、国旗下的宣讲、“乡村大喇叭”等系列主题活动为载体，以草根宣讲团、“访惠聚”驻村工作队等为重要宣讲力量，针对不同受众群体，通过群众喜闻乐见的多种形式，进一步激发群众爱党、爱国、爱疆、爱家乡的热情，引领各族群众听党话、思党恩、跟党走，增强各族群众对伟大祖国、中华民族、中华文化、中国共产党、中国特色社会主义的认同。

三、深入推进涉疆问题系列白皮书宣传教育工作

（一）涉疆问题系列白皮书宣传教育的重大意义

涉疆问题系列白皮书主要有《新疆的文化保护与发展》《新疆的反恐、去极端化斗争与人权保障》《新疆的若干历史问题》《新疆的职业技能教育培训工作》等。涉疆问题系列白皮书运用马克思主义国家观、历史观、民族观、文化观、宗教观，坚持以铸牢中华民族共同体意识为主线，从我国历史发展的全局研究新疆历史发展，全面系统地阐述了新疆历史、民族、宗教、文化等问题，厘清了新疆史实，揭露了境外敌对势力编造的谎言，有效遏制了“三股势力”制造的混乱，为掌握新疆意识形态工作的主导权、主动权、话语权提供了重要理论指引。

一个时期以来，西方反华势力和境内外“三股势力”为了达到分裂肢解中国的罪恶政治目的，制造了许多歪曲新疆历史的言论，混淆是非，否定新疆是中国领土不可分割的一部分，否认新疆自古以来就是多个民族聚居、多元文化荟萃、多种宗教并存的历史事实。他们妄称新疆为所谓的“东突厥斯坦”，极力在历史问题、民族关系、宗教文化等领域制造混乱，严重危害新疆意识形态领域安全。深入推进涉疆问题系列白皮书的宣传教育，有助于解决新疆意识形态领域深层次矛盾和问题，有助于增强新疆各族群众对伟大祖

国、中华民族、中华文化、中国共产党、中国特色社会主义的认同。

（二）深入推进涉疆问题系列白皮书的宣传教育工作

1. 坚持政治导向，坚持科学方法

在宣传教育工作中要深刻领会涉疆问题系列白皮书中的思想观点、理论体系、原则立场。要勇于批判谬误，勇于同错误言论作斗争，旗帜鲜明地批判“双泛”思想。西方反华势力和境内外“三股势力”歪曲新疆历史，实际上是妄图割裂新疆各民族与中华民族的血肉联系。一些人片面强调本民族的历史和文化，以片面代替全面，以支流代替主流，以局部代替全局，以部分代替整体，陷入了片面的、孤立的、静止的形而上学的思维模式。只有用马克思主义的立场、观点和方法分析错综复杂的社会现象，才能更全面客观准确地认识新疆历史。推进涉疆问题系列白皮书的宣传教育，要坚守中华文化立场，坚持中华视野，以铸牢中华民族共同体意识为主线，把新疆历史、民族、宗教等问题置于统一多民族国家历史进程中，重点阐释新疆各民族与中华民族的紧密关系，在漫长的历史发展进程中，新疆始终与伟大祖国和中华民族的命运紧密相连。

2. 采用多样化的宣传方式

“习近平总书记指出，我们的宣传教育特别是面向普通群众的宣传教育，不能总是干巴巴的那么几条筋，要把通俗生动、喜闻乐见的手段都运用起来，上接天线，下接地气，让群众听得懂、看得见、记得住，真正入耳入脑入心。”①习近平总书记的这段重要论述说明了宣传教育方式的重要性，深入推进涉疆问题系列白皮书的宣传教育也应探索全面、灵活、有效的方式。

把学习培训做实。广大党员干部是宣传教育的重点，要以党校、行政学

---

① 田文.把历史宣传教育作为新疆意识形态工作重中之重[N].新疆日报,2018-11-07(A03).

院培训等为载体，紧密联系思想和工作实际，引导广大党员干部正确认识和看待新疆历史、民族发展史、文明融合史、宗教演变史等问题，牢固树立马克思主义唯物史观。在社会主义学院、伊斯兰教经学院开设专门课程，对宗教教职人员进行培训。同时把新疆历史学习教育融入新疆教育工作各个环节、各个方面，让青少年从小就树立马克思主义的国家观、历史观、民族观、文化观。

把宣传教育做活。针对各族群众和广大青少年多样化、个性化需求，灵活运用多种形式和手段持续加大宣传力度，推动正确的历史知识抵达人心。推进新疆历史宣传教育进企业、进农村、进机关、进校园、进社区、进军营、进团场连队、进网站，结合不同受众特点分类施教，采取对象化、故事化、形象化、生活化的方式把历史知识转化为通俗易懂的文化产品，转化为群众喜闻乐见的文化形式；积极运用网络技术手段，制作一批反映新疆历史的系列微视频、微动漫等短片，在微信、微博、视频网站、移动客户端等新媒体平台广泛推送；大力开展微党课等教育活动，增强宣传教育的吸引力和感染力；加强文化馆、博物馆、图书馆、美术馆、文物遗址、城市雕塑、广场园林等阵地保护和建设，让文物说话，让历史发声，使之成为中华文化的重要标志。①

注重融入结合。把开展新疆历史宣传教育与维护新疆社会稳定各项工作特别是群众工作结合起来，持续深入开展“民族团结一家亲”和民族团结联谊活动，系牢各民族精神纽带；发挥“访惠聚”驻村工作队的作用，把重大问题、重要史实、重要观点用通俗易懂的语言向各族群众讲清楚、讲透彻，把那些被“三股势力”长期歪曲、编造的历史纠正过来，把人们思想上错误的模糊的东西澄清过来，把正确的思想观点、历史知识确立起来，引导各族干部群众自觉抵制歪曲和杜撰新疆历史民族文化宗教的错误言行。

---

① 田文.把历史宣传教育作为新疆意识形态工作重中之重[N].新疆日报,2018-11-07(A03).

充分利用新媒体平台，增强宣传教育效果。推进《新疆的若干历史问题》等系列白皮书的宣传教育，要邀请专家学者深入宣讲解读，运用媒体融合发展成果，做好新媒体宣传；在集中宣讲中，领导干部要带头示范宣讲、示范宣讲队巡回宣讲、行业系统解读宣讲，深入一线，深入基层，开展理论宣传普及活动，把白皮书的重要论断、重要观点讲清讲透讲明白。

3. 加强宣讲工作队伍建设

2018年8月，习近平总书记在全国宣传思想工作会议上强调，宣传思想干部要不断掌握新知识、熟悉新领域、开拓新视野，增强本领能力，加强调查研究，不断增强脚力、眼力、脑力、笔力，努力打造一支政治过硬、本领高强、求实创新、能打胜仗的宣传思想工作队伍。新疆社科领域的专家学者、各级党员干部、知识分子是涉疆问题系列白皮书宣传教育工作队伍的中坚力量，应充分发挥他们的作用，广泛宣传教育群众，把被分裂分子歪曲的历史纠正过来，旗帜鲜明地支持正确思想，旗帜鲜明地批驳错误观点，把什么是正确的、正确在哪里，什么是错的、错又在哪里说清楚、讲明白，增强各族群众对分裂分子编造的歪理邪说的辨别力和抵抗力。

（三）深入推进反恐、去极端化斗争的宣传教育

1. 宣传教育要深刻揭露宗教极端思想的本质及危害

恐怖主义势力和宗教极端势力疯狂残害普通民众、残忍杀害宗教人士、严重危害公共安全、公然袭击政府机构、蓄意制造暴乱骚乱，其行为充分暴露了反人类、反文明、反社会的本质。深入推进反恐、去极端化斗争的宣传教育，要使广大群众真正认识到恐怖主义和宗教极端势力的危害。宣传教育工作应从严防宗教极端思想的蔓延势头出发，从现实生活中选择典型案例，从中揭露宗教极端思想对个人、家庭和社会的危害性。充分发挥宗教教职人员作用，通过他们对宗教知识的权威解读，使群众远离宗教极端思想。

2. 加强社会主义核心价值观的宣传教育

社会主义核心价值观是社会主义核心价值体系的内核，体现社会主义核心价值体系的根本性质和基本特征，反映社会主义核心价值体系的丰富内涵和实践要求，是社会主义核心价值体系的高度凝练和集中表达。以“富强、民主、文明、和谐，自由、平等、公正、法治，爱国、敬业、诚信、友善”为主要内容的社会主义核心价值观，从国家层面、社会层面和个人层面阐释了公民应恪守的基本道德准则。要深入推进反恐、去极端化斗争的宣传教育，就必须把社会主义核心价值观融入国民教育体系，以提升人们的思想认识，积极培养各族群众的现代公民意识。

3. 广泛进行普法宣传，进一步增强公民法律意识

南疆农村地区公民法律意识相对比较淡薄，法律知识较为贫乏，容易受到恐怖势力和极端势力的教唆和胁迫，从而走上犯罪道路。因此，要聚焦社会稳定和长治久安总目标，面向基层群众和青少年，以弘扬法治精神、培育法治信仰、推动法治实践为主要任务，以推进法治文化建设和法治创建为抓手，以传统媒体+互联网为传播平台，深入推进反恐、去极端化斗争的宣传教育；强化法治宣传，广泛深入开展“基层法治建设年”“宪法法律宣传月”“全民国家安全教育日”“法治宣讲下基层”“国旗下讲法治”“巴扎普法”等多种形式的法治宣传活动，引导各族群众明辨合法与非法的界限，增强其自觉抵御宗教极端思想渗透的意识和能力。①

（四）深入推进新疆文化保护与发展的宣传

党的十八大以来，习近平总书记高度重视中国特色社会主义文化建设，紧紧围绕新时代特征发表了一系列重要论述，形成了许多新思想、新观点、

① 中华人民共和国国务院新闻办公室.新疆的反恐、去极端化斗争与人权保障[M].北京：人民出版社，2019：25.

新论断。在党的十九大报告中，习近平总书记指出："文化是一个国家、一个民族的灵魂，文化兴国运兴，文化强民族强，没有高度的文化自信，没有文化的繁荣兴盛，就没有中华民族伟大复兴。"[①]强调了文化建设对于国家发展和民族发展的重要性。《新疆文化保护与发展》以白皮书的形式出版发行，该书对新疆各民族文化的挖掘、传承与保护进行梳理和总结，体现了以习近平同志为核心的党中央对新疆文化的高度重视。作为古丝绸之路的要冲，新疆有着历史悠久、灿烂辉煌的文化，虽历经时光洗礼，仍熠熠生辉。我国政府历来非常重视新疆的文化保护与发展工作，采取了一系列有效措施，例如：喀什艾提尕尔清真寺、昭苏圣佑庙、克孜尔千佛洞等宗教文化遗产得到有效保护；全国重点文物保护、博物馆建设、历史文化名城名镇名村街区保护方面取得显著成效，特别是对高昌故城遗址、交河故城遗址、北庭故城遗址、尼雅古城遗址、惠远古城遗址等一大批文物古迹进行修缮保护；维吾尔族十二木卡姆艺术、柯尔克孜族英雄史诗《玛纳斯》、蒙古族英雄史诗《江格尔》等非物质文化遗产得到有效保护。《冰山上的来客》《库尔班大叔上北京》《远去的牧歌》《塔克拉玛干的鼓声》《真爱》等一部部优秀电影推动文化繁荣发展。巩固新疆文化保护与发展宣传教育成果，需要重视以下几个方面：

1.推进新疆文化保护与发展的宣传要始终坚持以习近平文化思想为指导，坚持宣传工作的党性原则。中国共产党的领导是新疆文化保护与发展的根本保证，没有中国共产党的领导，就没有新疆文化的发展繁荣，只有在中国共产党的领导下，新疆各族群众的文化获得感和幸福感才能够得到保障。

2.牢固树立新媒体思维。当今互联网时代，网络传播对文化传播所产生的影响是巨大的。要重视新媒体平台传播能力，增强新疆文化保护与发展成

---

① 中共中央宣传部.习近平新时代中国特色社会主义思想三十讲[M].北京：学习出版社，2018：194.

就传播的广度和深度。

3. 积极拓展其他宣传方式。除了理论研究、媒体报道、学校教育、文艺宣传、出版印刷之外，还应该努力探索创新其他方式，比如结合AI（人工智能）、VR（虚拟现实）、AR（增强现实）等技术打造文物遗址景区、博物馆宣介窗口，以吸引更广泛的群体自觉参与到文化保护与发展的宣传之中。

第四章

加强新疆意识形态工作的阵地建设

意识形态工作是为国家立心、为民族立魂的工作，能否做好意识形态工作，关系民族团结、祖国统一、国家安全。21世纪以来，“三股势力”在进行暴力恐怖活动的同时，加强了在意识形态领域的分裂与渗透活动。他们曲解伊斯兰教义、歪曲新疆历史，污蔑和攻击中国政府在新疆的民族政策，企图消解新疆各民族群众的“五个认同”，严重扰乱了新疆的社会稳定与长治久安。面对种种现实威胁，自治区党委坚决贯彻落实党中央的决策部署，做了大量工作，并取得了重大阶段性成果，有效遏制了暴力恐怖活动频发势头。但是我们要充分认识到意识形态领域反分裂斗争的长期性、复杂性和艰巨性，要聚集总目标，综合施策，坚决维护新疆意识形态领域安全。

一、加强哲学社会科学理论阵地建设

哲学社会科学是帮助人们解决世界观、人生观、价值观，解决理论认识和科学思维，解决对社会发展、社会管理认识和运用的科学，是人们认识世界、改造世界的重要工具，是推动历史发展和社会进步的重要力量，其发展水平反映了一个民族的思维能力和文明素质，体现了一个国家的综合国力和国际竞争力。一个国家的繁荣、一个民族的强盛，不只是在于有雄厚的物质财富，还在于有强大的精神力量。一个国家要想意气风发地挺立于世界国家之列，一个民族要想精神抖擞地屹立于世界民族之林，就必须要有自己的精神支柱和价值支撑，就迫切需要哲学社会科学更好地发挥作用。

（一）践行哲学社会科学的“培根铸魂”使命

1. 充分认识哲学社会科学“培根铸魂”的战略地位

马克思主义经典作家高度重视哲学社会科学改造世界的作用。马克思在《德意志意识形态》中指出：“统治阶级的思想在每一个时代都是占统治地位的思想。这就是说，一个阶级是社会上占统治地位的物质力量，同时也是社会上占统治地位的精神力量。”列宁认为：“马克思的哲学是完备的哲学唯物主义，它把伟大的认识工具给了人类，特别是给了工人阶级。”可见，哲学社会科学是照亮人类前行的精神灯塔，是无产阶级认识世界和改造世界的思想武器。中国共产党从诞生之日起就把马克思主义的哲学社会科学作为自己的思想武器。毛泽东高度重视哲学社会科学的历史作用，他在陕甘宁边区自然科学研究会成立大会上的讲话中指出：“人们为着要在社会上得到自由，就要用社会科学来了解社会，改造社会，进行社会革命。”党的十八大以来，习近平总书记多次发表重要讲话，明确了哲学社会科学工作的属性，表达了对广大社科工作者的殷切期望。2016年5月17日，习近平总书记在哲学社会科学工作座谈会上的讲话中指出：“坚持和发展中国特色社会主义，统筹推进‘五位一体’总体布局和协调推进‘四个全面’战略布局，实现‘两个一百年’奋斗目标、实现中华民族伟大复兴的中国梦，我国哲学社会科学可以也应该大有作为。”2019年3月4日，习近平总书记在参加全国政协十三届二次会议文化艺术界、社会科学界委员联组会时指出：“一个国家、一个民族不能没有灵魂。文化文艺工作、哲学社会科学工作就属于培根铸魂的工作”。习近平总书记把哲学社会科学的作用进一步提升到“培根铸魂”的战略高度，这对于党和国家事业的发展具有全局性的重大意义。

2. “培根铸魂”是哲学社会科学工作者的使命担当

哲学社会科学工作者是精神的养护者、灵魂的塑造者，在很大程度上影响着思想文化的内容和品性。启迪思想、陶冶情操、温润心灵是其固有职责，以文化人、以文育人、以文培元是其应有使命。“哲学社会科学具有不可替代的重要地位，哲学社会科学工作者具有不可替代的重要作用”[①]。两个“不可替代”充分显示了习近平总书记对我国哲学社会科学的历史地位和时代价值的深刻把握，也充分说明了习近平总书记对我国广大哲学社会科学工作者的充分信任和高度认可。这既是对哲学社会科学工作者的肯定，更是对哲学社会科学工作者的殷殷嘱托，昭示了哲学社会科学工作者的使命担当。当前，我国正处在全面深化改革的攻坚期，有一系列重大现实问题亟待深入研究，为更好地回应时代之问、回答时代课题，广大社科工作者更应该责无旁贷地肩负起时代赋予的光荣使命，把握时代脉搏，回答现实之问，与新时代同频共振，为谱写新时代的壮丽诗篇贡献出应有的智慧。

3. 搭建科研平台，促使新疆各地高校、科研单位为兴疆固边服务

自治区通过深度融合特色和优势科研资源，进一步打造前沿性创新研究和承担重大项目的平台，为哲学社会科学研究提供重要支撑；充分发挥科研资源集中共享的优势，团结联系高等院校、党校、社科院、党政部门研究机构、社科类社会组织、民办研究机构等社科力量，着力加强人才队伍的培养和建设，积极推进“社科名家”“新人工程”等评选活动，以成果为导向、以项目为纽带，形成有效的激励机制，极大地调动自治区哲学社会科学创作骨干的主动性和创造性；同时，广泛开展“社科工作者之家”系列活动，通

① 新华网.习近平在哲学社会科学工作座谈会上的重要讲话[DB/OL].(2016-05-17).https://fms.news.cn/swf/2016_qmtt/5_17_2016_zsk/index.html.

过学术年会、社科评奖、项目研究等平台，加强思想引领，全面提高新疆哲学社会科学科研成果的质量和学术影响力；立足新疆实际情况，借助新疆维吾尔自治区哲学社会科学奖、新疆社会科学界青年学者论坛、新疆社会科学界学术年会等公共平台优势，催生、推介、转化一批优秀社科成果，为实现新疆社会稳定和长治久安总目标凝心聚力。

4. 坚持以人民为中心，践行哲学社会科学培根铸魂作用

新时代我们要继续坚持和发挥好哲学社会科学对人民的思想引导和知识启迪作用，坚持中国哲学社会科学为人民立言的根本目标，在哲学社会科学不断创新中为人民服务。2019年3月4日，习近平总书记在参加全国政协十三届二次会议文化艺术界、社会科学界委员联组会时的讲话中指出："文学艺术创造、哲学社会科学研究首先要搞清楚为谁创作、为谁立言的问题，这是一个根本问题。"人民是创造历史的根本动力，是中国特色社会主义的实践主体，回应人民关切、满足人民精神文化需要，是哲学社会科学创新发展的动力所在，也是衡量哲学社会科学价值的标准所在。因此，新疆哲学社会科学工作者要站稳人民立场，厚植人民情怀，深入实地调查，切实增强思想自觉和行动自觉，把实现好、维护好、发展好最广大人民根本利益，作为开展理论研究、做好社科工作的根本出发点和落脚点，深切体悟人民群众的所需所想，不断增强眼力、脑力、脚力、笔力，推出一批有广度又有深度的哲学社会科学研究成果，切实发挥哲学社会科学工作的培根铸魂作用。

（二）加强马克思主义理论阵地建设

1. 坚持和巩固马克思主义在新疆意识形态领域的指导地位

毛泽东同志曾指出："领导我们事业的核心力量是中国共产党，指导我们思想的理论基础是马克思列宁主义。"[①]马克思主义是科学的世界观和方

① 中共中央文献研究室.毛泽东文集(第六卷)[M].北京:人民出版社,1999:350.

法论，是经过世界社会主义革命与建设实践检验的真理和智慧。在西方社会，马克思被思想界评为“千年第一思想家”和“古今最伟大的哲学家”。而在中国，自从马克思主义传入中国，中国的民主革命、社会主义建设及改革开放以来中国特色社会主义伟大实践就有了正确的思想指引，中国共产党在马克思主义指导下领导中国人民取得了一次又一次的胜利。尤其党的十八大以来，在以习近平同志为核心的党中央高度重视和推动部署下，马克思主义在我国意识形态领域指导地位更加鲜明，并不断巩固深化。习近平总书记在党的二十大报告中强调：“实践告诉我们，中国共产党为什么能，中国特色社会主义为什么好，归根到底是马克思主义行，是中国化时代化的马克思主义行。”可见，马克思主义是当代中国国家意识形态的基础，是我们立党立国的根本指导思想。

新疆是我国西北的战略屏障，是我国向西开放的重要门户，也是我国战略资源的重要基地。自治区为了有效应对敌对势力对我实施“西化”“分化”的图谋，不断巩固马克思主义在意识形态领域的指导地位。始终坚持从马克思主义哲学的高度把握新疆工作的特殊性，始终坚持用马克思主义的方法论来认识和解决新疆面临的困难，持续开展马克思主义大众化普及工作、社会主义核心价值观教育、“中国梦”教育、“五个认同”教育等，支持新疆高校建好全国重点马克思主义学院，大力推进马克思主义理论研究和建设工程，为马克思主义指导地位的确立和巩固奠定了坚定的现实基础。同时，新疆哲学社会科学工作者坚持马克思主义在意识形态领域的指导地位，坚持以社会主义核心价值观引领哲学社会科学工作，加强理论研究和宣传阐述，自觉抵制各种不良社会思潮的影响和侵蚀。

2. 坚持问题导向，以重大现实问题研究为主攻方向

“问题是时代的声音，回答并指导解决问题是理论的根本任务。”①在新疆，作为马克思主义理论研究的重要阵地和主力军，新疆社科研究单位及各高校的马克思主义理论研究工作者以积极运用马克思主义理论服务新疆、发展新疆为己任，坚持问题导向，对于“双泛”错误思想等焦点问题，坚持站在人民立场上积极撰写研究报告、理论文章，及时辨析并抵制学界存在的各种错误思潮，形成一股强劲的力量，引导主流舆论，坚决打好意识形态领域反击战、坚决捍卫马克思主义阵地，成为一支政治坚强、专业过硬的马克思主义理论研究队伍，创建了一批有影响力的工作平台并形成一些研究成果；同时，大力弘扬理论联系实际的马克思主义学风，在努力学懂弄通马克思主义基本原理的基础上，以重大现实问题研究为主攻方向，通过“访惠聚”驻村工作、新疆社会问题调研等多种途径，深层次、多方面地下沉基层、了解群众、经受锻炼、钻研学问，为新疆反恐维稳工作提供了大量具有创新性、可操作性的意见和建议，进一步增强了马克思主义理论的说服力、感召力和凝聚力。

3. 创新理论宣传的方式和手段，有效开展马克思主义理论教育

习近平总书记一再强调，要“把马克思主义理论用最简单质朴的语言讲清楚、用群众喜闻乐见的方式说明白，使之更好地为广大党员和人民大众所理解、所接受”②。全区上下要充分利用“微课”“慕课”等形式，积极借助多种媒体和手段，打造短小精悍的移动课堂，不断提升学习的灵活性和多样性。深入开展理想信念、党的宗旨、党史国史等方面的学习教育，牢固树

① 习近平.高举中国特色社会主义伟大旗帜　为全面建设社会主义现代化国家而团结奋斗——在中国共产党第二十次全国代表大会上的报告[DB/OL].(2022-10-25).https://www.gov.cn/gongbao/content/2022/content_5722378.htm.

② 中国新闻网.习近平在中央党校秋季进修班开学典礼讲话[DB/OL].(2009-11-18).https://www.chinanews.com.cn/gn/news/2009/11-18/1970743.shtml.

立“四个意识”，持之以恒正风肃纪，不断提高党员领导干部的政治理论素养和综合能力。尤其是要紧跟党的理论创新步伐，深入学习领会习近平总书记系列重要讲话和重要指示批示精神，编写更多适合于不同年龄段读者阅读的马克思主义理论读物，促进马克思主义理论的广泛传播。

（三）加强新疆历史学学科体系和学术体系建设

1. 巩固马克思主义在历史学学科体系建设中的指导地位

历史学作为对哲学社会科学具有支撑作用的重要学科，是一切社会科学的基础。习近平总书记在致中国社会科学院中国历史院成立的贺信中寄希望于我国广大历史研究工作者：“总结历史经验，揭示历史规律，把握历史趋势，加快构建中国特色历史学学科体系、学术体系、话语体系”。马克思主义是我们立党立国的根本指导思想，也是推进中国特色社会主义学科体系建设的根本指针。因此，建立具有中国特色的历史学学科体系，必须毫不动摇地坚持马克思主义唯物史观的指导，不断巩固马克思主义在历史学学科体系建设中的指导地位。教育部、高校和社科研究机构要通过加强指导、深入研究、联合办学、人才援疆等形式大力支持新疆加强马克思主义理论相关学科建设；坚决落实中宣部《关于进一步加强论坛、讲坛、讲座、年会、报告会、研讨会等阵地管理的意见》，把握好涉疆学术交流研讨的政治方向、价值取向；不断提高马克思主义理论水平和思维能力，加强对中国历史，尤其是中国近现代史知识的学习和宣传，有效应对历史虚无主义和国家虚无主义；注重对新疆历史、民族发展史、文明融合史和宗教演变史的宣传教育，有效增强各民族的情感认同，不断强化马克思主义在历史学学科体系中的指导地位。

2. 发挥边疆史学研究优势，夯实历史学学科体系理论建设

历史学学科体系建设与课题研究是相互联系、相互促进的一个整体。高校和社科研究机构要以课题研究为抓手，把新的教学专题和教学中的重

点、难点问题以及群众普遍关心的热点问题作为科研工作的重点，以高水平的科研成果助推学科体系建设，不断夯实历史学学科体系建设的理论基础。要充分利用边疆史学研究的特点，打破中国传统王朝史、断代史的羁绊，在长时段历史脉络中，一方面，要阐释多民族大一统格局不仅是我国自秦汉以来就基本形成的历史传统，更是我国有别于其他国家和地区的独特优势，为人类社会治理模式提供了中国方案；另一方面，要充分发掘、利用边疆地区多民族历史文化资源优势，为构建人类命运共同体之路贡献中国智慧。

3. 加强新疆历史学科教材体系建设，不断夯实民族团结思想基础

教材是国家意志的体现。历史学科教材的意识形态属性较强，涉及国家主权、安全以及民族、宗教等内容，应由国家以唯物史观为指导统一编写、统一审查、统一使用，保证历史学科教材的权威性、科学性和统一性，防止个别人以教材为载体，植入违背国家主流意识形态的内容。结合新疆区情，在原有的公共历史课基础上，新疆高校需要探寻和开发地方课程资源，合理吸收历史学研究新成果，积极推动课程创新。根据新疆所面临的各种复杂形势，增设新疆历史、民族宗教理论政策、民族团结教育、反渗透反分裂教育、非传统安全等课程和相关系列讲座，教育广大青年学子爱党、爱国、爱疆、爱社会主义，不断提高各民族学生的政治鉴别力和政治修养，使其以正确的立场、观点、方法看待新疆历史、民族发展史、文明融合史、宗教演变史。

（四）加强新疆新型智库建设

1. 高度重视新疆新型智库建设

“智库”，即思想库，是由英文Think Tank翻译而来，指由专家组成的多学科的，为决策者在处理社会、经济、科技、军事、外交等各方面问题出谋划策，提供最佳理论、策略、方法、思想等内容的公共研究机构。2015年1月，中共中央办公厅、国务院办公厅印发的《关于加强中国特色新型智库建

设的意见》（以下简称《意见》）中明确指出中国特色新型智库是以战略问题和公共政策为主要研究对象、以服务党和政府科学民主依法决策为宗旨的非营利性研究咨询机构。《意见》对中国特色新型智库的概念确定与功能描述进一步作了详细的阐述与规划，将智库建设提高到治国理政、咨政启民、增强国家软实力的新高度。

我国智库建设始终受到党中央的高度重视以及全社会的高度关注。党的十八大提出全面实施创新驱动发展战略，中央和地方各级部门相继提出推进我国新型智库建设的政策文件，特别是党的十八届三中全会《关于全面深化改革若干重大问题的决定》中提出“加强中国特色新型智库建设，建立健全决策咨询制度”，标志着我国新型智库建设进入一个全新的发展阶段，智库的发展在国内引起一股前所未有的热潮。

新疆新型智库的建设与发展受到党中央和自治区党委的高度重视。进入21世纪后，新疆着力建设一批涵盖新疆科研机构和高校、服务党和政府科学决策的专业高端智库，为自治区的稳定和繁荣提供智力支持。为了提高自治区解决经济建设理论和实践问题的能力，自治区党委和人民政府于2012年批准建立了25个普通高校人文社科重点研究基地，为高校智库的新发展提供了平台和机遇。当前，新疆迫切需要发挥新型智库“智囊库”“参谋库”“思想库”的作用，汇聚群力，贡献智慧，承担社会责任，为党和政府咨政和决策提供必要的理论和方法。这不仅对新疆智库提出了新要求，也为新疆智库建设提供了难得的历史机遇。

2. 坚持正确的理论导向，扩大智库工作成果的社会影响力

依托高校、科研院所、协会、学会等设立的各级智库，坚持以马克思主义为指导的社会主义意识形态导向，抵制极端思想的侵蚀，确保学术科研有原则、有底线、有禁区；聚焦党和国家中心工作、自治区党委和人民政府重大决策部署，立足新疆实际，针对新疆的重点问题、热点问题进行深入研究，丰富和创新新时代党的治疆理论；为新疆各级党委和政府的战略决策建

言献策，促进政府决策的科学化与合理化，为新疆总目标的实现发挥积极作用。天山网、新疆日报、新疆电视台、新疆人民广播电台等新闻媒体，结合课题研究、决策咨询等工作，大力宣传新疆各智库的优秀调研成果，有力提升各智库决策咨询工作的社会影响力。

3. 加强政府引导与推进，促进新型智库的国际合作

作为智库建设的主导力量，新疆各级党委、政府在智库的整体规划、统筹协调和制度保障等方面统一思想，明确各类智库的建设方向以及建设重点；鼓励智库与大数据产业开展合作研究，在引导智库服务政府决策的同时服务社会公众；激发智库的积极性和活力，促进智库提升专业水平和咨政能力。一定的资金支持是智库顺利开展项目、推进研究的必要保障，因此，自治区党委和人民政府加大科研经费投入的力度，设立智库建设专项基金，鼓励新疆新型智库研究成果的转化，激发智库钻研的活力，保障智库发展的资源供给。充分利用新疆地缘优势，积极与“一带一路”沿线智库合作建立国际智库群和云数据库，吸纳具有国际影响力和学科影响力的专家汇聚于此，针对国家安全、反恐、打击犯罪、灾害预防等区域内热点问题开展讨论，共同为区域内各国政府解决社会治理方面的各类问题提供智力支撑。

4. 积极培养和引进人才，不断发展壮大新疆新型智库队伍

人才是智库发展的核心力量，是智库高水平产出的来源。党政系统智库、社科体系智库、科研院所及高校智库都汇聚着各学科、各领域的专业人才，要从中遴选优秀专家学者，形成老中青结合的骨干队伍。通过进修、培训、主持科研项目、服务基层等方式加强对青年研究型人才的培养，提升青年人才的科研能力；同时引导青年科研人才树立心系人民的责任意识，使其成为建设新疆新型智库的重要力量。要建立吸引人才的激励机制，及时为新疆智库人才队伍注入新鲜血液。

二、加强思想政治教育阵地建设

教育是国家大计，也是民生之基。思想政治教育是党的思想政治工作的重要组成部分。党的十八大以来，以习近平同志为核心的党中央在治国理政新的实践中举旗定向、谋篇布局、攻坚克难、强基固本，对新形势下加强和改进思想政治工作提出许多新观点、新论断、新要求，作出一系列决策部署，这对于巩固马克思主义指导地位、确保中国特色社会主义事业后继有人，具有十分重大而深远的意义。

（一）落实铸魂育人、立德树人根本任务

1. 树立“铸魂育人、立德树人”的教育理念

教育是民族振兴、社会进步的重要基石，承担着立德树人的根本任务。培养什么样的人，是教育的首要问题。每个国家都是按照自己的政治要求来培养人的。我国是中国共产党领导的社会主义国家，这就决定了我们的教育是社会主义教育，其必须全面贯彻党的教育方针，落实立德树人根本任务。新时代的青年是社会主义现代化强国的建设者和见证者，到21世纪中叶，中华民族伟大复兴最终实现的重任将落在他们肩上。培养一代代拥护中国共产党和我国社会主义制度，立志为中国特色社会主义事业奋斗终身的青年人显得尤为关键。要用习近平新时代中国特色社会主义思想“铸魂育人”，“将‘立德树人’作为教育的中心环节，把思想政治工作贯穿教育教学全过程，实现全程育人、全方位育人，努力开创我国高等教育新局面。”[①]“铸魂育人、立德树人”的重要论述为我国教育改革发展指明了方向，提出了更高

① 新华网.习近平：把思想政治工作贯穿教育教学全过程[DB/OL].(2016-12-08).http://www.xinhuanet.com//politics/2016-12/08/c_1120082577.htm.

要求。

2. 把社会主义核心价值观融入教育全过程

社会主义核心价值观是一个科学的理论体系，体现了国家、社会、公民三个层面的价值诉求。积极培育和弘扬社会主义核心价值观对丰富人们的精神世界、建设民族精神家园，具有基础性、决定性作用；对巩固马克思主义在意识形态领域的指导地位、巩固全党全国人民团结奋斗的共同思想基础，具有重要现实意义和深远历史意义。[①]各级教育系统要充分认识到社会主义核心价值观在铸魂育人、立德树人过程中的重大作用，尤其是作为培育和践行社会主义核心价值观重要阵地的各类高校，必须把社会主义核心价值观融入教育活动的各个环节。除此之外，也应把社会主义核心价值观融入家庭教育和社会教育的各个阶段和各个方面。家庭教育和社会教育弥补了学校教育的局限性，保证了培育和弘扬社会主义核心价值观的广泛性。社会主义核心价值观作为社会主义核心价值体系的内核，是巩固全党全国人民团结奋斗的共同思想基础的需要，是进一步凝心聚力、鼓舞斗志，提高国家竞争力的需要。因此社会主义核心价值观需要“全覆盖”，需要将其融入社会发展各个方面，融入教育的各个环节，从而为实现中华民族伟大复兴的中国梦提供强大正能量。

3. 肩负起“铸魂育人、立德树人”之责任

各类高等院校要继续开展去极端化宣传教育活动，坚持提升新疆高校抵御宗教极端思想渗透的应对能力，构建抵御宗教极端思想向校园渗透的“隔离层”；坚持和完善普通高校党委领导下的校长负责制，切实发挥党委的领导核心作用，强化党委对高校意识形态工作的领导，牢牢把握党对高校意识形态工作的领导权、话语权；提高党委理论学习中心组学习质量，强化对马克思主义经典著作的研读和考究，深入学习习近平新时代中国特色社会主义

① 段红.落实立德树人要求 实现铸魂育人任务[N].黑龙江日报,2019-05-20(06).

思想，夯实理论功底。教师，尤其是思想政治理论课教师，作为党的理论、路线、方针、政策的宣传者，要做到旗帜鲜明讲政治，增强“四个意识”、坚定“四个自信”、做到“两个维护”，始终在政治立场、政治方向、政治原则、政治道路上同以习近平同志为核心的党中央保持高度一致，把习近平新时代中国特色社会主义思想贯穿到铸魂育人全过程。要充分发挥马克思主义理论、哲学、历史学等学科铸魂育人功能，培养可担当民族复兴大任的社会主义建设者和接班人。

（二）加强思想政治理论课程体系建设

1. 推动大中小学思政课一体化建设，提升思想政治理论课教学水平

2019年3月，习近平总书记在学校思想政治理论课教师座谈会上强调，思想政治理论课是落实立德树人根本任务的关键课程。思想政治理论课是各类学校思想政治工作的主渠道和主阵地，直接影响着学生的思想观念、价值取向、精神风貌，在人才培养体系中居于核心地位，具有关键作用。

2024年5月，习近平总书记对学校思政课建设作出重要指示，他强调，新时代新征程上，思政课建设面临新形势新任务，必须有新气象新作为。要坚持以新时代中国特色社会主义思想为指导，全面贯彻党的教育方针，落实立德树人根本任务，坚持思政课建设与党的创新理论武装同步推进，构建以新时代中国特色社会主义思想为核心内容的课程教材体系，深入推进大中小学思想政治教育一体化建设。思政课一体化建设要以此为目标，增强课程内容的针对性，在课程内容建设上进行统筹推进。坚持以习近平新时代中国特色社会主义思想铸魂育人，结合学生思想特点以及成长成才规律，开展理论性学习、常识性学习、体验性学习和启蒙性学习；在课程体系上进行调整创新，综合大中小各学段特点构成思政课课程群建设，在已有的必学课程基础上结合习近平总书记最新重要讲话精神开设选修课程。

2. 强化思想政治理论课教师队伍建设，提升思想政治理论课教学质量

习近平总书记在学校思想政治理论课教师座谈会上强调：办好思想政治理论课关键在教师，关键在发挥教师的积极性、主动性、创造性。思政课教师作为“传道者”，要给学生心灵埋下真善美的种子，引导学生扣好人生第一粒扣子。2024年5月11日，习近平总书记对学校思政课作出重要指示，其中指出：要着力建设一支政治强、情怀深、思维新、视野广、自律严、人格正的思政课教师队伍。思政课教师作为青少年思想引路人和信仰铸魂者，应当围绕这一要求强化对马克思主义的信仰、坚定对社会主义和共产主义的信念，以真理的力量感召学生，以深厚的理论功底赢得学生，以高尚的人格打动学生；引导学生增强“四个意识”、坚定“四个自信”、做到“两个维护”，引导学生将爱国情、强国志、报国行自觉融入实现中华民族伟大复兴的奋斗中。

3. 创新思想政治理论课的教学手段与方法，提升思想政治理论课教学效果

习近平总书记在全国高校思想政治工作会议上强调：“要运用新媒体技术使工作活起来，推动思想政治工作传统优势同信息技术高度融合，增强时代感和吸引力。”一方面，思政课教师要主动变革传统教学思路，实行线上、线下、线上线下混合式教学方法。教师针对学生最关心的问题进行面对面讲解的同时，可以利用线上教学方式提高学生的参与度，使得知识传递成为双向的互动与反馈，促进抽象的思想政治教育理论入脑入心。另一方面，思政课教师要尝试借助新媒体技术，融入案例式教学、探究式教学、体验式教学、互动式教学、专题式教学、分众式教学等多样化教学方式，既要深挖书本知识的理论要义，又要观照中国社会现实，融入生动鲜活的案例，丰富学生课堂体验，激发学生学习的积极性、主动性，使思政课堂迸发活力。

（三）广泛开展文明校园创建和各类社会实践

1. 创建社会实践平台，开展校园文化活动

“纸上得来终觉浅，绝知此事要躬行。”学校要根据学生的兴趣和需要积极创建社会实践平台，以先进文化为载体，结合当下热点话题，将立德树人、社会主义核心价值观教育融入社会调查、义务支教、志愿者服务等社会实践活动之中，让学生在积极参与、亲身实践、劳动体验中培养关心他人、关心社会、关心国家的公民主体意识，增强社会责任感；通过开展读书周、辩论赛、合唱比赛、爱国主题教育展等形式多样的校园文化活动，引导学生铭记历史，了解中华传统文化，增强责任担当，坚定理想信念，铸牢中华民族共同体意识。

2. 将中华优秀传统文化、红色文化贯穿于学校教育中，激发广大师生的爱国热情

中华优秀传统文化具有丰富的文化特征和多样的形式表现，其深厚的文化积淀具有意义深远的育人功能。学校可以通过开设中华传统文化选修课，开展中华传统文化知识竞赛、校园诗词大会，开展以传统礼仪、传统节日、传统戏曲等中华优秀传统文化为主题的文艺活动，激发学生学习中华优秀传统文化知识的主动性和热情，帮助学生正确认识、理解中华优秀传统文化，树立文化自信，自觉形成对中华文化的认同。此外，要充分发挥各种群众性活动中心的作用，积极借助红色资源，充分利用博物馆、纪念馆、展览馆、烈士陵园等爱国主义教育基地开展面向学生的公益性文化活动，引导学生感知革命先辈的精神力量，激发学生的爱国主义热情。

3. 丰富网络教学资源，加强网络管理

随着信息技术的快速发展，“互联网+”趋势日益影响着人们的生产生活方式，充分利用新媒体与新技术，丰富网络教学资源，建构“互联网+思想政治理论课”的互动教育教学体系；创建具有教育意义的精品红色网站，

传播社会主义理想信念。但网络上的信息良莠不齐，由于青少年的辨别力不强，其价值观很容易走偏。为此，我们要加强网络信息监管力度，时刻关注校园贴吧、微博、微信等平台的动向，严格把关，并积极培养学生网络安全意识，提醒其对于不明真相的信息不转、不评，提升其甄别和防范网上有害信息的能力。

（四）加强教师队伍和思想政治工作队伍建设

1. 加强“四好”教师队伍建设，全面提高教师自身的综合素质

2014年教师节，习近平总书记在同北京师范大学师生代表座谈时，号召全国广大教师要做有理想信念、有道德情操、有扎实学识、有仁爱之心的好老师。思想政治理论课要培养、选拔和建设一支政治合格、师德高尚、专业过硬的教师队伍，充分发挥教师队伍教书育人的作用，抵御和防范宗教极端思想向校园渗透。新疆高校的思想政治教育工作者要充分调动自我发展的主观能动性，牢记自己的神圣职责，志存高远，脚踏实地，不断加强专业学习，拓宽知识面，在更新知识的同时提高自身的理论素养。同时，教师要勇于打破学科界限，加强多学科间知识的横向联合，培养自身跨学科知识的把握能力、综合能力和运用能力。

2. 围绕学科发展组建、培训、提升学科队伍

学校要依托学科建设凝聚学科人才、建设学科梯队、组建学科团队，推动团结协作和集体攻关，在学科发展中培养一批坚持以马克思主义为指导、理论功底扎实、勇于开拓创新、善于联系实际、老中青相结合的新疆思想政治教育学科带头人和教学科研骨干队伍，努力把思想政治教育学科建设提高到一个新水平；经常组织示范教学、集中观摩、教学研讨并进行教育教学研究，以达到广开教学视域、精进教学能力、共享优质教学资源的理想效果；不断创新思政课教师评价激励机制，制定与思想政治理论课教师岗位特点相匹配的评价标准，对具有先进教育理念、高超育人水平、突出教学能力的教

师予以奖励，极大地调动思想政治理论课教师的积极性和主动性。

3. 用好援疆资源，培养优秀人才，建强师资队伍

第二次中央新疆工作座谈会召开以来，教育援疆工作力度不断加大，团队式对口支援新疆高校给新疆教育事业发展带来大好机遇，思想政治理论课建设要抓住这一历史机遇奋力而为。一方面，加强对外交流和地区间的横向合作，区外重点院校应建立长期的对口支援培训项目，选派优秀的思想政治教师充实到新疆各级各类学校，建立健全长期有效的教师培训机制，新疆高校也可以将教师“送出去”，到德育学科研究水平较高的院校学习深造；另一方面，要积极引进先进的教学理念、教育教学方法，提升思想政治教育学科建设、师资队伍建设、人才培养水平以及科研服务能力。

三、加强新闻舆论阵地建设

新闻媒体作为塑造社会意识形态的一个关键因素，能够在传递信息的同时引导社会价值观和公众舆论。正能量的新闻宣传能够积极引导社会大众树立正确的价值取向和良好的道德观念，但消极的新闻舆论则会扰乱人心、破坏社会秩序，尤其一些境外媒体、组织发布涉疆不实言论，恶意炒作、肆意抹黑新疆的职业技能教育培训中心和反恐、去极端化工作，粗暴干涉我国内政，妄图制造混乱、分裂中国，严重违背了作为媒体人的基本新闻职业操守，严重践踏了国际道义和人类良知。我们必须主动适应国内外舆论环境变化，不断加强新闻舆论阵地建设，牢牢掌握舆论工作主动权和主导权，努力形成服务新疆总目标的舆论合力，让党的声音及时传遍千家万户。

（一）旗帜鲜明坚持马克思主义新闻观

1. 牢固树立马克思主义新闻观，坚持党性原则不动摇

马克思主义新闻观是指马克思主义对于新闻现象和新闻传播活动的总的

看法，是无产阶级政党领导的新闻舆论事业的指导思想和行动纲领。长期以来，我国新闻传播产业不断从马克思主义新闻观中汲取力量，并把贯彻马克思主义新闻观作为开展新闻实践工作的根本着力点。党性原则是马克思主义新闻观的核心，是我国新闻舆论工作开展的基本原则。因而我们必须坚持党性原则、坚持正确的政治方向，强化党对新闻舆论工作的绝对领导。伴随世情、国情、党情的深刻变化，新闻舆论战线面临着许多新挑战、新考验，新闻工作者必须把思想和行动统一到党中央决策部署上来，把培育社会主义核心价值观牢牢放在心上，切实增强新闻把关意识，牢牢掌握宣传思想工作的话语权，把党管宣传、党管意识形态、党管媒体的要求贯穿到新闻工作的各环节、全过程，做到守土有责、守土负责、守土尽责，做到弘扬主旋律、传播正能量，为发展鼓劲、为稳定建功。

2. 切实增强新闻把关意识，始终坚持正确的舆论导向

严格把关是新闻工作者的重要责任。中央和新疆地方有关媒体要切实增强“四个意识”、坚定“四个自信”、做到“两个维护”，坚持正确的政治方向、舆论导向和价值取向，把好新闻宣传中的政治关、事实关、质量关，彻底铲除“三股势力”在意识形态领域生存的土壤；大力宣传新疆在社会稳定、经济发展、民生改善、民族团结、宗教和谐等方面取得的显著成效，积极营造昂扬向上的舆论氛围；建立和完善正确导向的舆论引导工作机制，全面落实政治责任和领导责任，通过强化三审三校制和重播重审制，确保新疆各类媒体和各语种新闻、专题、娱乐、广告等各类节目都在坚持正确舆论导向方面一个标准、一条底线、一体推进，不断提高新闻舆论的传播力、引导力、影响力和公信力。

3. 对新闻工作者加强马克思主义新闻观教育

新闻工作者是马克思主义新闻观作用于引导社会舆论的重要桥梁，新闻从业人员是否领悟了马克思主义新闻观的真谛关系到舆论引导的最终效果。在坚持马克思主义新闻观的过程中，新闻工作者要培养终身学习的良好习

惯，不断提高理论学习水平，吃透马克思主义新闻观所蕴含的科学内涵，破除思想认识上的误区，将习近平总书记关于新闻舆论工作守正创新的要求落到实处，增强政治意识、大局意识、核心意识、看齐意识和社会责任感，锤炼自己的脚力、眼力、脑力、笔力，促进自身专业能力提升。新闻媒体单位要按照多渠道、多形式的原则，以教育培训、挂职锻炼等方式为新疆培养一批新闻采编、经营管理及其他专业技能人才，夯实新疆新闻业的发展基础。

（二）努力形成服务新疆工作总目标的舆论合力

1. 提升主流媒体的传播力，形成主流舆论强声

信息全球化打造了一个全球互通互联的通信系统，也打开了不同国家意识形态与价值理念的“潘多拉之盒”，复杂的媒体环境为服务新疆工作总目标的新闻舆论工作带来极大挑战，做好新疆舆论引导工作迫在眉睫。新媒体环境下新疆主流媒体要坚定正确的政治方向，牢牢掌握意识形态工作领导权、管理权和话语权，加强内容建设，不断提高舆论引导能力；要牢牢把握坚持正确导向、传达党的声音、反映人民意愿、引领舆论走向的基本定位，围绕中心，服务大局；要紧紧围绕自治区党委中心工作，开展重大主题的宣传报道。近年来，新疆主流媒体不断强化主题宣传，扎实开展了学习贯彻党的十九大、二十大精神及习近平总书记系列重要讲话和重要指示批示精神、中国共产党成立一百周年讲话精神、第三次中央新疆工作座谈会精神、“访惠聚”驻村工作、去极端化工作、脱贫攻坚工作、“民族团结一家亲”和民族团结联谊活动等重大主题以及元旦、春节、国庆等重要时间节点的宣传报道工作，彰显了主流媒体的引导力，提升了主流媒体的公信力。

2. 坚持与时俱进，创新舆论引导途径

要紧贴党中央和自治区党委决策部署，紧跟形势发展、紧扣群众需求，充分利用现代新闻传播工具，围绕社会主义核心价值观、民族团结教育等重大主题，精心策划有影响、有声势、有实效的主题报道；要创新宣传方式，

推动多语种直播报道，广泛运用广播、电视、报纸等传统媒体和微信公众号、官方网站、短视频、客户端等新媒体宣传平台，在重要版面、重要时段开展声势浩大的主题宣传，提高舆论引导效率，让群众听得懂、看得见、记得住、融得进，让主流思想入脑入心。

3. 强化涉疆外宣工作，讲好新疆故事

坚持“请进来”和“走出去”相结合，向国际社会讲好新疆故事。在第三次中央新疆工作座谈会上，习近平总书记强调，要多层次、全方位、立体式讲好新疆故事，理直气壮宣传新疆社会稳定的大好局势、人民安居乐业的幸福生活。要常态化研判涉疆舆情，把握美西方蓄意抹黑攻击我国民族、宗教、人权、民生等热点舆情动向，借助中央对外新闻单位、海外华文媒体、涉疆重点国家主要媒体资源积极应对国际舆论；要经常邀请国内外媒体记者零距离感受新疆魅力，感受新疆经济健康发展、民生持续改善、宗教和睦和顺；要借助“一带一路”建设的辐射力，充分利用新疆的区位优势和丰富多彩的文化优势，加强文化交流活动，不断提升新疆作为丝绸之路经济带核心区的国际影响力和知名度。

（三）大力推进县级融媒体中心建设

县级融媒体中心是基层网络传播的重要载体，整合了县电视台、广播电台、县委县政府新闻网站、内部报刊、微信、微博等传播媒体，具有贴近基层、贴近群众的优势，是做好党的新闻舆论工作的重要依托。[①]党的十八大以来，以习近平同志为核心的党中央高度重视新闻舆论工作，把推动传统媒体与新兴媒体融合发展作为重大任务进行部署。扎实推进县级融媒体中心建设，既是党中央提出的新任务新要求，又是媒体融合发展向基层拓展的必然选择和重要机遇。我们要深刻认识建设县级融媒体中心的重要意义，深化新

---

① 谢新洲.扎实抓好县级融媒体中心建设[N].人民日报,2018-11-08(07).

疆县级媒体融合发展，推动基层传统媒体和新兴媒体深度融合，筑牢党的宣传思想工作联系基层群众的基石。

1. 坚持以人民为中心的发展思想

党的二十大报告强调："人民性是马克思主义的本质属性，党的理论是来自人民、为了人民、造福人民的理论，人民的创造性实践是理论创新的不竭源泉。"践行以人民为中心的发展思想，顺应互联网传播移动化、社交化、视频化的发展趋势，结合群众使用新媒体的习惯，努力推动理念、内容、形式、方法、手段等创新，不断增强群众认同度、信任度、喜爱度，切实提升县级融媒体中心产品的传播力、引导力、影响力、公信力；在实践中，充分发挥县级融媒体中心贴近基层、更接地气的优势，结合当地实际制作更多具有原创性的融媒体产品；探索开设地域特色鲜明、紧贴群众生活的智慧社区，健全县级融媒体中心在政务服务、公共服务等方面的功能，更好满足群众在线医疗、在线教育等方面的需求，让百姓在主流渠道中获得信息来源，在主流声音中找到文化归属。

2. 加强县级融媒体人才队伍建设

习近平总书记指出："媒体竞争关键是人才竞争，媒体优势核心是人才优势。"①加强县级融媒体中心人才队伍建设，是确保县级融媒体中心发挥应有作用的关键。各级党委要认真落实意识形态工作责任制，高度重视县级融媒体工作队伍建设，通过不断加强马克思主义新闻观教育，确保其有坚定的政治方向、精湛的业务能力和优良的行事作风，在用习近平新时代中国特色社会主义思想武装全党、教育人民、推动工作中发挥重要作用；要通过参观学习、调研座谈、定向培养等方式，积极推动县级融媒体中心技术人员提升业务能力；建立完善的激励机制，坚持业绩导向，制定科学合理的考核评

① 新华网.习近平:坚持正确方向创新方法手段　提高新闻舆论传播力引导力[DB/OL].(2016-02-19).http://www.xinhuanet.com/politics/xjpzymtdy/.

价体系、职级晋升制度、薪酬分配办法，充分激发人才的工作热情和创造力；要通过择优引进紧缺人才、重点人才等手段，缓解新疆人才缺乏问题，同时，提供人才成长空间，不断吸引更多专业技术人才投身新疆县级融媒体中心建设，努力实现人才队伍最优化、效益最大化。

（四）让党的声音进入千家万户

1. 坚持守正创新，让党的声音占据舆论高地

习近平总书记在全国宣传思想工作会议上的重要讲话是指导新形势下宣传思想工作开创新局面的纲领性文献，讲话通篇贯穿“守正创新”的要求。目前新疆宣传思想战线正本清源的任务取得重大成效，进入了党的新闻舆论工作守正创新的重要阶段。守正与创新相辅相成、不可偏废。习近平总书记在党的二十大报告中也一再强调：“我们从事的是前无古人的伟大事业，守正才能不迷失方向、不犯颠覆性错误，创新才能把握时代、引领时代。”各级各类新闻媒体要紧紧围绕统筹推进“五位一体”总体布局和协调推进“四个全面”战略布局，精心组织主题宣传，打通理论宣讲“最后一公里”，让党的声音占据舆论高地，使党的方针政策深入人心，弘扬社会主义核心价值观，针对经济社会发展的热点焦点问题及时进行有效的舆论引导，不断凝聚各族干部群众思想共识，使之成为助力稳定发展的重要力量。

充分利用现代传播手段，努力打造一批传递党的声音、反映百姓心声的融媒体产品。“创新是守正的发展，只有不断创新，守正才能更有活力，也才能长久坚持。”①着眼于巩固宣传思想文化阵地、壮大主流思想舆论，党中央作出了推动传统媒体和新兴媒体融合发展的重大战略部署。各类主流媒体要顺应发展大势和受众需求，以先进技术为支撑、以内容建设为根本，推动传统媒体和新兴媒体深度融合，综合运用学习强国、官方网站、APP客户

---

① 王一彪.把党的新闻舆论工作守正创新摆在突出位置[N].学习时报,2018-12-05(02).

端、微信公众号、抖音等多种媒介平台，以文图、音频、VR、微视频、动画、H5作品等多种形式开展宣传，编辑制作音视频宣传资料，创办广播栏目，强化媒体融合传播和交流互动，传播新疆好声音、讲述新疆好故事，为实现新疆社会稳定和长治久安总目标提供强大舆论支持。

2. 强化主题宣传，让党的声音传得更开、传得更广、传得更深

做好新形势下新疆宣传思想工作必须要加强民族团结宣传教育和新疆历史文化宣传教育，引导各族干部群众深化对马克思主义“五观”和“五个认同”的思想认识。新闻媒体要扎实开展重大主题宣传活动，向群众宣传党的二十大精神，宣传报道自治区各项工作取得的显著成效以及各行各业涌现的先进人物和事迹，宣传党的惠民政策，引导广大群众听党话、感党恩、跟党走，真正做到走进群众、团结群众，争取民心、凝聚人心，为建设团结和谐、繁荣富裕、文明进步、安居乐业、生态良好的新时代中国特色社会主义新疆贡献力量。

四、加强文化出版阵地建设

文化出版工作作为我国宣传思想文化工作的重要组成部分，是意识形态的重要阵地，在传播真理、传承文明、教育人民、服务社会等方面发挥了重要作用，对维护国家安定和社会和谐、促进民族团结和共同繁荣发展具有重要意义。党中央支持新疆加强新时代文明实践中心建设，打造一批以文化人、凝聚人心的新时代文化阵地。我们要坚持和加强党的全面领导，牢记“举旗帜、聚民心、育新人、兴文化、展形象”的使命任务，强化全疆各出版社、期刊社、印刷厂、书店等出版领域的阵地意识，大力培育和践行社会主义核心价值观，在全社会形成积极向上的精神追求和健康文明的生活方式。

（一）实施国家历史记忆工程和红色记忆工程

实施国家历史记忆工程和红色记忆工程是贯彻落实新时代党的治疆方略，特别是实现社会稳定和长治久安总目标的有效举措，有助于新疆各族干部群众坚定正确的政治方向，深化对伟大祖国、中华民族、中华文化、中国共产党和中国特色社会主义的认同。

1. 保护好革命文物，传承好红色基因

文物是不可再生的文化资源，是宝贵的历史文化遗产。革命文物是珍贵的红色资源，承载着党和人民英勇奋斗的光荣历史，记载着中国革命的伟大历程和丰功伟绩。党的十八大以来，习近平总书记高度重视革命文物保护工作，就革命文物保护、利用、传承作出系列重要论述，为做好新时代革命文物保护工作指明了前进方向、提供了根本遵循。保护革命文物，就是传承红色文化，守护精神高地。厘清家底，是文物保护的第一步。新疆保存了丰富多样的革命文物资源，要加强馆藏革命文物的征集和保护，建立革命文物数据库，对反映不同时期中国共产党人在新疆的丰功伟绩、中国共产党对新疆的治理等史实的重大事件遗迹、重要会议遗址、重要机构旧址、重要人物旧居及馆藏文物进行调查研究和保护修缮，并给予专项资金支持。同时，要创新革命文物的保护和利用方式，推动流动博物馆建设，拓宽革命文物线上展示渠道，让历史说话，让文物说话，让革命文物“活”起来，让红色基因代代相传。

2. 重视宣传教育，充分发挥爱国主义教育基地作用

重视宣传教育，充分发挥爱国主义教育基地作用，是筑牢意识形态阵地、激发爱国热情、培育和践行社会主义核心价值观的迫切需要。党的十八大以来，以习近平同志为核心的党中央高度重视爱国主义教育基地建设，在《关于培育和践行社会主义核心价值观的意见》《新时代爱国主义教育实施纲要》《新时代公民道德建设实施纲要》等重要文件中，均对加强宣传教育，

充分发挥爱国主义教育基地作用进行了部署。近几年，新疆维吾尔自治区博物馆、乌鲁木齐烈士陵园、八路军驻新疆办事处纪念馆、周恩来总理纪念碑等爱国主义教育基地通过展示大量的珍贵史料和英雄事迹，接待国内外参观者上千万人次，在弘扬中国优秀历史文化、进行爱国主义教育和民族团结教育等方面发挥了重要的作用。在后续工作中，要始终坚持以习近平新时代中国特色社会主义思想为指导，深入领会中宣部印发的《关于在重大活动中进一步发挥全国爱国主义教育示范基地作用的通知》精神，积极利用新疆丰富的爱国主义教育基地资源，通过组织引导干部群众就近参观学习、线上发布学习资源、举办专题性展览等方式，使广大干部群众厚植爱党爱国爱社会主义的情感，坚定信念，砥砺品格，为新疆的社会稳定和长治久安添砖加瓦。

3. 做大做强新疆红色旅游产业，不断提升红色旅游的吸引力

发展红色旅游有利于广大群众培育爱国情感、培养民族精神、增进对社会主义核心价值体系的认同认知。新疆红色旅游资源丰富，如军垦博物馆、西路军纪念馆、艾青诗歌馆等红色旅游景区景点，已成为人们旅游的热门景点。为了进一步推动新疆红色旅游，展示大美新疆，新疆维吾尔自治区文化和旅游厅推出了“西路军进疆红色旅游线路”“屯垦戍边旅游线路”“传承红色基因旅游线路”等多条红色旅游精品线路，大大促进了新疆旅游业的发展。在今后的工作中，有关部门要积极借助新疆红色人物、红色故事、红色遗址等丰富的红色教育基地资源优势，持续拓宽“旅游+红色文化”模式，通过举办“红色专场晚会”“走红色印迹”“红色文艺下基层”等活动，将爱国主义教育、民族团结教育融入活动全过程，极力打造一批知名红色旅游品牌，进一步增强新疆各族人民坚持中国共产党的领导和中国特色社会主义的坚定信念。

（二）推进各民族优秀传统文化创造性转化和创新性发展

文化是一个民族的根基。党的二十大报告指出，全面建设社会主义现代

化国家，必须坚持中国特色社会主义文化发展道路，增强文化自信，围绕举旗帜、聚民心、育新人、兴文化、展形象建设社会主义文化强国，发展面向现代化、面向世界，面向未来的、民族的科学的大众的社会主义文化。要坚持为人民服务、为社会主义服务，坚持创造性转化、创新性发展，铸就社会主义文化新辉煌。尊重文化发展规律、摒弃不适合时代发展需要的文化成分，壮大适合于新时代发展的文化因子，并赋予其新的时代内涵，实现作为中国特色社会主义文化一部分的新疆各民族优秀传统文化的创造性转化和创新性发展，是新时代以及人民赋予我们的历史使命。

1. 推进文化自信自强，传承和弘扬中华优秀传统文化

2016年11月30日，习近平总书记在中国文联十大、中国作协九大开幕式上指出，文化自信，是更基础、更广泛、更深厚的自信。我们说坚定文化自信自强，不是唯我独尊式的盲目自信，也不是闭关锁国式的封闭自信，而应该是以文化自觉为基础的包容开放的文化自信。坚定文化自信自强，我们就要坚持文化认同，把弘扬优秀传统文化与发展社会主义先进文化有机统一起来，不断推进中华文化的现代化；大力弘扬社会主义核心价值观，不断补充、拓展、完善中华优秀传统文化的内涵，为当代社会发展提供源源不断的正能量；实施中华优秀传统文化传承发展工程，加大对国家重要文化和自然遗产、国家级非物质文化遗产等珍贵遗产资源保护利用设施建设的支持力度；在对待其他国家和民族文明成果的问题上，应敞开胸襟、广泛借鉴，促进中外人文交流，加强新疆与共建“一带一路”国家的人文交流；搭建各类文化合作平台，坚持文化发展成果由人民共享，推动中华优秀传统文化创造性转化、创新性发展。

2. 保持文化生命力，实现文化的自我更新与发展

“周虽旧邦，其命维新。”中华文化源远流长，只有适应深刻变化的时代、坚持与时俱进，中华文化才能获得持久的生命力。因此，我们要“以古

人之规矩，开自己之生面”[①]。对于中华传统文化，坚持在不破坏其精神内涵的基础上进行大胆、必要的创新；不断完善公共文化服务体系，深入实施文化惠民工程，建立健全现代文化产业体系，培育新型文化业态，促进文化产业与旅游、体育、科技等领域的深度融合，从不同角度、不同领域入手，对中华传统文化加以创新与发展；积极利用现代高新技术手段实现中华文化内容与形式上的创新，加快推进“互联网+”“文化+”发展态势，充分运用以数字化、网络化为主的平台，精心打造中华民族文化品牌，提高我国文化产业国际竞争力。

（三）推动新疆文学艺术事业高质量发展

2014年10月15日，习近平总书记在文艺工作座谈会上指出，新时代为我国文艺繁荣发展提供了前所未有的广阔舞台。新时代蕴藏着无限的文学艺术宝藏，新时代的文学艺术必然是追求高质量发展的文学艺术，要在培根铸魂上展现新担当，在守正创新上实现新作为。创作和翻译有文化厚度、思想深度、艺术高度的文艺精品，不断回应人民日益增长的文化需求，是民族历史文化积淀与精神追求的当代绽放，是促进新疆各民族相互了解、相互尊重、相互包容的纽带。

1. 鼓励创作优秀作品，推动新疆文学艺术高质量发展

新疆文学艺术创作者首先要提高政治站位，强化理论武装，树立大历史观、大时代观，准确把握历史进程和时代大势，旗帜鲜明地纠正不良文学倾向，抵制文化浊流，反对“去中国化”“去主流化”错误思潮；围绕服务乡村振兴战略，对接新时代文明实践中心的工作需求，深化“我们的中国梦——文化进万家”“扎根生活沃土，服务基层群众”“千人大培训”等文艺惠民和文艺志愿服务品牌，服务各族群众，为推动各民族交往交流交融、铸

① 沈宗骞.芥舟学画编[M].济南：山东画报出版社，2013：72.

牢中华民族共同体意识发挥重要作用；开展“深入生活、扎根人民”创作采风活动，凝心聚力打造《金色的胡杨》《张骞》等一批舞台艺术精品力作。近几年，新疆作家脚踏新疆大地，加快“走出去”的步伐，向全国读者奉献了一批精品佳作，如刘亮程的长篇小说《本巴》获第十一届茅盾文学奖，李娟的散文集《遥远的向日葵地》荣获第七届鲁迅文学奖，铁来克·依布拉音、牙生·赛依提荣获第十二届全国少数民族文学创作“骏马奖”翻译奖，等等，极大地繁荣了新疆文学艺术创作。

2. 加大对文学翻译工作的扶持力度，进一步促进新疆文学事业的繁荣发展

为了进一步促进新疆文学事业的繁荣发展，丰富和满足各族人民精神文化需求，自治区党委和人民政府于2011年启动实施“新疆民族文学原创和民汉互译作品工程”，2022年开始实施文学翻译“金桥工程”，重点扶持和资助维吾尔文、哈萨克文、蒙古文等各文种文学原创作品和翻译作品出版，极大推动了新疆多民族文学创作和文学翻译事业的繁荣发展；集中人力物力财力翻译出版了古籍《福乐智慧》《突厥语大词典》及英雄史诗《玛纳斯》《江格尔》等，受到社会各界的赞誉，为促进各民族之间的文学交流奠定了坚实的思想基础。

3. 充分调动语言翻译工作者的积极性，不断壮大新疆翻译工作队伍

语言翻译工作者作为翻译活动的主体必须保证政治立场坚定、工作责任心强、翻译能力过关，能够在宣传党的路线方针政策、促进各民族文化交流交融方面发挥好“沟通者”的角色。从20世纪50年代开始，新疆文学翻译事业蓬勃发展，张森堂、托乎提·巴克、尼合买提·蒙加尼等老一辈翻译家为后人留下了丰厚的精神财富。要依托“自治区文艺扶持激励资金项目”“自治区天山文艺奖”“金桥工程”，扶持鼓励新疆少数民族作家和翻译工作者，创作翻译更多政治导向正确、内容积极向上的文学作品；同时结合自治区文联“千人培训”工程，组织各种翻译工作培训和座谈会，加强各民族作

家作品的翻译与交流工作，推出更多思想性和艺术性俱佳的精品力作，满足新疆各族人民群众的精神文化需求。

（四）打造“新疆是个好地方”文化旅游品牌

1. 打响“新疆是个好地方”文化旅游品牌具有深远意义

新疆是中国旅游资源最为富集的省区之一，发展旅游业的优势得天独厚。2018年自治区明确提出“旅游兴疆”战略，旅游业日益成为新疆战略支柱产业和经济高质量发展的重要引擎。在新疆，旅游业是完整准确全面贯彻新时代党的治疆方略、扩大对外开放、展示新疆形象的有效载体，在转变落后生产生活方式、转变传统观念、加强民族团结、促进社会和谐、助力乡村振兴等方面具备得天独厚的产业优势。

大美新疆因它绚丽多彩的自然风光与独特淳朴的民俗风情吸引着大量游客。如何围绕自然生态和特色文化，充分发挥新疆的“大”“美”优势，塑造特色魅力，促进新疆旅游业的健康快速发展，无疑是新疆顺应深化改革发展的新趋势、新要求、新任务。近几年，自治区党委和人民政府坚持“绿水青山就是金山银山”“冰天雪地也是金山银山”理念，大力实施旅游兴疆战略，打响了“新疆是个好地方”文化旅游品牌，为打造世界重要旅游目的地提供了强有力的政策支撑。截至2023年4月，新疆有国家A级旅游景区668家，其中国家AAAAA级景区17家。[①]

2. 塑造特色魅力，将文化元素融入旅游开发全过程

文化是旅游的灵魂，旅游是文化的载体。旅游产业和文化产业的关联度和耦合性很高，将文化元素融入旅游业，既有利于实现文化传承和发展，又蕴含着巨大的经济价值和社会效益，对新疆全面贯彻落实“文化润疆”和

---

① 新疆政府网. 新疆维吾尔自治区概况[DB/OL].(2023-04-26).https://www.xinjiang.gov.cn/xinjiang/xjgk/202309/f937bdafa51b4f5da89dd1dd25691f1f.shtml.

“旅游兴疆”战略意义重大。近年来，围绕推动和促进旅游产业和文化产业协同发展，国家层面和自治区层面均制定和实施了一系列的鼓励和扶持政策，新疆在文化和旅游融合发展方面进行了积极探索，取得了一定的成绩。随着经济结构优化和消费需求改变，要鼓励各景区深度开发具有新疆特色、文化特色和民族特色的具有标志性意义的手工艺品、土特产品等旅游商品，积极开展具有民族风格、地方特色的文化活动。做好文化和旅游资源的开发，要充分发挥中华文化的美育功能，在文旅融合发展中培养时代新人，培育中华民族精神，弘扬底蕴深厚的新疆各民族优秀传统文化，不断夯实全社会共同维护民族团结和社会和谐稳定的文化基础。

3. 创新推广方式，加大“新疆是个好地方”旅游品牌宣传力度

近年来，自治区整合优势宣传资源，形成全疆旅游新媒体宣传矩阵，为旅游业发展营造了良好的社会氛围。要充分利用“政务+服务+资讯+新媒体”矩阵融合新模式，不断创新推广方式，建立“新疆是个好地方”主题特色网站，持续开展“旅游大V游新疆”“打卡新疆”等活动，从打造精品线路到打造品牌景区，从推出新产品到推出新业态，传播特色民族文化、展示大美新疆风采；策划组织“这里是新疆”等大型互动采访活动，邀请国内外媒体记者零距离感受新疆魅力，展示新疆发展成就，推进新疆文化对外交流与合作。

4. 完善旅游基础设施建设，持续提高旅游服务质量和游客满意度

全面提升景区配套基础设施，提高服务质量，既是旅游业战略转型的关键，也是新疆把握自身资源特色，构建优质服务产业新体系的必然要求。当前，新疆把旅游兴疆定位为自治区国民经济和社会发展第十四个五年规划和2035年远景目标之一，力争到“十四五”末接待境内外旅游人数达到4亿人次。相关部门已逐步落实完善标志标牌、道路沿线观光停靠点等公共服务基础设施建设，切实解决停车难、加油等待时间长、通信信号不畅等问题。2019年新疆独库公路提升改造工程完工，道路通行质量的提高及沿途服务

区的完善，使游客特别是自驾游游客获得更好的旅游体验，取得了良好的宣传效果。近年来，自治区以打造多品类、定制化的特色旅游列车为重点，先后组织开行系列独具特色的旅游专列，进一步丰富了铁路旅游产品，为游客便捷出行、畅玩新疆提供了更多选择。同时，进一步提高服务水平，积极发展智慧旅游、体育旅游等旅游新产品、新业态，注重旅游智能软件开发建设，提升旅游服务质量及游客满意度、舒适度。

（五）深入实施文化惠民工程

1. 文化惠民工程是民心工程

文化惠民工程，是党的十七大提出的一项惠及全国人民、普及大众文化的民心工程，包含了全国文化信息资源共享工程、农村电影放映工程、农家书屋工程、西部开发助学工程和广播电视进万家工程等重点项目。党中央高度重视实施文化惠民工程工作，党的十八大报告指出："加快推进重点文化惠民工程，加大对农村和欠发达地区文化建设的帮扶力度，继续推动公共文化服务设施向社会免费开放。"在党的十九大报告中也强调："完善公共文化服务体系，深入实施文化惠民工程，丰富群众性文化活动。"实施文化惠民工程，是我们党以人民为中心的执政理念在文化建设上的具体体现，是推进社会主义文化大发展、大繁荣的重大举措，是构建公共文化服务体系、推动城乡基本公共文化服务均等化的重要途径，是一项重视民生、服务民众、亲民爱民的惠民政策。

2. 文化惠民工程深入实施

自治区根据党中央要求，结合本地区实际情况，积极调动各方力量，极力推进城乡基层特别是农村文化阵地建设。"社会主义文化阵地建设的根本目的，是不断满足农牧民群众日益增长的精神文化生活需求。"[①]近年来，

① 王爱蓉.浅谈如何加强农村文化阵地建设[J].大众文艺,2016:12.

新疆基层以文化科技卫生“三下乡”“全民阅读”“乡村文体活动竞赛”等群众文化活动为平台，以地、县两级图书馆、文化馆、乡镇（街道）文化站、村（社区）综合性文化服务中心为基本阵地，自上而下，建立了五级公共文化服务网络。基层文化阵地建设基本实现全覆盖，进一步夯实了农村基层文化阵地建设，为确保国家文化惠民工程切实惠及基层发挥作用。

自治区深入实施系列文化惠民工程，为人民过上美好生活提供了丰富的精神食粮。进一步完善农村广播电视基础设施建设，加快对现有无线电台站设备的更新改造，加强农村广播电视公共服务制度建设。全疆各地严格按照国家新闻出版署《农家书屋重点出版物推荐目录》选配出版物的要求，认真组织开展出版物采购配送工作。同时，采取有力措施，引导群众多读书、多看报，以便及时了解党的路线方针政策，及时查阅生产生活信息技术资料，不断提高各族群众参与阅读的积极性，国民综合阅读率显著提升；在全疆公共图书馆启动“阅百年历程 传精神力量”主题系列红色文献展览，充分发挥公共文化场馆阅读推广和党史学习教育主阵地作用，覆盖全疆、直达基层；每年持续配备流动电影放映车和数字电影放映设备，保障一村一月放映一场公益电影。从2014年起，自治区创新实施了“四个一批”（恢复一批、新创一批、下去一批、扶持一批）文化惠民演出活动，以群众喜闻乐见的形式把党的声音、主流思想、先进文化、科学知识送到广大农牧民群众身边，极大丰富了各族群众精神世界；开展文化科技卫生“三下乡”活动，启动“文化大院”示范点创建工作，“石榴籽”文化小分队深入基层开展惠民服务，“流动博物馆”巡展走进校园、社区、乡村、企业等，助力文化润疆在基层落地落实。

五、加强网络宣传阵地建设

当前，互联网越来越成为舆论斗争的主战场、主阵地。近几年，新疆互联网总体运行平稳，基础网络安全防护水平逐步提高，但仍有一些极端分子通过网络工具传播暴恐音视频，大肆传播宗教极端思想，给新疆的社会稳定和长治久安带来严重威胁。这就警示我们要高度重视互联网、发展互联网、治理互联网，加强网络宣传阵地建设，提升主流媒体新闻舆论传播力、引导力、影响力、公信力，走出一条中国特色的治网之道。

（一）旗帜鲜明坚持党管网络、政治家办网原则

1. 牢牢掌握马克思主义意识形态话语权

意识形态话语权主要指在社会思潮中引导民心、决定社会舆论走向等方面的能力。掌握意识形态话语权，就是让马克思主义在社会思潮中占主导地位，就是让马克思主义、中国特色社会主义核心价值观成为民众的行动指南。意识形态工作是党的一项极端重要而又极其复杂的工作，对于巩固中国共产党的执政地位，保障国家的长治久安，凝聚民众思想意识和现实力量具有重要意义。新疆是反分裂、反恐怖、反渗透的前沿阵地，互联网是意识形态领域舆论斗争的主战场。新疆基层群众的文化素质整体不高，很多人对敌对势力在网上传播的混淆是非的言论不能作出理性判断和正确认识，这些一旦被少数别有用心的人所利用，将会动摇马克思主义在新疆意识形态领域的指导地位，削弱各族群众的“五个认同”，给新疆社会发展和稳定带来严重危害。因此我们必须坚持习近平新时代中国特色社会主义思想的指导地位，牢牢掌握互联网意识形态话语权，扎实做好新形势下意识形态各项工作，坚决打好意识形态领域斗争主动仗。

2. 提高涉疆舆论斗争能力

新疆各地各部门要坚持正确的政治方向、舆论导向、价值取向，构建网络反渗透机制，全面防范和阻断境内外敌对势力网上网下勾连和传播有害信息，对涉疆敏感问题及时回应和解决，对恶意攻击、造谣生事等言论敢于驳斥，防止网络负面舆情的发酵、升级，进一步提高涉疆舆论斗争能力。同时

讲好新疆故事，传播好中国声音，及时抢占舆论话语权，赢得传播主动权，全面营造清朗的网络空间；加强协调联动，引导广大群众在论坛、网站等平台交流中形成强势正面舆论。

（二）坚持正能量是总要求、管得住是硬道理

1. 加快信息化建设，提高技术防范能力

在网络主流意识形态传播中，信息技术的发展不仅能够提高网络主流意识形态的传播效率，而且能减少因技术漏洞带来的信息泄露和西方国家利用技术进行的意识形态渗透。①一段时期里，涉疆涉恐舆情频发，而这些舆情如果处理不及时，将会引起更大范围的社会影响。为此，我们要尽快建设基于大数据的新疆网络舆情分析中心，借助云技术和互联网整合各方面数据，解决各部门和各地区的数字鸿沟问题；通过分析数据得到舆情信息，了解民众的社会行为、社会心理和社会诉求，对现有社会管理机制进行有针对性的调整，使民众通过互联网移动设备获得在线公共服务；针对境外网站建立监测评估体系，一旦发现涉恐内容立即进行技术性封锁和屏蔽。

2. 建立健全法律法规，确保网络空间安全

网络无界限，但法律有底线。要依据《中华人民共和国网络安全法》《新疆维吾尔自治区去极端化条例》《新疆维吾尔自治区防范和惩治网络传播虚假信息条例》等相关法律法规，以依法维护网络安全为主线，及时发布网络安全监测预警信息，将法律法规作为网络意识形态安全的红线和底线，推进网络空间法治建设。要加强对网站、论坛、微博、QQ、微信等社交平台的监督管理工作，坚决打击利用互联网宣扬、散布、传播宗教极端、暴力恐怖思想，以及煽动分裂国家、破坏国家统一的犯罪活动，切实加强依法管

---

① 赵玉枝.优化网络主流意识形态 助力新时代网络强国建设[J].中共石家庄市委党校学报，2018(10):30.

网、依法办网、依法上网，全面推进网络空间的法治化。同时，要定期对国家公职人员开办网络与信息安全、新媒体管理等相关岗前培训和专题研修班，强化网站平台主体责任，共同守护新疆网络意识形态安全。

3. 普及网络安全知识，营造依法上网的良好氛围

随着基础网络设施建设快速发展，新疆网民规模不断扩大。网络意识形态安全知识既是新时期普法的必要范围，也是提高网民网络安全意识和打造良好网上舆论环境的基础。要通过专题培训、播放宣传教育视频、发放宣传手册等方式加大对网民进行网络安全知识普及的力度，提升其网络安全防护技能；进一步加大打击网络谣言的力度，强化网民的法律意识，做到对谣言有甄别力、对转发有忍耐力、对分享有判断力，为新疆社会稳定和长治久安提供网络安全保障。

（三）充分用好“学习强国”学习平台

1. 提高政治站位，充分认识“学习强国”学习平台的重大意义

习近平总书记在党的十九大报告中指出：“要增强学习本领，在全党营造善于学习、勇于实践的浓厚氛围，建设马克思主义学习型政党，推动建设学习大国。”2019年1月，由中宣部推出的“学习强国”学习平台应运而生，成为习近平新时代中国特色社会主义思想的互联网学习交流平台。因其内容权威、信息丰富、特点鲜明，成为习近平新时代中国特色社会主义思想最权威、最全面的信息平台，是新形势下强化理论武装和思想教育的创新探索，深受广大党员干部群众的青睐，成为推动全党大学习的有力抓手。广大党员干部一定要不断提高政治站位，充分认识“学习强国”学习平台的重大意义，切实用好“学习强国”学习平台，真正学有所获、学有所用。

2. 加强组织领导，建立全覆盖的学习组织架构

开发使用“学习强国”学习平台是把贯彻落实习近平新时代中国特色社会主义思想和党的十九大、二十大精神不断引向深入的重要举措，是互联网

时代强化理论武装和思想教育的创新探索。各级部门要强化政治责任和领导责任，加强组织领导，精心部署，广泛动员全区广大党员干部群众积极运用“学习强国”平台开展网上学习；要结合线上学习与线下学习，通过不定期召开党员学习研讨会等形式，进而真正将学习贯彻习近平新时代中国特色社会主义思想落到实处。

3. 运用“学习强国”学习平台，激发全民学习热潮

“吾生也有涯，而知也无涯。”学习没有止境，但人的精力有限，特别是在这个信息爆炸、时间碎片化的时代，如何能系统学习是决定学习效果的关键。[①]不同于其他信息平台，“学习强国”学习平台定位精准、图文并茂，内容具有强大的感染力和吸引力。我们要充分发挥“学习强国”学习平台的优势，善于利用碎片化时间加快知识更新、优化知识结构，让学习变得有组织、有管理、有持续，更便捷、更健康。“学习强国”学习平台点燃人民群众学习热情，激发新时代奋进力量。

（四）积极抢占网络传播制高点

1. 加大党和政府的政治影响力，强化对网络舆情的引导和监督

建立舆情研判机制，及时把握新疆舆情发展走向，分析研判突发舆情以及重大舆情；建立信息发布机制，推行和完善新疆网络新闻发言人和网络评论员制度，形成权威的信息发布渠道；在网上及时更帖、发帖，邀请相关专家给予积极回应，主动澄清真相，努力掌握网上舆论话语权；不断加强网络正能量的宣传和正确的舆论引导，让人民群众自觉维护社会安定团结、认同国家主流意识形态。

2. 通过新老媒体优势互补的融合发展，创构主流意识形态话语体系

习近平总书记明确指出：“推动传统媒体和新兴媒体融合发展，要遵循

① 洪治.点击“学习强国” 汇聚强军力量[N].解放军报，2019-03-06(10).

新闻传播规律和新兴媒体发展规律，强化互联网思维。”[①]全媒体时代，虽然人们获取信息的方式多种多样，但事实证明，人们更信赖主流媒体的声音，主流新闻媒体网站的品牌优势和权威性不会轻易改变。要加强传统媒体和新媒体的优势互补，构筑多层次、立体化、交叉联动的主流意识形态全媒体活动平台，建构主流意识形态话语体系。

3. 加强全球互联网反恐合作，积极构建网络空间命运共同体

国际互联网具有全球性特点，各国在网络空间休戚与共，面对跨国网络犯罪、黑客攻击、网络恐怖主义等国际性问题，亟须加强各国之间的交流和协作。新疆一直处于反恐的前沿阵地，相对于传统恐怖主义，打击网络恐怖主义更需要加强国际合作。在这种情况下，迫切需要充分运用好相关网络治理平台，以主动“走出去”的姿态参与国际网络空间治理，健全打击网络犯罪司法协助机制，提升应对各类网络安全突发事件的能力；防范恐怖分子利用网络宣扬恐怖极端思想，揭露所谓“东突”恐怖势力的罪行，合作打击网络恐怖主义活动，使国际社会充分认识我国反恐的合理性、正义性，积极构建网络空间命运共同体，塑造国内外清朗安全的网络空间。

① 习近平.共同为改革想招　一起为改革发力[DB/OL].(2014-08-18).http://www.xinhuanet.com/politics/2014-08/18/c_1112126269.htm.

第五章

深入推进文化润疆，铸牢中华民族共同体意识

习近平总书记在第三次中央新疆工作座谈会上强调指出，要深入做好意识形态领域工作，深入开展文化润疆工程。2022年7月，习近平总书记在新疆考察时强调，要以增强认同为目标，深入开展文化润疆。文化认同是最深层次的认同。文化润疆是党中央根据新疆的区情而开展的一项以中华文化滋养和培育新疆各民族群众，以文化人、以文育人、以文培元的文化惠民工程。深入推进文化润疆，旨在润物细无声地培育社会主义核心价值体系和社会主义核心价值观，坚守中华文化立场，传承中华文化基因，坚持创造性转化、创新性发展，构建中华民族共有精神家园，提升新疆文化软实力。通过文化润疆增强中国特色社会主义文化引领力，推进中国特色社会主义理论和中国梦深入人心，进一步巩固马克思主义在新疆意识形态领域的指导地位，在各民族群众中形成对中华优秀传统文化、革命文化和社会主义先进文化的广泛敬仰尊崇和认知践行；在社会中大力弘扬以爱国主义为核心的民族精神和以改革创新为核心的时代精神，从而使新疆文化安全得到巩固和加强、社会主义核心价值观和马克思主义“五观”深入人心、中华民族共同体意识不断增强、“五个认同”成为社会共识，增强各民族文化创造活力，增强各族

人民精神力量，增强新疆文化整体实力和竞争力，推动新疆社会主义文化繁荣发展。文化润疆关系用习近平新时代中国特色社会主义思想武装各族干部群众头脑，关系中华民族的凝聚力、向心力，关系维护祖国统一、民族团结，关系新疆社会稳定和长治久安总目标。

一、培育和践行社会主义核心价值观

核心价值观是在一个社会中起决定作用的价值观念，决定着整个社会的发展方向。培育和践行社会主义核心价值观，是推进中国特色社会主义伟大事业、实现中华民族伟大复兴中国梦的战略任务。党的二十大报告指出，弘扬以伟大的建党精神为源头的中国共产党人精神谱系，用好红色资源，深入开展社会主义核心价值观教育，深化爱国主义、集体主义、社会主义教育，着力培养担当民族复兴大任的时代新人。社会主义核心价值观根植于传承五千多年的中华文明、立足于中国特色社会主义建设的伟大实践，是新的时代条件下对中华优秀传统文化的继承和弘扬，体现了社会主义意识形态的本质要求、体现了社会主义制度在思想和精神层面的质的规定性，凝结着社会主义先进文化的精髓，是中国特色社会主义道路、理论体系和制度的价值表达，是实现中华民族伟大复兴中国梦的价值引领。社会主义核心价值观回答了我国建设什么样的国家、建设什么样的社会、培育什么样的公民的重大问题。因此，作为反对民族分裂、维护国家安全和统一的前沿阵地，新疆只有做好以社会主义核心价值观为引领的意识形态工作，才能引领和整合各民族的思想意识和价值取向，为各族人民增强“五个认同”找到最大公约数，才能增强各民族的凝聚力和向心力，夯实各族人民团结奋斗的共同思想基础。

（一）引导各族群众听党话、感党恩、跟党走

中华人民共和国成立70多年来，新疆各族人民群众在祖国的怀抱中建

设美丽新疆，共圆祖国梦想，不断谱写着经济发展、民族团结、社会进步的新篇章。

1. 引导各民族群众深入揭批“三股势力”反人类、反文明、反社会的本质

“双泛”思想传入我国新疆后，成为新疆民族分裂势力、暴力恐怖势力、宗教极端势力的思想根源和理论基础，与所谓“东突”势力、宗教极端主义混杂在一起，对国家统一和新疆民族团结、社会稳定造成了极大危害。一百多年来，新疆民族分裂主义分子在“双泛”思想蛊惑煽动下，从事着分裂祖国、破坏民族团结、危害社会稳定的勾当。特别是20世纪90年代以来，“三股势力”通过宣扬宗教极端主义，肆意制造民族仇恨，实施暴力恐怖活动，造成大量无辜群众罹难，践踏了新疆各族人民的生命权、发展权等基本人权，充分暴露了其反人类、反文明、反社会的本质。党的十八大以来，以习近平同志为核心的党中央科学分析新疆形势，深刻剖析新疆工作一系列重大理论和实践问题，确立了社会稳定和长治久安这一新疆工作总目标，形成新时代党的治疆方略。[①]自治区党委以总目标为统领，坚持严打和预防、治标和治本相结合，落实一系列维稳措施，使新疆严峻复杂的反恐形势有了明显好转，各族群众安全感显著增强。党领导各族人民取得反恐维稳巨大胜利，各族人民生命权、健康权、发展权得到切实保障。稳定是发展的前提，是新疆繁荣发展的基石。如今的新疆，经济社会健康发展、各族群众生活不断改善、民族团结不断增强，广大干部群众凝心聚力，在共同建设安定团结的美丽家园征程上不断前行，新疆处于历史上最好的繁荣发展时期。因此，必须深入揭批“三股势力”反人类、反文明、反社会的本质，不断引导各民族干部群众把思想行动统一到新时代党的治疆方略和自治区维护稳定系列“组合拳”上来。通过持续引导各族群众深入揭批“三股势力”罪恶本质，

① 木拉提·黑尼亚提．新中国70年做好新疆工作的宝贵经验[N]．新疆日报，2019-09-30(07).

彻底铲除其滋生土壤，为各族群众树牢听党话、感党恩、跟党走思想意识奠定思想基础，使其自觉肩负起维护祖国统一、维护民族团结、维护社会稳定的责任和使命。

2. 广泛宣传中华人民共和国成立以来新疆经济社会发展取得的成就，引导各民族群众听党话、感党恩、跟党走

中华人民共和国成立70多年来，特别是党的十八大以来，中国共产党在建设中国特色社会主义的伟大实践中，不断总结人类社会发展经验，坚持以人民为中心的发展理念，始终把生存权、发展权作为首要的基本人权，协调增进全体人民的各项权利，努力促进人的全面发展，中国人民的幸福生活正逐步实现。在党的坚强领导下，70多年来，新疆各族人民群众与祖国同呼吸共命运心连心，取得经济社会翻天覆地的历史性发展成就：经济总量增长了200倍，人均生产总值增长了37.7倍；门类齐全的工业体系、农业机械化、高效节水灌溉技术等成为新疆工农业现代化的标志；打造了丝绸之路经济带核心区“五大中心”和现代综合交通网络；开通的高铁、地铁圆了几代新疆人的梦想。特别是改革开放40多年来，新疆城乡居民的收入年均分别增长了12.3%和12.2%，各民族衣、食、住、行条件得到巨大改善，生活像蜜一样香甜。[①]一幅消除贫困、改善民生、逐步实现共同富裕的美丽画卷在天山南北轰轰烈烈地展开，许许多多乡村的贫穷阴霾已经散去，村民的笑脸映照出对美好生活的憧憬。70多年前的新疆，学龄儿童入学率不足20%，文盲率高达90%，人均预期寿命只有30岁；70多年后，新疆已基本实现九年义务教育全覆盖、南疆地区三年学前教育和十二年包括高中的基础教育全覆盖，人均预期寿命延长到72.35岁。[②]家家户户越过越红火的好日子见证着党中央对新疆的关怀与支持，记录着自治区增加民生福祉的坚实步伐，绘

① 木拉提·黑尼亚提.新中国70年做好新疆工作的宝贵经验[N].新疆日报,2019-09-30(07).

② 同①.

就了天山南北2500多万各族群众更加和谐美好的幸福篇章。因此，我们要通过形式多样的广泛宣传，让中华人民共和国成立以来新疆经济社会发展取得的成就尽人皆知、家喻户晓，从而引导各族人民切身体会到：中国共产党是真心实意为老百姓谋幸福的政党、是世界上最好的政党，人民政府也是世界上最好的政府，生活在祖国大家庭是我们的幸福，要永远爱我们的祖国，要永远听党话、感党恩、跟党走。

3. 坚定决心跟党走，新疆各民族才有光明的前景

中华人民共和国成立以来，在中国共产党的领导下，新疆全面贯彻党的民族宗教政策，落实民族区域自治制度，保障各民族的合法权益，不断推进新疆各民族团结、新疆社会进步和文化繁荣发展。新疆经济社会发展取得的历史性成就证明：只有坚定决心跟党走，新疆各民族才有光明的前景。我们要教育、引导各民族群众"吃水不忘挖井人"，听党话、感党恩、跟党走，让各族干部群众知晓恩从何来、惠在何处；激发全疆各族干部群众知恩、感恩、报恩之情，在感恩中明白自己的责任，在感激中承担起责任，自觉拥护党的路线方针政策、自觉遵守法律法规，不断形成推进新疆社会稳定和长治久安的凝聚力、向心力。引导各族群众树立政治意识、大局意识、核心意识、看齐意识，紧密团结在以习近平同志为核心的党中央周围，始终在思想上政治上行动上同以习近平同志为核心的党中央保持高度一致，自觉维护党中央权威，贯彻落实好新时代党的治疆方略，以统一的思想、统一的意志、统一的决心、统一的行动，奋力推动新疆总目标的实现。

（二）大力开展新时代爱国主义教育实践

爱国主义是中华民族的民族心、民族魂，是中华民族最重要的精神财富，是中华民族维护民族独立和民族尊严的强大精神动力。中华民族是富有爱国主义光荣传统的伟大民族。在漫长的历史进程中，中华民族屡经挫折而不屈、屡遭坎坷而不衰，成为世界历史上唯一一个文明不曾中断的伟大民

族，其重要原因就在于千百年来爱国主义传统已深深融入我们的民族意识中。在中华民族发展历史的诸多重要关口和社会进步的漫漫征程中，我们可以看到爱国主义所迸发的精神力量挺起了一个民族的脊梁，铸就了一个国家的尊严，壮大着五千多年薪火相传的中华文明血脉。中国共产党是爱国主义精神最坚定的弘扬者和实践者，一百多年来，中国共产党团结带领全国各族人民进行的革命、建设、改革实践是爱国主义的伟大实践，谱写了中华民族爱国主义精神的辉煌篇章。党的十八大以来，以习近平同志为核心的党中央高度重视爱国主义教育，作出一系列重要部署，固本培元、凝心铸魂，推动爱国主义教育取得显著成效。当前，中国特色社会主义进入新时代，中华民族伟大复兴正处于关键时期，加强爱国主义教育，对于振奋民族精神、凝聚全民族力量，夺取新时代中国特色社会主义伟大胜利，实现中华民族伟大复兴的中国梦，具有重大而深远的意义。

1. 充分发挥爱国主义教育基地作用

英国哲学家培根说："读史使人明智。"历史是民族之本，是人们理解和认识现实社会的参照，同时又是涵育民族精神的母体和根基。爱国主义教育基地涵盖了政治、经济、文化、科技等各个领域，真实记录了悠久灿烂的中华民族历史文化，展示了各族人民群众英勇奋斗的革命传统，反映了社会主义现代化建设的丰硕成果，拥有十分丰富的精神内涵，凝结和体现着生动、鲜活的中华民族精神。发挥爱国主义教育基地的作用，把历史和现实结合起来，把优良传统和时代精神结合起来，把思想教育和实践活动结合起来，把新疆各民族爱国主义精神生动、具体、形象地再现出来，使人们从新疆各族人民不屈不挠的奋斗历史中汲取丰富的精神养分，从革命英烈的丰功伟绩中感受强烈的精神震撼，从先进典型的感人事迹中获得深刻的精神启迪，从而把各族干部群众思想和行动引导到加快发展、改善民生上来，引导到促进民族团结、维护社会稳定上来。让爱国主义教育基地成为党员干部了解党的历史、提升党性修养的重要场所，成为广大群众培养爱国情感、培育民族精神的重要阵地，成为青少年学习革命传统、陶冶道德情操的重要课堂，从而使之成为培育新疆各民族爱国主义精神的沃土，奠定新疆各民族爱国主义精神的思想基础。

2. 抓好舆论宣传，运用现代化的媒体传播手段对群众进行爱国主义教育

舆论宣传是“陶冶”“塑造”“武装”“鼓舞”人的重要手段。全媒体时代，现代传媒产品具有覆盖面广、信息量大、时效性强、生动形象、直观感性等特点，成为舆论宣传的重要传播媒介。因此，在利用广播、电视、报纸、刊物等传统媒体弘扬和培育新疆各民族爱国主义精神的同时，利用新媒体具有超地域性、交互性、虚拟性、纪实性和信息迅捷、内容丰富的特点。比如设立网络论坛或聊天室，讨论新疆各民族爱国主义传统，开设网上新疆爱国主义教育基地，充分发挥网络的育人功能。

3. 发挥文学艺术创作在弘扬和培育新疆各民族爱国主义精神中的特殊作用

文学艺术具有感染人、启发人、教育人、鼓舞人的巨大作用。一部优秀的文艺作品，能够产生震撼人心的教育作用，激发人们的爱国主义精神。胡杨精神、兵团精神等能够为全国人民所熟知，就是依靠影视、歌曲和文学作品等的宣传。因此，要扶持弘扬爱国主义精神的新疆各类文学艺术作品的创作，发挥文学艺术作品在培育新疆各民族爱国主义精神中的特殊作用。要在总结以往经验的基础上，扶持一批能够体现浓郁新疆特色、反映新疆各民族爱国主义精神的，在全疆乃至全国产生轰动影响的，为人们广为传播、传唱的各类文学艺术作品。同时，也要推出一些体现爱国主义精神的儿歌、校歌和企业之歌，以爱国主义为题材的动画片，使儿童、青少年和普通群众在反复吟唱和观看中感悟爱国主义精神的伟大力量。

4. 发挥先进典型的爱国主义示范作用

先进模范之所以先进，在于他们的言行符合各民族内在精神的本质要

求，符合各民族群众对真善美的评判标准，具有鲜明的示范作用。榜样既是人们学习和效仿的样本，也是社会树立思想旗帜、倡导价值取向、弘扬爱国主义精神的典型。改革开放以来，新疆涌现出许许多多感人的先进典型，如长期扎根于祖国边疆无怨无悔、默默无闻地将青春年华奉献给祖国的守边事业的布茹玛汗·毛勒朵，展现新时代共产党人革命意志和斗争精神的“全国优秀共产党员”加思来提·麻合苏提，爱国拥军、巡边护边，为解救落入冰窟的儿童不幸英勇牺牲的“时代楷模”拉齐尼·巴依卡，还有新疆“90后”“铁甲先锋”马和帕丽更是用坚实的脚印向世人证明：强军不分男女、战场没有性别，在有灵魂、有本事、有血性、有品德的新时代革命军人里，女性同样顶着半边天。

5. 构建新疆爱国主义历史文化体系

习近平总书记在河南考察调研时的讲话中指出：“革命博物馆、纪念馆、党史馆、烈士陵园等是党和国家红色基因库。要讲好党的故事、革命的故事、根据地的故事、英雄和烈士的故事，加强革命传统教育、爱国主义教育、青少年思想道德教育，把红色基因传承好，确保红色江山永不变色。”新疆有着丰富多彩的革命历史文化史料，要深入挖掘新疆爱国主义革命历史文化资源及其当代价值，使之既凸显新疆革命历史文化特点，又体现时代特点，并赋予其新的时代内涵和当代表现形式。要让革命历史文化“活”起来，走出历史，融入当代，走向社会，为建设团结和谐、繁荣富裕、文明进步、安居乐业、生态良好的新时代中国特色社会主义新疆提供强有力的精神凝聚力和文化向心力。构建起新疆革命历史文化体系，宣传普及革命历史文化，构筑新疆各族人民历史记忆，对深化爱国主义教育、民族团结教育、铸牢中华民族共同体意识，以及进一步增强各族干部群众的“五个认同”、实现新疆社会稳定和长治久安总目标有重要作用和积极意义。

（三）积极建设新时代文明实践中心

2018年7月6日，在《关于建设新时代文明实践中心试点工作的指导意见》中，党中央首次提出建设新时代文明实践中心，这是党中央作出的重大决策部署，是进一步完善基层治理体系、提升基层治理能力、加强基层精神文明建设的重要平台。

1. 深刻认识建设新时代文明实践中心的重大意义

2018年8月21日，习近平总书记在全国宣传思想工作会议上指出，要“推进新时代文明实践中心建设，不断提升人民思想觉悟、道德水准、文明素养和全社会文明程度”。习近平总书记还指出，“做好新形势下宣传思想工作，必须自觉承担起举旗帜、聚民心、育新人、兴文化、展形象的使命任务”，特别是“要加强传播手段和话语方式创新，让党的创新理论‘飞入寻常百姓家’”。[①]建设新时代文明实践中心是党中央重视和加强基层思想政治工作的战略部署，是深入宣传习近平新时代中国特色社会主义思想的重要载体，是打通宣传群众、教育群众、关心群众、服务群众“最后一公里”的重要举措；建设新时代文明实践中心是党中央着眼于深入学习贯彻习近平新时代中国特色社会主义思想、适应新时代人民群众对精神文化生活新期待作出的重大部署，是人民的期盼、时代的呼唤，更是实践的要求、创新的产物。推进新时代文明实践中心建设对于引导群众、凝聚人心，以文化人、成风化俗，具有重要意义。

2. 推进新疆新时代文明实践中心建设落地生根，助力基层治理强基固本

2019年10月11日，自治区召开电视电话会议部署工作，强调要以习近平新时代中国特色社会主义思想为指导，结合新疆实际，高质量推进新时代文明实践中心建设试点工作。建设新疆新时代文明实践中心是时代之需、使命

---

① 习近平.论党的宣传思想工作[M].北京：中央文献出版社，2020：337-342.

所系、群众所盼，是守正创新、做好新疆基层宣传思想工作的战略举措。要通过聚焦新疆工作总目标落实试点任务、发挥农村基层党组织主体作用、统筹基层工作力量，教育引导群众，争取凝聚人心，确保农村和谐稳定。特别是要用好志愿服务机制，助力乡村振兴；整合阵地资源，深入推进社会主义核心价值观宣传教育工作，培养时代新人，涵育文明新风。同时，利用新疆新时代文明实践中心建设契机，全面提升农村生态环境、人居环境、发展环境质量，增强农民群众获得感、幸福感、安全感，推动习近平新时代中国特色社会主义思想深入基层干部群众心中，确保新时代党的治疆方略落地生根。

全面推进新时代文明实践中心活动在基层落地生根，要注重坚持以推进党的创新理论“飞入寻常百姓家”为主线，引导各族干部群众及时掌握新时代党的路线方针政策，切实增强“四个意识”、坚定“四个自信”、做到“两个维护”。当前，新疆各地广泛开展了形式多样的创建新时代文明实践中心活动，着眼于凝聚群众、引导群众、以文化人，以志愿服务为基本形式，打通城乡公共文化服务体系的运行机制、文化科技卫生“三下乡”的工作机制、群众性精神文明创建的引导机制三大工作环节，调动各方力量，整合各种资源，用中国特色社会主义文化、社会主义思想道德建设牢牢占领思想文化阵地，动员和激励广大群众积极投身社会主义现代化建设。2019年12月18日，自治区在奎屯市召开了新时代文明实践中心建设试点工作现场推进会，学习和交流了新时代文明实践中心建设试点工作的经验做法，部署深化拓展试点工作，进一步推进了新时代文明实践中心建设在全疆的广泛深入开展，特别是对习近平新时代中国特色社会主义思想进村入户到人起到了积极的推动作用。

二、铸牢中华民族共同体意识

党的十九大报告提出，要“全面贯彻党的民族政策，深化民族团结进步教育，铸牢中华民族共同体意识，加强各民族交往交流交融，促进各民族像石榴籽一样紧紧抱在一起，共同团结奋斗、共同繁荣发展”，并将“铸牢中华民族共同体意识”写入党章。2021年8月，习近平总书记在中央民族工作会议上发表重要讲话，强调做好新时代党的民族工作，要把铸牢中华民族共同体意识作为新时代党的民族工作的主线。2023年6月，习近平总书记在内蒙古考察时提出，铸牢中华民族共同体意识是新时代党的民族工作的主线，也是民族地区各项工作的主线。

（一）各民族要像石榴籽一样紧紧抱在一起

“榴者，天下之奇树，九州之名果”，喻义为团圆、团结、喜庆、红火、繁荣、昌盛、和睦、多子多福、金玉满堂、长寿、辟邪趋吉。其坚韧的外壳紧紧包裹着饱满圆润、晶莹剔透、甜美无比的石榴籽，是一粒粒珍贵的红宝石，更是一颗颗团结的红珍珠。[①]2017年3月10日全国两会期间，习近平总书记参加新疆代表团审议时指出，要像爱护自己的眼睛一样爱护民族团结，像珍视自己的生命一样珍视民族团结，像石榴籽那样紧紧抱在一起。

1. 中华民族的历史就是一部各民族团结凝聚、共同奋进的历史

自秦汉开创多民族统一国家以来，统一始终是中国各民族的核心价值和自觉追求，成为中国历史的主流。在漫长的历史进程中，勤劳勇敢智慧的各族人民共同开拓了幅员辽阔的疆域，共同书写了悠久的中华民族历史，共同创造了灿烂的中华文化，共同培育了伟大的中华民族精神。在我国历史上，

---

① 曹荣琪.用石榴籽精神践行民族大团结[N].新华日报,2017-03-13.

凡是国力强盛、经济发达、文化繁荣的时期，都是国家统一、民族团结的时期，西汉文景之治、唐代贞观之治、清代康乾盛世，都是在国家统一、社会安定的环境里实现的。中华人民共和国成立70多年来，在中国共产党领导下，我国各族人民同心同德、和衷共济，开创了经济发展、政治安定、文化繁荣、社会和谐、人民幸福的良好局面。历史和现实证明，民族团结是我国建设社会主义现代化国家、实现中华民族伟大复兴的根本保证。生活在祖国大地上的56个民族都要把铸牢中华民族共同体意识、维护祖国统一和民族团结作为义不容辞的共同责任。

2. 新疆民族团结事业取得了历史性进步

中华人民共和国成立70多年来，新疆坚持和完善民族区域自治制度，贯彻落实中国特色社会主义民族理论和党的民族政策，努力促进各民族共同团结奋斗、共同繁荣发展，巩固和发展了平等团结互助和谐的社会主义民族关系。特别是进入新时代，新疆在原有的《新疆维吾尔自治区民族团结教育条例》基础上，于2021年2月5日新疆维吾尔自治区第十三届人民代表大会第四次会议上通过了《新疆维吾尔自治区民族团结进步模范区创建条例》，将民族团结进步教育工作纳入法治化轨道和各级政府的绩效考核指标中，在制度层面保障了民族团结进步教育工作的开展，开创了全国民族团结进步教育工作法治化先例。民族团结是福，分裂动乱是祸，民族团结是我国各族人民的生命线已成为新疆各族群众的共识。新疆维吾尔自治区成立以来的发展历程证明，党的民族政策和民族区域自治制度符合新疆区情、符合新疆各族人民的根本利益，得到新疆各族人民的衷心拥护，民族大团结取得历史性进步。中华民族一家亲、同心共筑中国梦成为2500多万新疆各族人民群众共同团结进步、共同繁荣发展的生动写照。

3. 发扬石榴籽精神，维护民族团结

中华民族地理分布和历史演进的特点造就了我国各民族在分布上交错杂居、经济上相互依存、文化上兼收并蓄、情感上相互亲近，形成你中有我、我中有你、谁也离不开谁的多元一体格局。因此，新疆各族人民只有共同维护民族团结、国家统一，像石榴籽那样，在祖国这个坚硬外壳保护下紧紧抱在一起，才能过上幸福安宁的生活；只要每个人自觉维护国家统一，就能像石榴籽那样长得晶莹饱满、滋润甜爽。新中国发展史证明，只要坚定不移地坚持党的坚强领导，就没有任何人、任何政治势力可以挑拨和破坏民族关系。新疆各民族群众要坚决反对一切危害民族大团结的言行，自觉在党的领导下坚决依法惩处和打击暴力恐怖活动，用每一颗石榴籽的行动维护国家和民族这个石榴的完整完美。①

（二）正确理解宣传民族区域自治制度优势

民族区域自治是中国共产党创造性地把马克思主义民族理论与中国民族问题具体实际相结合解决我国民族问题的基本政策，是适合我国国情的基本政治制度，也是中国特色解决民族问题的正确道路的重要内容和制度保障。在2019年召开的全国民族团结进步表彰大会上，习近平总书记总结了中华人民共和国成立70年民族工作的宝贵经验，其中一条便是："坚持和完善民族区域自治制度，做到统一和自治相结合、民族因素和区域因素相结合。"这一重要论断重申了民族区域自治制度作为我国一项基本政治制度不可动摇的重要地位，揭示了我国民族区域自治制度的核心要义，为我们更好地坚持和完善民族区域自治制度提供了根本遵循。在2021年中央民族工作会议上，习近平总书记再次强调指出，必须坚持和完善民族区域自治制度，支持各民族发展经济、改善民生，实现共同发展、共同富裕。

1. 民族区域自治制度开辟了发展各民族平等团结互助和谐的社会主义民族关系的新纪元

2019年，习近平总书记在全国民族团结表彰大会上指出："我们党创造

① 曹荣琪.用石榴籽精神践行民族大团结[N].新华日报,2017-03-13.

性地把马克思主义民族理论同中国民族问题具体实际相结合，走出一条中国特色解决民族问题的正确道路，确立了党的民族理论和民族政策，把民族平等作为立国的根本原则之一，确立了民族区域自治制度，各族人民在历史上第一次真正获得了平等的政治权利、共同当家做了主人，终结了旧中国民族压迫、纷争的痛苦历史，开辟了发展各民族平等团结互助和谐关系的新纪元。”《中华人民共和国宪法》和《中华人民共和国民族区域自治法》为这一制度的稳固提供了理论基础和法律保障。《中华人民共和国宪法》第四条规定：“各少数民族聚居的地方实行区域自治，设立自治机关，行使自治权。各民族自治地方都是中华人民共和国不可分离的部分。”《中华人民共和国民族区域自治法》第二条规定：“各少数民族聚居的地方实行区域自治。”第十九条规定：“民族自治地方的人民代表大会有权依照当地民族的政治、经济和文化的特点，制定自治条例和单行条例。”民族区域自治制度是中国特色解决民族问题的正确道路的重要内容和制度保障。2018年3月5日，习近平总书记在参加十三届全国人大一次会议内蒙古代表团审议时强调，我国是统一的多民族国家，民族团结是各族人民的生命线。加强民族团结，根本在于坚持和完善民族区域自治制度。要高举各民族大团结旗帜，全面贯彻党的民族政策，使民族区域自治制度这一理论根源越扎越深、实践根基越打越牢。民族区域自治制度巩固和发展了我国平等团结互助和谐的社会主义民族关系，保障了我国各民族在共同发展、共同繁荣的道路上不断前进。

2. 民族区域自治制度具有显著的制度优势

民族区域自治通过民族因素和区域因素的结合、政治因素和经济因素的结合、历史因素和现实因素的结合，巩固了平等团结互助和谐的社会主义民族关系，使各民族的共同利益在多元一体的中华民族大家庭中得到了有力保障。民族区域自治制度妥善地解决了国家统一与民族自治的关系问题，既保证了国家的集中统一，又最大限度地满足了少数民族群众参与国家政治生活以及自主管理本民族内部事务的愿望，使聚居的民族与杂居的民族都能够享受到自治的权利，有利于发展平等团结互助和谐的社会主义民族关系，同时有利于协调国家发展与少数民族聚集地区发展的关系。自治地方能够根据本地区、本民族的具体实际因地制宜地发展，中央政府在大力帮助少数民族聚集地区发展经济、文化的同时，组织各地区、各民族相互支援，各方优势得以充分发挥，从而加快少数民族聚集地区社会经济发展的速度。[①]中华人民共和国成立70年来，中央财政对新疆补助累计达2.35万亿元，这是新疆蓬勃发展的动力源泉和根基。[②]实践充分证明，民族区域自治制度符合我国国情，在维护国家统一、领土完整，在加强民族平等团结、促进民族地区发展、增强中华民族凝聚力等方面都起到了重要作用。

（三）促进各民族交往交流交融

2014年9月，习近平总书记在中央民族工作会议上指出："通过扩大交往交流交融，创造各族群众共居、共学、共事、共乐的社会条件，让各民族在中华民族大家庭中手足相亲、守望相助。"在党的十九大报告中，习近平总书记进一步明确了新时代党的民族工作的重要指导思想："深化民族团结进步教育，铸牢中华民族共同体意识，加强各民族交往交流交融，促进各民族像石榴籽一样紧紧抱在一起，共同团结奋斗、共同繁荣发展。"在2021年的中央民族工作会议上，习近平总书记指出："必须促进各民族广泛交往交流交融，促进各民族在理想、信念、情感、文化上的团结统一，守望相助，手足情深。"

---

① 李晓霞.中国新疆：多民族区域自治的现状[M].乌鲁木齐：新疆人民出版社，2009：29.

② 董小迪.中国发布丨新疆：中央财政累计补助2.35万亿元　对口支援1035亿元[DB/OL].(2019-07-30).http://news.china.com.cn/txt/2019-07/30/content_75046924.htm#:~:text.

1. 中华民族各成员间交往交流交融贯穿于中国历史各个时期，是中华民族形成、发展和繁荣的内在动力

中华民族是在数千年的历史长河中繁衍发展与融合而形成的民族实体。“中华民族作为一个自觉的民族实体，是近百年来中国与西方列强对抗中出现的，但作为一个自在的民族实体则是几千年的历史过程中形成的。”①千百年来，活跃在历史舞台上的中华民族先民经过诞育、分化、交融，最终形成了今天生活在这片土地上的56个民族。先秦时期的华夏族群经过长期与周边民族的融合，特别是经过春秋战国近五百年大动荡的交汇融合，到了秦汉之际，进一步与周围民族融合为一体，形成中原人口最多的汉族。魏晋南北朝大割据时期发生了各民族，尤其是北方少数民族向中原的大迁徙、大融合。13世纪随着元朝的建立，规模空前的政治统一局面推动了规模空前的民族迁徙，形成了王朝境内广泛的民族杂居局面。清朝为近代中国的版图奠定了基础，中华诸民族在长期交往交流交融的实践中最终形成你中有我、我中有你、血脉相融、文化相通的局面，以及各民族聚集地区大杂居、小聚居的分布特点。②

新疆地区自古就同中原地区保持着密切联系。早在商代，中原同西域就有玉石贸易。汉代张骞“凿空西域”打通丝绸之路，使者相望于道，商旅不绝于途。唐代“绢马互市”持续繁盛，“参天可汗大道”直通中原，沿途驿站星罗棋布，成为西域先民同中原密切联系的纽带。于阗乐、高昌乐、胡旋舞等西域乐舞深入宫廷，长安城流行西域风。出自今新疆库车的龟兹乐享誉中原，成为隋唐至宋代宫廷燕乐的重要组成部分。近代以来，在中华民族面临生死存亡的危急关头，新疆各族人民同全国人民一道，奋起反抗、共赴国

---

① 费孝通．中华民族多元一体格局[M]．北京：中央民族学院出版，1989：1.

② 马大正．促进我国各民族交往交流交融三题——学习十九大精神的体会[J]．西部蒙古论坛，2017(04)：4.

难，共同谱写了可歌可泣的爱国主义篇章。[①]特别是中华人民共和国成立后，十万大军拓新疆、八千湘女进新疆，开创了新疆各民族交往交流交融的新纪元。改革开放后，新疆各民族与全国各地各民族之间的联系比以往任何时候都更密切，这有利于加强民族团结，增强中华民族凝聚力。

2. 坚持促进各民族交往交流交融，不断铸牢中华民族共同体意识

中华民族共同体意识是国家统一之基、民族团结之本、精神力量之魂。在2014年中央民族工作会议上，习近平总书记提出了“铸牢中华民族共同体意识”的时代命题。2019年，在全国民族团结表彰大会上，习近平总书记指出：“实现中华民族伟大复兴的中国梦，就要以铸牢中华民族共同体意识为主线，把民族团结进步事业作为基础性事业抓紧抓好。我们要全面贯彻党的民族理论和民族政策，坚持共同团结奋斗、共同繁荣发展，促进各民族像石榴籽一样紧紧拥抱在一起，推动中华民族走向包容性更强、凝聚力更大的命运共同体。”[②]

党的二十大报告强调，以铸牢中华民族共同体意识为主线，坚定不移走中国特色解决民族问题的道路，坚持和完善民族区域自治制度，加强和改进党的民族工作，全面推进民族团结进步事业。

党的十八大以来，以习近平同志为核心的党中央着眼培育中华民族共同体意识，各民族交往交流交融广泛拓展，中华民族共同体意识不断增强，平等团结互助和谐的社会主义民族关系不断得到巩固和发展。新时代弘扬中华民族的共同性、一致性，强调促进各民族间交往交流交融，是国家利益的需要，也是符合统一多民族中国发展大势的正确政治选择。交往交流交融的关键是“交融”，交融是指各民族间的共性不断增强，同时又保有自己文化的特点和特色。倡导“交融”是尊重差别、包容多样，是为了各民族间守望相

---

① 中华人民共和国国务院新闻办公室. 新疆的若干历史问题[M]. 北京：人民出版社，2019：10-11.

② 习近平. 在全国民族团结表彰大会上的讲话[N]. 人民日报，2019-09-27(02).

助、和谐共处，不是对少数民族历史和文化的否定；倡导“交融”是少数民族文化的特色和优点得到更有力的弘扬，从而使各个民族的文化优点为所有民族共有、共赏和共享。[①]我国历史上各民族交往交流交融的例子很多。战国时期赵武灵王推行军事改革，倡导士兵百姓穿着西北游牧和半游牧民族的服饰并学习骑马射箭，史称“胡服骑射”；北魏时期，孝文帝推行汉化改革推进民族融合。毛泽东同志在《关于正确处理人民内部矛盾的问题》一文中指出：“国家的统一，人民的团结，国内各民族的团结，这是我们的事业必定要胜利的基本保证。”[②]历史表明，国家统一，民族团结，则政通人和、百业兴旺；国家分裂，民族纷争，则丧权辱国、人民遭殃。因此，要大力推动新时代各民族交往交流交融，讲好中华民族交往交流交融的历史故事和优良传统，促进各民族相互了解、尊重、包容、欣赏和学习，增强各族人民的国家意识、公民意识、中华民族共同体意识，像爱护自己的眼睛一样爱护民族团结，像珍视自己的生命一样珍视民族团结，最大限度地依靠各民族群众，筑牢依法治疆、团结稳疆、文化润疆、富民兴疆、长期建疆的新时代党的治疆方略政治基础，使每个民族、每位公民都为实现中华民族伟大复兴的中国梦贡献力量，共享祖国繁荣发展的成果。[③]要教育和引导各族群众牢固树立各民族水乳交融、唇齿相依、休戚相关、荣辱与共的中华民族共同体意识和观念，牢固树立“三个离不开”思想，不断增强“五个认同”，自觉维护民族团结和国家统一，并将其作为最高利益、神圣职责。

---

① 马大正.促进我国各民族交往交流交融三题——学习十九大精神的体会[J].西部蒙古论坛，2017(04)：4.

② 毛泽东.关于正确处理人民内部矛盾的问题[N].人民日报，1956-06-19(01).

③ 马大正.促进我国各民族交往交流交融三题——学习十九大精神的体会[J].西部蒙古论坛，2017(04)：6.

（四）推进国家通用语言文字普及

在第二次中央新疆工作座谈会上，习近平总书记指出：要加强民族交往交流交融，部署和开展多种形式的共建工作，推进双语教育。推进国家通用语言文字教育在帮助新疆少数民族提升科学文化素质、正确认识统一的多民族国家的形成历史、增强对“双泛”错误思潮的鉴别力、提升对多元一体中华文化的认同、了解中国社会的发展历程并融入经济社会大发展等方面有着重要意义。

1. 国家通用语言文字教育的缺失影响了新疆，尤其是南疆少数民族科学文化素质的提升

2010年第八次全国公民科学素质抽样调查显示，新疆具备基本科学素质的公民比例仅为1.20%，而当年全国平均水平是3.27%，新疆与全国和东、中、西部地区相比都处于较低水平，相当于全国10年前和西部地区3年前的水平；同时，南、北、东疆之间差距也较大，南疆只有0.5%，东疆是0.8%，北疆达到1.9%。2015年9月20日，新华社发布的第九次全国公民科学素质抽样调查数据显示，中央新疆工作座谈会召开5年来，新疆具备基本科学素质的公民比例达到3.97%，虽然提升幅度较大，但与2015年全国具备基本科学素质的公民比例6.20%相比还存在明显差距，其相当于欧美国家20世纪70年代初期的水平。2020年，我国公民具备基本科学素质的比例达到10.56%，新疆公民具备基本科学素质的比例达7.52%，超过“十三五”6.08%—6.97%的发展目标预测区间，比2015年提高了3.55个百分点，全疆公民基本科学素质水平进入稳步发展阶段。但是，这与国家公民具备基本科学素质的平均比例相比还有一定的差距。这个结果既与新疆经济基础薄弱、科技文化建设落后、科普场馆设施缺乏、公民受教育程度较低、公民提升科技素质的渠道单一等因素密切相关，也与新疆长期以来忽视国家通用语言文字教育造成的影响分不开。科学素质偏低将严重影响并

制约公众获取应用科技知识、提高生活质量、实现全面发展的能力。2022年2月，新疆维吾尔自治区人民政府办公厅印发《自治区全民科学素质行动规划纲要实施方案(2021—2025年)》，提出到2025年，新疆公民具备基本科学素质的比例达到12%。

2. 掌握国家通用语言文字是增强“五个认同”的基础

国家通用语言文字是中华文化的符号，是中华文化的元素，更是中华文化的核心内容。通过对国家通用语言文字的学习，了解和掌握中华民族优秀传统文化，从而有利于提升本民族的科学文化素质，同时也潜移默化地增强对中华文化的认同。2014年，习近平总书记在新疆考察时明确指出，少数民族孩子双语教育要抓好，学好汉语将来找工作会方便些，更重要的是能为促进民族团结多作贡献。掌握国家通用语言文字是对中华文化认同的基础和前提，是维系各民族关系的重要纽带，对于抵御宗教极端思想对农村社会文化生活的渗透和侵蚀具有重要作用。20世纪90年代以来，新疆尤其是南疆地区由于受宗教极端思想的影响，部分少数民族群众曾经出现对国家通用语言文字教育排斥、抵触的情绪，不仅极大地影响了南疆少数民族群众科学文化素质的提升，同时也消解了他们对中华民族和中华文化的认同。农村青年人“正是因为各方面知识的贫乏，当面对宗教极端思想、民族分裂思想、暴力恐怖思想侵袭时，可以说毫无招架之力，‘三股势力’的‘号召’极容易引发那些头脑简单、世界观扭曲的年轻人的心理认同，他们极容易被吸引而加入一个组织或结成一个团伙，从而成了分裂破坏活动与暴力恐怖活动的牺牲品”①。

3. 国家通用语言文字教育是新疆少数民族踏上现代化快车的必然选择

目前，越来越多的少数民族群众意识到，要走向全国、走向世界，必须掌握国家通用语言文字，因此出现了少数民族群众学习国家通用语言文字的

---

① 朱志杰.去极端化原理：思路与方法构建[M].奎屯：伊犁人民出版社，2016：82.

热潮。实践证明，新疆高层次的优秀少数民族学者、专家和高科技人才无一不受益于国家通用语言文字教育。国家通用语言文字教育是新疆各少数民族踏上现代化快车的必然选择，也是增强新疆各族群众对中华民族和中华文化的认同和自豪感的必然选择。

（五）深入开展“民族团结一家亲”和民族团结联谊活动

民族团结是新疆各族人民和睦共处、幸福安康的生命线，是维护新疆社会稳定的根本要求和维护新疆各民族民众的根本利益所在。习近平总书记在第二次中央新疆工作座谈会上的重要讲话中指出，新疆的问题最长远的还是民族团结问题。民族分裂势力越是企图破坏民族团结，我们越要加强民族团结，筑牢各族人民共同维护祖国统一、维护民族团结、维护社会稳定的钢铁长城。

1. 深入开展“民族团结一家亲”和民族团结联谊活动的重要意义

新疆的发展历程表明，民族团结是各族人民的生命线。2016年10月16日正式启动的“民族团结一家亲”和民族团结联谊活动，是自治区党委聚焦社会稳定和长治久安总目标，着眼于长远的战略考量，是着眼于各民族交往交流交融的常态化、社会化、生活化的重要举措。自治区党委高位推动“民族团结一家亲”和民族团结联谊活动，通过结对认亲，各级行政事业单位干部职工每人结对联系一户基层群众，各民族之间相互结对认亲，实现党员干部结对认亲全覆盖。随着“民族团结一家亲”和民族团结联谊活动的开展和深化，各民族之间的互动拓展到社会生活各个层面，各民族更好地了解了彼此的思想、情感等。尤其是通过结亲活动，城市干部职工对少数民族村民的生产生活、宗教信仰、风俗习惯、传统文化和精神世界有了一定的了解。“民族团结一家亲”活动在一定程度上成为各民族间情感沟通的纽带和桥梁。同时，通过结亲走访和联谊活动，结亲干部向各族群众传递了党中央的声音和自治区的各项优惠政策，在生产生活中以力所能及的关怀和帮助，使乡村群众感受到各民族同胞的善意与友好，破除了过去存在的一些偏见和错误认识，发挥了持久的“润物细无声”作用。特别是“民族团结一家亲”活动将民族团结的触角直接伸入各民族家庭中，实现了民族团结无缝对接，打通了民族团结的“最后一公里”，弥补了以往帮扶工作的不足，为更好建立起和谐的民族关系奠定了坚实的群众基础。

2. “民族团结一家亲”和民族团结联谊活动硕果累累

开展“民族团结一家亲”和民族团结联谊活动以来，结对子、认亲戚、勤走动、常团聚、互学语言、关爱帮扶成为新疆各族干部群众的经常性活动，“民族团结一家亲”活动也成为一项实实在在的“民心工程”。截至2019年底，新疆112万名干部职工与169万户各族群众结对认亲，举办各类主题活动1899万多场次，累计走访各族群众12946万多户次，办实事好事1877万多件，在天山南北掀起了民族团结的浩大声势，汇聚成爱我中华的磅礴力量。[①]通过开展“民族团结一家亲”和民族团结联谊活动，各族党员干部与基层群众同吃同住同劳动同学习，融为一体、打成一片，做实了民族团结这一最大的群众工作，共同维护着民族团结这条新疆各族人民的生命线，涌现出一批民族团结典型，传颂一批民族团结故事，使各族群众更加深切地感受到了党和政府的关怀与温暖，更加坚定了反对“三股势力”、维护祖国统一和民族团结的决心，更加坚定了听党话、感党恩、跟党走的信念。[②]

（六）坚持新疆伊斯兰教中国化方向

习近平总书记在党的十九大报告中指出：“要全面贯彻党的宗教工作基本方针，坚持我国宗教的中国化方向，积极引导宗教同社会主义社会相

① 侍俊.完整准确贯彻新时代党的治疆方略[J].求是,2020(21):49.

② 米日古力·吾.民族团结之花绽放天山南北[N].新疆日报,2018-12-17(A02).

适应。”坚持我国宗教中国化方向是中国共产党在宗教工作实践中总结出来的成功经验，是积极引导宗教与社会主义社会相适应的必然要求，是抵御宗教渗透的战略举措。2020年，习近平总书记在第三次中央新疆工作座谈会上指出：要坚持新疆伊斯兰教中国化方向，实现宗教健康发展。2022年7月，习近平总书记在新疆考察时指出，要提升宗教事务治理能力，实现宗教健康发展。这是以习近平同志为核心的党中央对中国特色社会主义宗教理论体系的创新与发展，是在深刻总结治疆规律、宗教生存发展规律、社会治理规律和深入分析新疆伊斯兰教历史与现状特点基础上得出的科学论断，为新疆做好伊斯兰教工作、实现新疆伊斯兰教健康发展提供了根本遵循。

1. 新疆伊斯兰教中国化的意义

中国化程度决定着新疆伊斯兰教的发展趋势和未来面貌，只有实现了中国化的宗教，才能更好地与我国社会主义社会相适应。宗教适应社会，既是所在社会的必然要求，也是宗教自身生存发展的规律和内在需求。宗教既是一种意识形态，也是一个思想文化体系和一种社会实体性存在，有着谋求自身发展的内在需要。为适应所处社会，宗教也会选择性吸收当地社会的思想、文化、哲学、艺术、风俗、建筑、原有宗教元素，体现出宗教的包容性。世界宗教史证明，适应社会的宗教，就在社会发展中生存下来，反之，就在社会发展中逐渐消亡。[①]坚持新疆伊斯兰教中国化方向是新疆伊斯兰教健康发展的内在要求。坚持我国宗教中国化方向是我国宗教发展的必由之路，也是积极引导宗教与社会主义社会相适应的必然要求。坚持我国宗教中国化方向，要求我国各宗教真正成为中国宗教，而不是“宗教在中国”。[②]坚持新疆伊斯兰教中国化方向是遏制宗教极端的根本举措。其要求新疆伊斯

① 于尚平.新疆伊斯兰教中国化的历史特点以及现实启示[J].中国宗教,2021(09):77.

② 王作安.做好新形势下宗教工作的行动指南[J].法音,2016(08):10.

兰教在保持基本信仰、核心教义和礼仪制度的同时，对教义教规作出符合时代进步要求的阐释，自觉抵御境外渗透，坚决遏制宗教极端思想影响。[①]事实证明，坚持新疆伊斯兰教中国化方向是夯实社会稳定和长治久安的社会基础的必然要求。

2. 新疆伊斯兰教中国化的历程

2016年，习近平总书记在宁夏考察时指出，我国的各民族和宗教是在5000多年的文明史中孕育发展起来的，只有落地生根才能生生不息。新疆自古以来就是多民族聚居、多文化交流、多宗教并存的地区，萨满教、祆教、佛教等文化影响深厚。伊斯兰教在新疆传播发展进程中，一些原有的宗教观念和仪式及风俗习惯经演化而得以存续。作为外来信仰和文化，伊斯兰教在被新疆少数民族接受的过程中，包容了这些民族原有的信仰和文化传统并相互影响，逐渐形成了鲜明的地域特征。中华人民共和国成立后，新疆伊斯兰教开启了积极适应社会主义社会、推进中国化的新征程。在社会主义制度下，广大穆斯林群众翻身解放成为国家和社会的主人，真正享有宗教信仰自由权利，宗教面貌发生了本质变化。这是伊斯兰教在社会主义社会实现中国化的重要一步和重要体现。改革开放以来，新疆伊斯兰教积极与社会主义社会相适应，广大穆斯林群众坚定拥护中国共产党的领导和社会主义制度，积极投入改革开放和社会主义现代化建设，在维护祖国统一、反对民族分裂、促进民族团结、推进宗教和睦和谐等方面发挥了积极作用，成为推进新疆社会和谐发展的一支重要力量。党的十八大以来，广大穆斯林群众遵守国家法律法规，踊跃学习使用国家通用语言文字，国家意识、公民意识、法治意识不断增强，在与社会主义社会相适应的道路上迈出了崭新有力的

① 郑筱筠.关于在国家治理体系现代化进程中的宗教治理体系建设之思考[J].世界宗教研究，2019(05):50.

步伐。[①]

3. 新时代进一步推进新疆伊斯兰教中国化的方法

坚持党对宗教工作的领导是新疆伊斯兰教中国化的根本保证。党对宗教工作的领导，体现了党对宗教工作总揽全局、协调各方的领导核心作用。加强党对宗教工作的领导，是做好新形势下宗教工作的关键，也是引导新疆伊斯兰教中国化的前提和基础。

以社会主义核心价值观为引领，是新疆伊斯兰教中国化的思想保证。核心价值观是一个国家文明和文化的精神标志。社会主义核心价值观则是社会主义核心价值体系的内核，体现社会主义核心价值体系的根本性质和基本特征。因此，坚持新疆伊斯兰教中国化方向，就必须坚持以社会主义核心价值观为引领。只有真正做到了这一点，才能表明新疆伊斯兰教完成了深度中国化。

以经学思想建设为关键，增强新疆伊斯兰教对中华文化的认同。坚持我国宗教中国化方向，用中华优秀传统文化涵养我国宗教文化；通过弘扬中华民族优良传统，用团结进步、和平宽容的观念引导各族信教群众，特别是深入挖掘宗教教义教规中有利于社会和谐、时代进步、健康文明的内容，对教规教义作出符合当代中国发展进步要求、符合中华优秀传统文化内涵的阐释，并用广大信教群众喜闻乐见的方式讲深讲透；加强经学思想建设成果转化和运用，积极引导，发挥伊斯兰教界的积极性和主动性，自觉推进新疆伊斯兰教中国化。

以巩固去极端化成果为基础，筑牢新疆伊斯兰教中国化的社会基础。2014年，在第二次中央新疆工作座谈会上，党中央决定把“遏制极端”作为处理宗教问题的基本原则之一，为新疆开展去极端化工作指明了方向，推动了新疆伊斯兰教的健康发展。2021年8月，习近平总书记在中央民族工作

---

① 于尚平.新疆伊斯兰教中国化的历史特点以及现实启示[J].中国宗教,2021(09):77.

会议上指出，要持续肃清民族分裂、宗教极端思想流毒。因此，坚持新疆伊斯兰教中国化方向，实现宗教健康发展，必须将去极端化深入持久开展下去。

（七）发挥兵团先进文化示范区作用

“屯垦戍边是中国几千年开发和保卫边疆的历史遗产。中央政府在西域新疆大规模屯垦戍边始于2000多年前的西汉，以后历代沿袭。1949年新疆和平解放，1954年中央政府决定在新疆成立生产建设兵团。”[①]2014年4月，习近平总书记在新疆考察时，从治国安邦和边疆治理的高度强调：“要使兵团真正成为安边固疆的稳定器、凝聚各族群众的大熔炉、先进生产力和先进文化的示范区。”这一重要论断将兵团先进文化示范区作用提升到关乎新疆社会稳定和长治久安的战略新高度。2022年7月，习近平总书记在新疆考察时指出，兵团人铸就的热爱祖国、无私奉献、艰苦创业、开拓进取的兵团精神，是中国共产党人精神谱系的重要组成部分，要用好这些宝贵财富。

1. 着力建设兵团先进文化示范区

先进文化顺应人类社会发展规律、揭示人类社会未来发展方向，是人类文明进步的结晶，推进先进文化建设可以为人类社会文明进步提供强有力的思想保证、精神动力和智力支持。新疆生产建设兵团（以下简称“兵团”）先进文化是在60多年的屯垦戍边历程中逐步形成的，是体现中国共产党和人民军队光荣传统和优良作风的独特文化类型，它传承了中华民族历史文化和军旅文化，融合了五湖四海的地域文化，吸收借鉴了新疆各民族优秀传统文化精华，融军旅文化、红色文化、社会主义先进文化和新疆当地文化于一身，形成了以兵团精神为内核的特有精神品质，是中华民族精神在兵团的具

---

① 中华人民共和国国务院新闻办公室.新疆生产建设兵团的历史与发展[N].光明日报,2014-10-06(03).

体体现。[①]特别是党的十八大以来，兵团通过着力建设先进文化示范区，丰富和引领了各族群众的精神文化生活，构建了覆盖兵团、辐射地方的现代公共文化服务体系，让各族群众享有了健康丰富的文化生活；同时，兵团通过加快培育文化产业和文化市场体系，提高了文化产业增加值在兵团经济中的比重，加大了文化产品生产供给力度，提升了文化传播力，增强了兵团文化软实力。

2018年3月9日，国家公布了第四批国家级公共文化服务体系示范区（项目）创建资格名单，新疆伊犁哈萨克自治州和兵团阿拉尔市入选，同时兵团第三师图木舒克市申报的“传承军垦文化内涵，弘扬中华优秀文化”和兵团第十二师申报的“主题文化社区建设”入选国家公共文化服务体系示范项目。[②]作为一项文化惠民工程，国家通过对示范区、示范项目创建形成集群效应来推进基层文化建设，通过创建实施丰富多彩的文化惠民项目，更好地满足人民群众精神文化需求，让老百姓真正享受创建带来的文化惠民成果。加上前三批入选的石河子市，兵团第六师文化共享工程进连入户，兵团第一师阿拉尔市文化、图书数字化信息共享平台建设项目，兵团第十师一八五团“兵团西北边境文化长廊国土教育体验基地”建设项目等，兵团现代公共文化服务体系建设已经大踏步地走在了全疆前列，兵团已打造成为新疆先进生产力和先进文化示范区。

2. 进一步发挥兵团先进文化的引领作用

兵团文化的先进性决定了其在新疆文化发展中的引领地位。新疆是一个多民族聚居、多文化交流、多宗教并存的边疆地区，实现长治久安，需要各民族凝心聚力，更需要先进文化的引领。兵团作为先进文化的示范区，其功能尤显重要、使命任重道远。在各族人民朝夕相处、共同奋斗的

---

① 林立.兵团党史文化的传承与创新[J].红广角,2013(2):33.

② 第四批国家公共文化服务体系示范区(项目)创建资格名单公布[N].经济日报,2018-05-04.

60多年历程中，兵团敞开胸怀，熔铸出荟萃各种文化精华的兵团文化。要通过运用多种载体和形式，有效发挥兵团文化融红色文化、中原文化、边疆文化于一体的优势，不断深化兵团与周边地方群众交往交流交融，大力传播和弘扬现代文明生产生活方式，牢牢占领宣传思想文化舆论阵地，推动新疆各民族共有精神文化家园的建设，特别是要通过兵团先进生产方式、现代文明生活方式的实践，增强对周边地方群众的带动力、影响力、吸引力；弘扬社会主义核心价值观，传播先进文化理念，抵御“双泛”等错误思潮，纠正错误的历史观和增强文化认同；发扬兵团精神，增强中华文化影响力，把兵团建设成为中华文化传承创新示范区和中华文化认同高地。要发挥兵团“文化戍边”的功能，传播社会主义先进文化，传播中华文化，增强文化认同，辐射和带动各族群众崇尚先进文化，崇尚中华文化，增强中华文化的向心力、凝聚力。特别是屯垦戍边是我国先进物质文化、科技文化在边疆传播的重要载体，架设了中原与边疆物质文化交流的桥梁，成为包括先进生产力、生产关系、生产方式在内的物质文化传播的重要渠道和载体，是中华先进精神文化、艺术文化的播种机，始终彰显着强烈的文化传播功能，对促进边疆地区中华文化传播和认同发挥着不可或缺的主渠道作用。①

三、全方位扎实推进文化援疆工作

2010年，中央新疆工作座谈会召开后，文化部按照党中央、国务院的决策部署，成立了文化部支持新疆文化建设领导小组，形成了全国文化系统对口援疆工作机制，提出实施“春雨工程”“文化遗产保护工程”“文化市场

---

① 兵宣文.充分发挥屯垦戍边促进中华文化认同的作用[N].光明日报,2010-08-16(07).

监管能力建设工程”等三大工程，支援新疆文化建设。[①]2014年，在第二次中央新疆工作座谈会上，习近平总书记强调指出，要营造昂扬向上的社会氛围，引导各族群众追求现代文明生活。要为群众提供丰富多彩、喜闻乐见的文化生活，完善公共文化服务体系。2020年，习近平总书记在第三次中央新疆工作座谈会上指出，当前和今后一个时期，做好新疆工作，要完整准确贯彻新时代党的治疆方略，牢牢扭住新疆工作总目标，依法治疆、团结稳疆、文化润疆、富民兴疆、长期建疆，以推进治理体系和治理能力现代化为保障，多谋长远之策，多行固本之举，努力建设团结和谐、繁荣富裕、文明进步、安居乐业、生态良好的新时代中国特色社会主义新疆。文化润疆为新时代我国文化建设的理论与实践研究提供了根本遵循、指明了前进方向。

（一）合力建设中华民族共有精神家园

1. 建设中华民族共有精神家园是社会主义文化建设的一个重要内容，也是文化援疆工作的重要意义所在

中华民族共有精神家园是整个中华民族共同依托、共同传承、共同发扬的文化精神、价值观念和情感态度的总和，是中华民族赖以生存和发展的精神财富，是中华民族生生不息、团结奋进的精神动力。中华民族的共有精神家园是在长期的历史活动中、在各民族之间不断互动中形成的。在5000多年的历史长河中，中华民族创造了博大精深、丰富灿烂的中华文化，形成了优良的文化传统和特有的民族性格，并深深融入中华民族的血脉之中，成为中华民族共同的文化基因和精神记忆，是中华民族生存发展的精神支撑和心灵皈依。2014年召开的第二次中央新疆工作座谈会，明确提出建设各民族共有精神家园，援疆工作要“深入受援地精神世界”“促进各民族交往交流

① 中央政府门户网站.全国文化文物系统对口支援新疆工作会在新疆召开[DB/OL].(2010-06-23).https://www.gov.cn/jrzg/2010-06/23/content_1634344.htm.

交融”“提倡现代化世俗生活方式”，最终达到“项目援疆的目标是促进心的交融”“文化认同是援疆最终目标之一”。

2. 中华民族共有精神家园是我国56个民族共同缔造的精神家园

我国统一多民族国家形成的历史格局构筑了各民族文化与中华文化水乳交融的共有精神家园。在我国历史发展过程中，中华民族始终追求团结统一，把这看作“天地之常经，古今之通义”：统一多民族始终是中国国家的基本形态，追求团结统一始终是中国各民族的共有价值理念，更是中国历史的主流。多元一体的中华文化是各民族对统一多民族国家认同的强大思想基础，也是各民族文化的依托和根基。各民族文化的相互交流始终贯穿于中华文化形成和发展的全过程。正是各民族文化的新鲜注入，中华文化才能不断焕发新的生机和活力。特别是每一次民族大融合之后，便会迎来中华文化的空前发展，宏阔豪迈的“秦汉雄风”、雍容大度的“盛唐气象”、强健有为的“康乾盛世”成为中华文化发展的一个个辉煌篇章。中华民族共有精神家园是我国56个民族共同缔造的，是各民族在继承民族传统文化的基础上通过不断创新而形成的，各民族不仅是中华民族共有精神家园的建设者，同样也是中华民族共有精神家园的拥有者。

3. 各民族知识分子要为构筑中华民族共有精神家园作贡献

2016年，习近平总书记在哲学社会科学工作座谈会上着眼人类社会发展规律和民族复兴大势，向哲学社会科学工作者提出希望：“一切有理想、有抱负的哲学社会科学工作者都应该立时代之潮头、通古今之变化、发思想之先声，积极为党和人民述学立论、建言献策，担负起历史赋予的光荣使命。”作为党和政府培养的新疆各民族知识分子，要从自身做起，走上讲台、走进社会，做时代的讴歌者，做历史的记录者，责无旁贷担负起历史赋予的这一使命。作为新疆发展变化的见证人，各民族知识分子不仅要在新疆社会稳定的关键时刻发声，主动担当责任，抵御宗教极端思想的渗透，同时还要坚定不移地带头传播正能量，启迪民众，引领各族干部群众铸牢中华民族共同体意识。向各族群众宣传党领导全国人民进行革命、社会主义建设、改革开放、全面建成小康社会的伟大历程，宣传新疆经济社会发展的成就，宣传党在新疆执政为民、团结带领各族群众开创幸福美好生活的伟大实践，宣传新疆各族人民热爱祖国、交往交流交融的生动故事，积极引导各族群众旗帜鲜明地弘扬真善美、贬斥假恶丑，自觉做社会文明进步的推动者。知识分子不仅要为各族群众坚定中国特色社会主义道路自信、理论自信、制度自信、文化自信提供学术支撑，更要为各族人民共同团结进步、共同繁荣发展提供思想基础和文化引领，要用沉甸甸的文化艺术成果，把党的路线、方针、政策春雨润物般播撒到群众中去，为各族群众解疑释惑，凝聚积极向上的精神动力，坚定新疆各族群众共同团结奋斗、共同繁荣发展的信心。

（二）实施文化对口援疆项目

2016年，自治区党委提出“以南疆和基层农村为重点”“建成覆盖城乡的现代公共文化服务体系”[①]的建设目标。近些年来，在党和政府政策支持下，新疆已基本建成区、地、县、乡四级公共文化服务网络，填补了多个文化建设空白。其中浙江、上海、江苏、山东、广东、北京、深圳等经济实力与文化资源强的省市援助南疆文化建设，带动了南疆公共文化服务体系现代化。

1. 加强沟通衔接，进一步提升文化援疆工作的有效性

国家各部委针对文化服务基础设施建设给予了一定的政策倾斜保障，适当加大援疆省市文化援助的比例。各援疆省市从受援地州、县、市的公共文化服务体系构建、繁荣当地文化艺术事业和文化产业、人才交流培养等方面着手，侧重文化援疆，明确文化援助份额占比；建立与新疆受援地区文化部门合作联络机制和合作项目监督跟进机制，利用资金、项目、人才优势，加

① 陈全国在中国共产党新疆维吾尔自治区第九次代表大会上的报告[N].新疆日报,2016-10-29(01).

强与受援地区在文化交流、文艺创作、公共文化服务、文化遗产保护利用、文化产业等方面的合作，抓好项目落地，评估合作项目成效。

2. 加大文艺援疆力度，提升公共文化服务水平

充分利用援疆省市的文艺资源，实施“文艺援疆请进来走出去”计划，推出援疆省市精品文艺作品新疆行活动。每年选择两三个援疆省市有着浓郁中国风采、中国风范、中国品格的文艺精品在新疆开展巡演、巡展活动，同时加大自治区优秀文艺精品在援疆省市的宣传推介力度；引进各类国家级水平的舞台艺术精品在新疆各级文艺院团进行移植和译制，弥补新疆文艺创作的不足，提高文化产品供给。组织实施自治区和援疆省市文艺人才的双向交流挂职任职和艺术实践活动，组织援疆省市知名艺术家边疆行活动，借智借力，为新疆创作一批弘扬中华优秀传统文化的文艺精品。同时，充分发挥主体作用，积极争取国家部委和对口援疆省市的支持和援助。国家部委和援疆省市的文艺院团、出版集团、影视集团等与新疆文艺院团、出版单位、影视集团建立“一对一”的深度帮扶关系，在文化产品使用方面，出台免费使用或优惠使用政策，在节目编排制作、管理方式、体制机制建设、人才培养等方面进行“传帮带”，提升新疆公共文化服务的整体水平。

（三）支持新疆打造文化品牌，促推文旅经济发展

新疆自古就是一个多民族聚居、多文化交流、多宗教并存地区。在漫长的历史进程中，新疆各民族共同在这片土地上生产生活、和谐共处，积淀了丰富的多民族文化资源：厚重的历史宗教文化资源、形式多样的民族民间艺术文化资源、五彩斑斓的生态旅游文化资源、独特的民俗文化资源共同交织，形成了地域独特、风情浓郁、风格迥异的新疆各民族文化。

1. 建设新疆丝绸之路文化创意产业园区，推进文化产业成为新疆经济新增长极

文化产业作为21世纪被公认的朝阳产业，正被越来越多的地区作为提

升地区核心竞争力的重要产业，各地纷纷大力打造文化产业示范园区。文化产业示范园区的建立，使文化成为生产力，不仅推动文化产业的发展，更能促进经济建设全面提速，成为经济新增长极。随着援疆工作的深入，文化产业发达省市也加大了文化产业援疆的投入。如2013年5月，广州颐和地产集团在疏附县签约投资5亿元的“阿凡提乐园”建设项目。目前，新疆的文化产业开发及其产值与新疆文化资源富矿不相匹配。新疆虽然是个文化资源大区，但文化产业起步较晚、发展相对滞后，文化资源优势尚未转化为产业优势，文化产业的发展速度和效益都有待提高。因此，可以利用文化产业援疆计划，建设符合新疆文化特色和发展需求的各类文化产业园区，形成一批专业化、规模化的文化产业集聚区，发展在全国乃至丝绸之路经济带沿线国家和地区中具有较强自主创新能力和核心竞争力的文化产业、龙头企业；同时利用援疆省市创意设计机构支持创作生产弘扬中华优秀文化、适应市场需要、满足现代消费需求的优秀文化创意产品，创造新疆良好的文化消费环境。

2. 借助新疆得天独厚的地域和人文资源优势，构建文化交流合作机制

当今世界，文化上的相互尊重是经济合作的基础。因此，继承古丝绸之路沿线不同文化相互尊重的精神，构建丝绸之路经济带文化交流合作机制，以文化交流合作为引领，为丝绸之路经济带沿线国家加强区域大合作创造有利的人文发展软环境，是丝绸之路经济带持续发展的核心基点。新疆地区与中亚国家在风俗习惯、语言等多个方面拥有很多相近的文化元素，这为两地间开展文化交流提供了良好条件。在文化援疆政策支持下，新疆应该加大同丝绸之路沿线国家的文化学术交流，如争取国家部委和援疆省市支持，将丝绸之路新疆文化创意产业博览会纳入文化和旅游部“一带一路”文化发展行动计划，将其打造成为弘扬中华优秀传统文化的丝绸之路经济带会展品牌。扩大对外交流，构建丝绸之路经济带文化交流合作机制，需要自治区相关部门进行细致规划。

（四）重点帮扶新疆培养文化人才队伍

1. 新疆文化人才队伍建设政策与规划

人才是衡量一个国家综合国力的重要指标。国家发展靠人才，民族振兴靠人才。文化人才是新疆文化建设发展的保障，也是新疆建设文化强区的关键。2015年5月，自治区召开的宣传文化系统人才队伍建设工作座谈会再次提出，要深刻认识人才是事业发展的关键所在，深刻认识加强人才队伍建设是宣传文化系统人才发展的迫切需要。新疆需要建设一支规模宏大、适应时代要求、富有开拓精神、善于创新创造的文化人才队伍，助推新疆成为文化发展大区。2021年召开的自治区文化工作会议上，自治区党委提出要重视人才队伍建设，坚持培养与引进相结合，努力打造一批有影响力的文化名家、文化大师和文化领域领军人物；提出要全面实施文化人才工程，加强基层文化人才队伍建设，牢固树立人才是第一资源的战略思想。要全面落实自治区人才发展规划纲要，统筹推进各类人才队伍建设，特别是把用好本土人才作为关键，不断改善待遇条件，努力提升素质，充分发挥作用，打造适应当地、植根新疆的人才队伍。要放开眼界，广纳贤达，面向现代化建设主战场，加大对高层次人才的培养引进力度，造就一批急需的领军人才、拔尖人才、技能型实用人才。

2. 援疆省市要重点帮扶培养文化人才队伍，建设新疆人才高地

人才是实现新疆社会稳定和长治久安的支撑力量，党和国家高度重视新疆的人才培养工作。援疆工作开展以来，党中央、国务院把对口援疆工作中加强新疆文化人才队伍建设作为推进新疆建设和发展文化事业的重要抓手、作为提升新疆公共文化服务体系现代化的重要内容，不断制定和完善政策法规，加大人才培养、选拔和使用力度，从而使新疆文化环境进一步优化。

近年来，各援疆省市在援疆工作中不断加强文化教育援疆的力度，为新疆文化事业和文化产业的改革发展注入了新的动力和活力。援疆省市立足实

际，依托当地对口援助的优势资源，从桥梁纽带、传帮带、援疆优势资源三方面发挥助力作用，不断加强新疆文化人才队伍建设。

发挥桥梁纽带作用，助力加强新疆文化人才的教育培训。援疆省市充分发挥地缘和人缘优势，借助丰富的文化资源，有计划、分步骤地对新疆文化人才进行系统培训，使新疆文化人才获得更多的系统培训和增长才干的学习机会，为新疆文化人才队伍整体素质的提升奠定了坚实基础。

发挥传帮带作用，助力提高新疆文化人才专业技术水平。援疆省市采取结对帮带、开办讲座、举办学术报告会、开设培训班等形式，将专业知识和经验传授给新疆文化专业技术人员，积极组织开展人才传帮带工作。

借助援疆省市优势资源，助力强化文化人才实践锻炼。利用援疆省市文化产业发展优势，大力推动新疆文化人才赴援疆省市挂职锻炼工作。通过深入调研、亲身参与援疆省市文化项目等，新疆文化人才开阔了视野，汲取了经验，增强了做好新疆文化工作的信心。

第六章

保持意识形态领域反分裂斗争压倒性态势

党的十八大以来，以习近平同志为核心的党中央立足世界百年未有之大变局、统揽中华民族伟大复兴全局，针对新形势下意识形态领域的复杂情况，果断作出加强党对意识形态工作的领导战略部署。习近平总书记就一系列方向性、根本性、全局性、长远性问题进行了全面阐释，要求我们在集中精力进行经济建设的同时，一刻也不能放松和削弱意识形态工作，必须把意识形态工作的领导权、管理权、话语权牢牢掌握在手中，任何时候都不能旁落，否则就要犯无可挽回的历史性错误。党的二十大报告指出，要建设具有强大凝聚力和引领力的社会主义意识形态。意识形态工作是为国家立心、为民族立魂的工作，要牢牢掌握党对意识形态工作领导权，全面落实意识形态工作责任制，巩固壮大奋进新时代的主流思想舆论。

长期以来，境内外“三股势力”不断对新疆意识形态领域进行渗透，成为影响新疆社会稳定和长治久安的重大威胁。历史和现实反复证明，只有保持意识形态领域反分裂斗争压倒性态势，才能保证新疆的社会稳定和经济发展。

一、在深挖错误思想根子上下功夫

新疆依法严厉打击暴力恐怖犯罪取得了很大成效，社会稳定形势发生了根本变化。这个成果的取得来之不易，为了巩固胜利成果，我们必须要紧紧围绕新疆社会稳定和长治久安这个总目标，在意识形态领域斗争中继续做好深挖民族分裂主义思想根源和肃清民族分裂主义思想流毒的工作。

（一）肃清民族分裂主义思想流毒

1. 民族分裂主义思想流毒在新疆意识形态领域造成的危害

民族分裂主义的本质是反对中国共产党领导的社会主义制度，分裂国家，破坏各族人民的大团结。长期以来，新疆意识形态领域受到民族分裂思想的渗透。民族分裂势力大肆歪曲、编造、篡改新疆历史，鼓吹“双泛”思想，以建立所谓的“东突厥斯坦”国家为政治目的，煽动民族隔阂、鼓吹宗教极端、制造民族矛盾，妄图把新疆从中国的版图中分裂出去。

民族分裂势力为了达到分裂新疆的目的，利用学术、小说、诗歌、文艺演出、音像制品、网络媒体等，大肆散布传播错误、反动言论，旨在搞乱人们的思想，搞乱新疆的意识形态。民族分裂主义思想的流毒渗透范围广、程度深、时间长、危害大，严重消解新疆基层群众对伟大祖国、中华民族、中华文化、中国共产党和中国特色社会主义的认同。他们与宗教极端分子沆瀣一气，制造了多起暴力恐怖案（事）件，给新疆的社会稳定和长治久安造成了极大危害。不彻底铲除民族分裂主义思想的流毒，就无法实现新疆工作总目标。

2. 民族分裂主义在新疆传播蔓延的四个阶段

新疆意识形态领域反分裂斗争是一项长期而复杂的政治斗争，这种斗争有时激烈，有时隐蔽，有时暗流涌动，有时则尖锐对立，是你死我活的斗争。民族分裂主义在新疆的传播蔓延大体可分为四个阶段：

第一阶段：20世纪初到中华人民共和国成立，“双泛”思潮传入新疆并不断渗透蔓延。20世纪初，国际上“双泛”思潮十分活跃，新疆也直接或间接受其影响。“双泛”思潮在新疆的渗透引起时任新疆省长兼督军的杨增新的警觉，其视之为危害新疆稳定的隐患，采取了防范、限制、打击等措施，对保持新疆社会的安定起了一定作用。[①]20世纪40年代，民族分裂分子麦斯武德·沙比尔、穆罕默德·伊敏·布格拉和艾沙·玉素甫·阿尔普特金（分别简称麦斯武德、伊敏、艾沙）投靠国民党政府并在新疆掌握了实权。1947年，麦斯武德当上了新疆省政府主席，伊敏为新疆省政府副主席，艾沙则为新疆省政府秘书长。他们在掌握权力之后，肆无忌惮地从事分裂祖国、破坏民族团结的罪恶勾当。他们利用权力大张旗鼓地宣传“双泛”思想，煽动少数民族群众反汉排汉，妄图建立所谓的“东突厥斯坦”国家。1948年，他们的分裂阴谋败露后，国民党罢免了麦斯武德等人，任命一贯主张维护祖国统一和民族团结、反对民族分裂的包尔汉担任新疆省政府主席。1949年9月新疆和平解放，伊敏和艾沙逃往国外，麦斯武德死在狱中。

第二阶段：20世纪50—70年代，民族分裂活动时起时伏，意识形态领域暗流涌动。20世纪五六十年代，民族分裂势力在国际反华势力的支持下制造了多起暴乱叛乱事件。他们打出“维吾尔人应该在星月旗下团结起来”“建立伊斯兰共和国”等口号，通过各种方式向少数民族群众宣扬“双泛”思想。1962年伊犁哈萨克自治州的伊宁、霍城、塔城等地发生边民外逃事件，1964年伊犁发生打砸州委机关的暴乱骚乱事件，1969年暴乱分子在阿图什武装叛乱。20世纪70年代，在党中央领导下，新疆对各族人民群众开展了坚持祖国统一和民族团结的社会主义教育活动，各族群众的政治觉悟有

---

① 陈超.泛伊斯兰主义、泛突厥主义在新疆的早期传播与杨增新的对策[J].西域研究，1993(1)：70.

了一定的提高，民族分裂活动基本上处于低谷。

第三阶段：20世纪八九十年代，民族分裂主义活动甚嚣尘上，意识形态领域斗争不断加剧。20世纪80年代初，我国实行改革开放，国际上伊斯兰宗教激进主义复兴，强烈冲击着我国社会主义制度和思想意识形态。特别是随着东欧剧变和苏联解体，国际共产主义运动处于低潮，流亡国外的所谓“东突”势力日益活跃，并不断向新疆渗透蔓延。在20世纪80年代初的几年里，新疆新闻出版、语言文字等领域“伊斯兰化”“去中国化”问题突出。民族分裂分子出版了一些歪曲新疆历史、宣扬“双泛”思想、鼓吹狭隘民族主义的图书期刊。民族分裂主义在意识形态领域开展了全方位、多层次、多角度的渗透活动。他们以小说、诗歌等文学形式，通过对人物、事件的描写，把民族分裂思想渗透到人们的日常生活中，为从事分裂活动奠定思想基础。

第四阶段：进入21世纪以来，意识形态领域的斗争更加尖锐复杂。受国际恐怖主义升温、极端主义全球蔓延的影响，新疆的暴力恐怖活动高发频发，反分裂斗争形势严峻。曾经一个时期，新疆有相当数量的信教群众受宗教极端思想影响，在脱贫问题尚未解决的情况下，攒钱借钱甚至贷款都要去麦加朝觐，经济条件稍好的甚至因朝觐而变成了贫困户；有一批干部、知识分子受“双泛”思想影响走上了违法犯罪的道路，成了“双泛”思想的拥趸、成了“两面人”。同时，以所谓“世维会”为代表的境外民族分裂势力试图进一步将所谓“新疆问题”国际化，鼓动以美国为首的西方反华势力以所谓的“人权”为借口干涉我国内政。

3. 坚决肃清民族分裂主义流毒对人们思想的毒害和影响

民族分裂主义严重毒害人们的思想，影响新疆的社会稳定，给新疆各族人民生产生活带来严重的危害。我们必须要从人们的思想上、意识中、头脑里坚决清除民族分裂主义流毒的毒害、控制和影响。肃清民族分裂主义流毒必须充分认识民族分裂主义的反动本质，深刻揭露民族分裂主义对我们社会稳定所造成的极大危害；要深挖错误思想根源，坚决清理过去那些毒害人们思想的有毒作品和图书，不能让其继续在社会上毒害人们的思想；要教育各族干部群众必须与民族分裂主义划清界限，不断提高自觉抵制民族分裂主义思想侵蚀的能力；要坚决铲除极端主义、分裂主义、恐怖主义生存的条件和土壤，对那些含有宣扬宗教极端、民族分裂内容的有毒有害书刊、视频等进行清理销毁，加强对意识形态阵地的管理；用社会主义核心价值观去占领意识形态阵地，用中华优秀传统文化、革命文化、中国特色社会主义先进文化去抵制有毒有害的极端主义、分裂主义，用法律手段去打击和遏制极端主义、分裂主义在社会上的传播和蔓延。

（二）铲除暴力恐怖主义土壤

反恐怖斗争事关国家安全，事关人民群众切身利益，事关改革发展稳定全局，是一场维护祖国统一、社会安定、人民幸福的斗争。凡“恐”必打、露头就打、依法严惩，是我国反恐怖斗争旗帜鲜明的态度。倡导综合施策、标本兼治，消除滋生恐怖主义的土壤，才能从根本上消除暴力恐怖犯罪。

1. 铲除暴力恐怖主义土壤须打防结合

针对严峻复杂的反恐形势和各族群众对打击暴力恐怖犯罪、保障生命财产安全的迫切要求，新疆对一切侵犯公民人权、危害公共安全、破坏民族团结、分裂国家的暴力恐怖活动，依法进行严厉打击。我们要把严打暴力恐怖违法犯罪活动作为斗争的重点，毫不迟疑，绝不动摇。我们必须要用人民民主专政的武器集中力量对各类破坏社会稳定的违法犯罪活动进行毁灭性打击；要立足于抓早、抓小、抓快、抓好，要标本兼治，既要对“三股势力”进行外科手术式的清理，还必须要清除极端思想的流毒和影响，积极推动反恐维稳工作常态化、长效化。

2017年3月新疆颁布的《新疆维吾尔自治区去极端化条例》（简称《条例》）和2016年7月通过的《新疆维吾尔自治区实施〈中华人民共和国反恐

怖主义法〉办法》（简称《实施办法》）相辅相成紧密关联。《实施办法》主要是预防惩治，立足于“打”，而《条例》主要是预防、遏制和消除极端思想的影响，教育、疏导受到极端主义蒙蔽、侵害的群众，其根本目的是铲除滋生恐怖主义、极端主义的土壤，立足于“防”。

在打击预防暴力恐怖主义的同时，还要开展意识形态领域的反分裂斗争，为新疆的长治久安打下坚实的思想基础。我们只有把意识形态的问题解决好了、群众工作做好了、人心向背问题解决了，暴恐活动才能真正得到遏制，社会稳定和长治久安才能真正实现。否则，暴恐活动就像割韭菜一样，打击一批又冒出一批，解决不了根本问题。所以，必须彻底铲除宗教极端主义和民族分裂主义生存的条件和土壤。

如果没有对暴力恐怖犯罪的严厉打击，新疆就不可能有持续稳定的社会局面，但如果不解决意识形态领域深层次的问题，继续任由错误、反动的思想在社会上蔓延，迷惑、教唆民众，“三股势力”的渗透还会继续，暴力恐怖主义活动还会发生。所以，只有打防结合，才能铲除暴力恐怖主义滋生土壤，从根本上消除暴力恐怖犯罪。

2. 铲除暴力恐怖主义土壤须正本清源

长期以来，“三股势力”竭力否认新疆自古以来就是中国领土不可分割的重要组成部分，极力抹杀历代中央政府对新疆的管辖和治理。所谓“东突”分裂势力通过编造和虚构历史，在意识形态领域不断传播扩散反动言论。有些人受其影响形成了“向西看”的错误倾向，形成了“新疆就是东突厥斯坦”“维吾尔人就是突厥人”“维吾尔文化就是伊斯兰文化”等错误思想。这些错误思想在这些人的头脑中顽固存在并影响着他们的行为。

思想的形成是一个长期的过程，而思想的改变更是一个长期、艰巨的过程。所以，我们必须正本清源，明确教育各族干部群众，新疆从来就不是什么所谓“东突厥斯坦”，新疆是中国神圣领土不可分割的一部分，新疆各民族是中华民族血脉相连的家族成员。我们既要加强对错误思想的批判和肃清，还要从思想上不断引导各族群众增强“五个认同”，不断强化社会主义核心价值观的培育，铸牢中华民族共同体意识，这在新疆具有非常强的现实针对性。

3. 铲除暴力恐怖主义土壤须凝聚人心

人心是最大的政治。人心在我，各族人民就能众志成城。凝聚人心对新疆来说，就是要不断加强社会主义核心价值观的培育，以增强对中华文化的自信和认同；要不断挖掘和阐释中华优秀传统文化，以凝聚各族人民为实现民族复兴不懈奋斗的磅礴力量提供文化滋养，要不断弘扬中华民族在前进道路上不屈不挠的伟大奋斗精神，以激励各族人民群众继续沿着中国特色社会主义道路前进；要加强爱国主义、集体主义、社会主义教育，引导新疆各族人民树立“三个离不开”的思想，不断增强新疆各族人民对中华民族和中华文化这个“根”和“魂”的认同。要不断推进马克思主义“五观”教育，不断增强“五个认同”，铸牢中华民族共同体意识，做到新疆距离北京虽远，但新疆维吾尔自治区党委、全区各级党组织、广大党员干部和各族群众的心和以习近平同志为核心的党中央紧紧地贴在一起。

（三）深刻揭露“三股势力”的罪恶本质

1.“三股势力”的基本特征

“三股势力”具有政治性、组织性、欺骗性、残忍性四个基本特征。其政治性表现在：“三股势力”破坏国家统一，妄图把新疆从祖国大家庭中分裂出去，建立一个“政教合一”的所谓“东突厥斯坦”国家。其组织性表现在：“三股势力”纠合在一起，形成了组织形式或严密或松散的类似于黑社会性质的反动组织，由大小头目逐级控制，一旦下级有所顾虑、不满或反抗，就会遭到严厉制裁。其欺骗性表现在：“三股势力”从来没有为社会、为人民、为本民族做过任何哪怕一件好事，却总是打着“民族”“宗教”的旗号，鼓吹自己是“民族利益”的代表者，具有很强的欺骗性，使一些群众看不清他们的嘴脸而上当受骗，成为被他们利用的工具。其残忍性表现在：“三股势力”以“圣战”为名，采用爆炸、暗杀、纵火、投毒、抢劫等恐怖手段，疯狂地制造事端，滥杀无辜，杀害包括本民族干部群众和爱国宗教人士在内的各族群众，制造恐怖气氛，破坏社会安宁，其所作所为是地地道道反人类、反文明、反社会的暴力恐怖行为。

2. “三股势力”的反动本质

“三股势力”的根本目的就是把新疆搞乱，把新疆分裂出去，妄图建立所谓的“东突厥斯坦”国家。“三股势力”的反动本质，就是反对和颠覆中国共产党领导的人民民主政权，破坏各族人民团结、安宁、幸福的生活，破坏社会主义现代化建设和各民族共同繁荣发展。它是反对社会主义制度、反对中国共产党的领导，破坏祖国统一、破坏民族团结的反动势力；是近代以来帝国主义分裂中国的内应力量；是西方敌对势力对中国进行“西化”“分化”的反动工具和别动队。他们所谓的“东突厥斯坦”，实际上是使新疆沦为殖民地和附属国，成为某个外国势力的范围和附庸。

二、严肃意识形态领域反分裂斗争法纪

意识形态领域分裂与反分裂、渗透与反渗透的斗争是一场你死我活的政治斗争，也是一场持久战，我们必须要保持战略定力，严肃意识形态领域反分裂斗争法纪。

（一）高举社会主义法治旗帜，推进反分裂斗争步步深入

1. 加强党对意识形态工作的领导

意识形态工作是党的一项极端重要的工作，关乎旗帜、关乎道路、关乎国家政治安全，在党和国家事业发展中具有根本性、战略性、全局性地

位和意义。能否做好意识形态工作，事关党的前途命运、事关国家长治久安、事关民族凝聚力和向心力。做好意识形态工作尤其要加强党的领导。2015年10月，党中央制定出台了《党委（党组）意识形态工作责任制实施办法》，这是党的历史上第一次以党内法规形式对意识形态工作责任制作出了制度性规定。其中明确提出：要强化党管宣传、党管意识形态，牢牢掌握意识形态工作的领导权、主动权、管理权和话语权，要进一步明确各级党委（党组）领导干部的意识形态工作责任，使其切实肩负起抓意识形态工作的重大政治责任。要适应现代传播方式发展的新趋势，大力传播健康文化，坚决清除暴力恐怖、淫秽色情等不良信息，净化网络文化环境。努力运用网络媒体、手机媒体、数字电视、移动电视等新媒体，建设开展意识形态工作的新平台。不断改进和加强宣传思想工作，着力加强宣传思想阵地建设与管理，进一步加强思想政治教育队伍建设。要高度重视各类网络安全，进一步提升网络舆论引导水平，严密防范网上意识形态渗透，牢牢把握网络意识形态主导权。广大党员干部要牢固树立群众观念，模范践行全心全意为人民服务的宗旨，始终保持同人民群众的血肉联系，着力化解各种社会矛盾，科学处置各种敏感问题，为做好意识形态工作奠定良好的群众基础和社会基础。

根据实施办法，结合新疆实际，自治区党委制定了《贯彻落实党委（党组）意识形态工作责任制实施办法的实施细则》（以下简称《实施细则》）。这个《实施细则》在实践中不断得到丰富和完善。各级党委（党组）书记作为第一责任人，要进一步完善意识形态工作制度机制，切实加强日常监督管理，不但要守住阵地，还必须要守好阵地，以确保新疆意识形态领域安全。

意识形态工作不仅仅是宣传部门的事情，抓意识形态工作是各级党委（党组）领导干部及有关部门的共同责任。各级党委（党组）要高度重视意识形态工作队伍建设，按照政治强、业务精、纪律严、作风正的要求，努力打造一支思想理论好、综合素质高、具有丰富意识形态工作经验的干部队伍。要加强基层意识形态工作队伍建设，做到组织落实、人员落实、责任明确、制度健全。要把加强基层党组织建设和加强意识形态工作紧密地结合起来，要求广大党员干部立足本职工作，增强做好宣传教育工作的意识，不断提高联系群众、服务群众、引导群众的本领。要切实做好宣传干部培训工作，加大教育培训力度，着力提高宣传思想文化领域干部的思想政治素养和业务素质。

2. 高举社会主义法治旗帜

2014年5月，习近平总书记在第二次中央新疆工作座谈会上提出依法治疆，自治区紧紧围绕社会稳定和长治久安这个总目标，高举社会主义法治旗帜，坚决维护宪法和法律的权威，依法维护祖国统一和民族团结。2020年9月，习近平总书记在第三次中央新疆工作座谈会上再次强调，保持新疆社会大局持续稳定长期稳定，要高举社会主义法治旗帜，弘扬法治精神，把全面依法治国的要求落实到新疆工作各个领域。

坚持法律面前人人平等。国家是每位公民生存的空间条件和政治依托，生活在同一个国家的每一个人，不论其民族成分有何不同、生活习俗有何差异，其公民身份都是相同的，谁都不能因为自己的民族身份而忽视个人的公民身份。不论哪个民族的公民都享有国家法律赋予的权利，同时也必须履行对国家所承担的法律义务。

坚持法治思维、运用法律武器，坚决依法打击恐怖主义和极端主义违法犯罪行为。针对严峻复杂的反恐形势和各族群众对打击暴力恐怖犯罪、保护生命财产安全的迫切要求，新疆对一切侵犯公民人权、危害公共安全、破坏民族团结、图谋分裂中国的恐怖主义和极端主义违法犯罪活动依法给予严厉打击。

新疆的反恐和去极端化工作始终沿着法治轨道进行。《中华人民共和国宪法》《中华人民共和国刑法》《中华人民共和国刑事诉讼法》《中华人民共和国国家安全法》《中华人民共和国反恐怖主义法》《宗教事务条例》和最高人民法院、最高人民检察院、公安部、司法部联合发布的《关于办理恐怖活动和极端主义犯罪案件适用法律若干问题的意见》等相关法律法规，共同构成了国家反恐法律体系。此外，新疆还结合本地区实际，依照《中华人民共和国立法法》《中华人民共和国民族区域自治法》等法律规定，先后出台了《新疆维吾尔自治区宗教事务条例》《新疆维吾尔自治区实施〈中华人民共和国反恐怖主义法〉办法》《新疆维吾尔自治区去极端化条例》，为遏制、打击恐怖主义、极端主义提供了有力的法律依据。司法机关根据这些法律法规，坚持以事实为依据，以法律为准绳，对组织、策划、实施暴力恐怖和宗教极端违法犯罪活动的首要分子、骨干成员、罪行重大者，以及曾因实施暴力恐怖、宗教极端违法犯罪活动受到行政、刑事处罚或者免予刑事处罚又实施暴力恐怖、宗教极端犯罪活动的人员，依法从重处罚，对罪行较轻、危害不大，能认罪悔罪者，以及未成年人和受蒙蔽、胁迫参加者，依法从轻处罚，对自首、立功者依法从轻或减轻处罚，充分发挥了刑罚的教育改造和预防犯罪的作用。

3. 依法开展意识形态领域反分裂斗争

民族分裂势力、宗教极端势力、暴力恐怖势力对新疆意识形态领域的渗透，严重影响了新疆的社会稳定和长治久安，新疆各族群众深受其害。习近平总书记在第三次中央新疆工作座谈会上强调，要以铸牢中华民族共同体意识为主线，不断巩固各民族大团结。新疆自古以来就是多民族聚居地区，新疆各民族是中华民族血脉相连的家庭成员，要铸牢中华民族共同体意识，加强中华民族共同体历史、中华民族多元一体格局的研究，将中华民族共同体意识纳入新疆各族干部教育、青少年教育、社会教育，教育引导各族干部群众树立正确的国家观、历史观、民族观、文化观、宗教观，让中华民族共同体意识根植心灵深处。要持续深化民族团结进步教育，促进各民族广泛交往、全面交流、深度交融。

近年来，新疆依法开展去极端化工作，坚持依法治理非法宗教活动、依法收缴非法宗教宣传品、依法阻断非法宗教网络传播，有力遏制了宗教极端思想的滋生蔓延。宗教极端主义干预行政、司法、教育、婚姻、医疗等现象得到有效遏制，学生入学率、巩固率大幅上升，群众对宗教极端思想危害性的认识明显提高。

在依法去极端化的同时，新疆也加大了对合法宗教活动的保护力度，相继出台或修订了《新疆维吾尔自治区宗教事务条例》等有关宗教事务管理的地方性法规，明确了宗教团体、宗教活动场所、宗教教职人员的权利和义务，明确了合法宗教活动与非法宗教活动的界限，为各族群众进行合法宗教活动提供了法治保障。特别是近年来，扎实推进宗教场所“七进两有”（水、电、路、气、讯、广播电视、文化书屋进清真寺，主麻清真寺有净身设施、有水冲厕所）、“九配备”（配备医药服务、电子显示屏、电脑、电风扇或空调、消防设施、天然气、饮水设备、鞋套或鞋套机、储物柜），极大地改善了宗教活动场所和宗教活动条件，保障了信教群众的正常宗教需求。

按照“保护合法、制止非法、遏制极端、抵御渗透、打击犯罪”的原则，新疆依法查处非法宗教活动数千起，收缴各种非法宗教宣传品30多万件。既充分尊重和保障公民宗教信仰自由等权利，保护合法宗教活动，满足信教群众正常宗教需求，维护公民和组织的合法权益，又严厉打击各种形式的恐怖主义，禁止利用宗教传播极端思想、煽动民族仇恨、分裂国家等违法犯罪行为。

4. 依法开展职业技能教育培训

积极开展帮扶教育。依法开展职业技能教育培训，本着惩前毖后、治病救人的原则，以教育挽救那些受宗教极端思想影响的人员，消除恐怖主义、极端主义的影响，避免其成为恐怖主义、极端主义的牺牲品，努力将恐怖活动消灭在未发之前、萌芽状态。教育培训主要以学习国家通用语言文字、法律知识、职业技能和去极端化为主要内容的教学课程，并配备了专业骨干教师、资深职业技师，是依法设立的教育培训机构。通过学习培训，学员们国家通用语言文字的听、说、读、写能力普遍提升，获取现代知识、信息的能力有了明显的提升；通过学习培训，学员们普遍认识到作为国家公民必须遵守宪法法律，按照宪法法律赋予的权利和义务行事；通过学习培训，学员们普遍掌握了1~2门职业技能，培训把理论学习与实践操作结合起来，使很大一部分学员一结业就能上岗就业，并逐步过上了幸福生活。

5. 加强法治宣传教育

不断增强各族干部群众的公民意识与法律意识，教育引导各族干部群众严格依照法律行使自己的权利、履行自己的义务，自觉运用法律武器维护自己的合法权利，从而达到社会的和谐稳定，切实促进新疆社会的长治久安。

新疆基层群众的法律知识较为缺乏、法治观念淡薄、法律意识不强，很容易受到恐怖势力、极端势力的教唆和胁迫，从而走上犯罪道路。坚持普及法律知识、增强法治观念、提高法治意识是铲除滋生宗教极端主义思想土壤的重要举措。新疆高度重视普法工作，先后出台了《新疆维吾尔自治区法治宣传教育条例》《新疆维吾尔自治区民族团结进步工作条例》《新疆维吾尔自治区去极端化条例》等法律法规。聚焦社会稳定和长治久安总目标，面向基层群众和青少年，以弘扬法治精神、培育法治信仰、推动法治实践为主要任务，以推进法治文化建设和法治创建为抓手，以建立完善基层法治文化公共设施体系为依托，广泛深入开展“基层法治建设年”“宪法法律宣传月”“全民国家安全教育日”“法治宣传下基层”等多种形式的法治宣传活动，引导各族群众明辨合法与非法的界限，增强公民自觉抵御宗教极端思想渗透的能力。

（二）严守党的政治纪律和政治规矩

政治纪律和政治规矩是各级党组织和全体党员在政治上必须遵守的行为

规范和规则。严明政治纪律和政治规矩是我们党各项事业兴旺发达的生命线，是立党之纲、治党之需、强党之要，是中国共产党最重要、最根本、最关键的政治要求。政治纪律和政治规矩是对各级党组织和党员政治活动和政治行为的基本要求和约束，是必须遵守的行为规则。

党的十八大以来，习近平总书记多次强调政治纪律，并将政治规矩同政治纪律一并强调，要求党员干部不仅要遵守成文的政治纪律和政治规矩，而且要遵守我们党在长期实践中形成的，经过实践检验，约定俗成、行之有效的不成文的政治纪律和政治规矩，体现了全面从严治党的高标准、严要求。为了更好地进行具有许多新的历史特点的伟大斗争、推进党的建设新的伟大工程、推进中国特色社会主义伟大事业，2016年10月，党的十八届六中全会审议通过了《关于新形势下党内政治生活的若干准则》和《中国共产党党内监督条例》。其中明确指出党要管党、全面从严治党，并对遵守党的政治纪律和政治规矩提出了更高的要求：一是全体党员必须要维护党中央权威，特别是各级领导干部在任何时候、任何情况下都必须要在思想上、政治上、行动上同党中央保持高度一致，服从党的命令、听从党的指挥，对党组织不得阳奉阴违、自行其是；二是全体党员必须维护党的团结，忠诚党的事业，而不允许在党内培植个人势力，搞团团伙伙，要坚持五湖四海，团结一切忠于党的同志，团结大多数，不得以人划线，不得搞任何形式的派别活动；三是全体党员必须遵循组织程序，决不允许擅作主张、我行我素，重大问题该请示的要请示，该汇报的要汇报，不允许超越权限办事，也不准搞“一言堂”；四是全体党员必须服从组织决定，决不允许搞非组织活动，不得跟组织讨价还价，不得违背组织决定，遇到问题要找组织、依靠组织，不得欺骗组织、对抗组织；五是全体党员必须管好亲属和身边工作人员，决不允许他们擅权干政、谋取私利，不得纵容他们影响政策制定和人事安排、干预正常工作运行，不得默许他们利用特殊身份谋取非法利益；六是要把建设一支对党忠诚、德才兼备的高素质干部队伍作为重要任务常抓不懈。要树立鲜明的用人导向，对政治过硬、敢于担当的优秀干部要大胆使用，要弘扬民族精神和时代精神，激励各族干部扎根边疆、奉献边疆。

（三）依纪依法查处“两面派”“两面人”

多年的斗争经验和种种现实迹象表明，比起肆意制造事端的暴恐分子，隐藏在意识形态领域幕后的“两面派”“两面人”则更奸诈、更阴险、更可怕，其危害也更深远、更严重。“两面派”“两面人”在干部队伍、知识分子、宗教人士中都有，他们在不同的行业和不同的人群中有不同的表现。他们非常善于伪装，就像动物中的变色龙一样，往往是人前说一套，背后做一套。在2017年2月6日自治区纪委九届二次全会上，自治区党委提出要严厉查处反分裂斗争中的“两面派”“两面人”，要完善监督检查机制，加大问责力度，促进党中央大政方针和自治区党委工作部署落实，积极推动从严治党取得明显成效。要充分认识“两面派”“两面人”在意识形态领域反分裂斗争中的危害，坚决坚定地与其开展斗争。

第一，要在思想上对“两面派”“两面人”问题的严重性和危害性有清醒而深刻的认识，并在立场上、行动上、思想上自觉地与“两面派”“两面人”划清界限。习近平总书记在党的十九大报告中明确指出，坚决反对搞“两面派”、做“两面人”。“两面派”“两面人”一般都是上有政策、下有对策，阳奉阴违、口是心非，台上台下不一样、人前人后不一样。“两面派”“两面人”没有信念、没有原则、没有立场、没有节操，只有一己私利。隐藏在新疆党员干部队伍中的“两面派”“两面人”要么政治上脚踏两只船，要么跟民族分裂势力同流合污，隐匿极深，伺机而动。他们是威胁新疆社会稳定和长治久安的重大隐患。

第二，搞“两面派”、做“两面人”，不仅严重影响反分裂斗争的成败，还会破坏新疆社会稳定和长治久安。“对党忠诚”是每个党员入党宣誓时的庄严承诺。忠于国家、忠于人民是每个党员应尽的责任和义务。维护国家统一和全国各民族团结，维护国家安全是每个公民的光荣使命和应尽责任。可是，我们有些党员干部、知识分子、宗教人士背弃承诺，不履行公民的责任和义务，成了表里不一的“两面派”“两面人”，成了组织、策划、实施暴恐活动的幕后黑手，给社会稳定和长治久安带来不可估量的危害。

第三，以铁的手腕、铁的纪律坚决严查“两面派”“两面人”，铲除其存在的土壤，纯洁党员干部队伍。有句谚语说得好：“豌豆跳得再高，也砸不透铁锅。”在强大的祖国和人民面前，一切敌对势力和“两面派”“两面人”终将无处藏身，必将自取灭亡。自治区在贯彻新时代党的治疆方略过程中严肃查处了一批隐藏在干部队伍、教育战线、文化艺术等领域中的“两面派”“两面人”，揪出了幕后、纯洁了队伍、净化了政治生态环境，为新疆社会稳定和长治久安总目标的实现奠定了坚实基础。

三、牢牢把握涉疆国际舆论斗争主动权

“三股势力”始终是美西方敌对势力与我们进行政治较量和政治斗争的一个筹码。我们要把同“三股势力”的斗争放在国际形势和世界格局变化中去观察、去审视。近年来，美西方一些媒体、智库和政客对中国的治疆政策横加指责，在涉疆问题上散布大量不实之词，甚至恶毒攻击抹黑，他们的意图就是挑拨民族关系，破坏新疆稳定，阻碍新疆发展，误导国际舆论以达到“以疆制华”的政治目的。针对美西方反华势力大打国际舆论牌的丑恶行径，我们要有效开展国际舆论斗争，牢牢把握涉疆国际舆论斗争主动权。

（一）常态化研判涉疆热点舆情动向

1. 警惕西方反华势力实施“以疆制华”策略

中华人民共和国成立70多年来，中国用几十年时间走完了发达国家几

百年走过的发展历程，创造了举世瞩目的发展奇迹，走出了一条与西方国家完全不同的社会主义现代化发展道路。目前，中国已经成为拉动全球经济的重要引擎。西方敌对势力不愿意看到一个强大的中国在世界上崛起，总是千方百计地制造各种借口，妄图遏制和打压中国。

随着中国的快速发展，以美国为首的部分西方国家开始不断挑起事端，全方位地遏制中国发展，其方法和手段可以说是无所不用其极。在这中间，我们清楚地看到，冷战结束以后，美国为了维护其世界霸权地位，高调重返亚太，企图利用炒作涉疆谎言，以期达到“以疆制华”目的。他们打着“民族”“宗教”“人权”的幌子，利用各种机会和手段，纵容“三股势力”在新疆不断地进行渗透、破坏、颠覆活动，妄图通过“颜色革命”“制裁兵团”等手段达到遏制中国发展之目的。所以，所谓“新疆问题”实际上是以美国为首的西方反华势力为实现“以疆制华”图谋而炮制的谎言。美国出于自身利益会不断加大对所谓“世维会”等境外反动势力的支持力度，对新疆在反恐维稳过程中所实施的“组合拳”说三道四，不断挑起热点话题。涉新疆职业技能教育培训中心问题、制裁兵团问题、新疆棉花问题等等，这些都是其污名化新疆的实例。美国喋喋不休地炒作涉疆谎言，处心积虑地污蔑抹黑中国，其目的昭然若揭：一是企图搞乱新疆，以疆制华。美方一些人凭空捏造所谓“种族灭绝”“强迫劳动”等涉疆谎言谬论，他们根本不关心新疆的人权发展事业，也不关心新疆社会稳定、民族团结的事实和真相，他们主要是为了通过推行全球产业链、供应链“去中国化”，打击新疆的棉花、番茄、光伏等产业，破坏新疆的经济发展、社会稳定，遏制中国的发展。二是利用民族宗教感情，挑拨中国与周边“一带一路”国家间的良好发展关系。所以说，所谓“新疆问题”根本不是民族、宗教、人权问题，而是反暴恐、反分裂、去极端化问题，新疆事务纯属中国内政，美西方没有权利也没有资格横加干涉。美西方有关指责完全是造谣污蔑，我们反对任何外部势力干涉新疆事务和中国内政。

2. 高度警惕“三股势力”反复和反弹

冷战结束以后，国际恐怖主义处于上升期，我国周边一些国家局势也处在动荡不安之中，各种狭隘的民族主义思潮时常沉渣泛起，各种暴力恐怖分子和极端主义分子大量聚集于我们周边国家，妄图对我国新疆地区进行渗透破坏。经过最近几年的严打治理，新疆社会稳定形势明显好转，人民生活得到明显改善，但我们还必须要警惕“三股势力”的反复和反弹。因为，境外反华势力还非常活跃，特别是像所谓“世维会”等所谓“东突”分裂组织还经常要搞一些动作、制造一些麻烦，不断地刷存在感；另外，一些没有打掉的漏网的暴恐团伙和没有被教育改造彻底的“三股势力”残余分子，他们还会伺机兴风作浪，制造事端，妄图把新疆搞乱，把新疆从中国的版图中分裂出去。

3. 警惕受西方控制的非政府组织

非政府组织（NGO）是指独立于国家政府系统，以社会成员的自愿参与、自我组织、自我管理为基础，以社会公益活动或者互益活动为主旨的非营利性组织。现在，世界上各种各样的非政府组织较多，有些受西方控制的非政府组织和反华媒体以组织人员到新疆旅游为名，到处窜访骗访，专门收集一些负面信息以攻击中国政府、中国共产党和相关的中国政策法规。有些非政府组织通过各种手段四处活动，他们以旅游、访问、调研、文化交流等方式，甚至以课题调研的方式和新疆的一些知识分子建立联系，实际是到处打探消息，制造涉疆话题，妄图污名化新疆。在国际上一些大的动乱事件背后，基本上都能看到某些非政府组织的活动身影。所以，我们必须要小心警惕。

4. 高度重视意识形态领域的一些错误思潮

前几年在社会上泛滥的科技无国界、娱乐至死、抹黑英雄、崇洋媚外等思潮，严重地误导了人们的思想。但由于我们对社会意识形态领域斗争的严峻性认识不够深刻，认为在强大的社会主义国家，它们掀不起什么大浪，因此往往对其不太重视，结果养痈遗患。错误思潮毒害人们的思想、影响人们的价值取向、误导人们的认知，很容易把人引上邪路歧途。我们必须要从思想上对意识形态领域错误思潮给予高度重视，不能任其泛滥。任何社会由治到乱都不是一天的事，它是各种矛盾和问题长期积累的结果，所以，我们一定要警惕错误思潮在社会上的蔓延。

（二）主动设置话题，对外宣传真实情况

1. 加强对外宣传工作的主动性

在新疆意识形态反分裂斗争上，我们虽然取得了很大的胜利，但仍然不能盲目乐观，不能认为现在就把所有问题都解决了。“三股势力”在新疆的渗透活动时间长、范围广、程度深、危害大，隐蔽性也很强，所以，我们必须要有长期坚持斗争的思想准备，要做好新疆的对外宣传工作。要积极对外宣传新疆经济社会发展情况；积极对外宣传和解读中国梦，对外讲好新时代中国故事新疆篇章；积极对外宣传和解读共建丝绸之路经济带的意义，宣传新疆在丝绸之路经济带建设中的核心区、桥头堡、主力军作用；积极对外宣传依法治疆取得的成果。在对外宣传中，一定要注意多站在受众的立场上思考问题，以期找出适合他们接受的宣传方式。要主动宣传新时代党的治疆方略，宣传党的民族团结政策，宣传反恐维稳、去极端化工作取得的成效。要积极宣传新疆经济发展持续向好，人民生活明显改善，新疆各族群众的获得感、幸福感、安全感不断增强的大好局面，以及全面建成小康社会取得的伟大成就。

2. 宣传新疆的人权保障成就

近几年来，自治区通过举办新闻发布会、邀请国际人士参观、派出专家学者交流、制作短视频宣传片等多种形式，主动向国际社会宣传新疆的民族文化、宗教政策、教育发展、非遗保护、人权事业等，宣传新疆在反恐维稳中取得的巨大成就。一是每年在北京召开两会时都有新疆代表主动向记者介

绍新疆的经济社会发展情况；二是新疆每年都会派出一些知名专家学者到欧洲、非洲、中亚、西亚等地区宣传新疆在中国共产党领导下，各族人民共同努力、团结奋斗所取得的巨大成就，宣传新疆的民族宗教政策和人权事业进步状况；三是以国务院新闻办公室发布系列白皮书的形式，向全世界宣传新疆的文化保护、民族宗教政策、反恐去极端化与人权保障事业；四是针对西方媒体抹黑新疆职业技能教育培训问题，主动邀请一些国家的驻华使节、联合国官员、有关国家驻日内瓦主要外交官以及一些国家政党、社会组织、媒体记者和宗教团体到新疆的职业技能教育培训中心参观访问，让他们告诉世界什么才是真相。如白俄罗斯常驻联合国日内瓦办事处副代表皮萨勒维奇在接受记者专访时说，参观新疆的职业技能教育培训中心时，那里的现代化设施和专业熟练的老师“给我留下了深刻印象”。他批驳了一些西方媒体和政客故意抹黑新疆职业技能教育培训中心的做法，并强调“多办一所学校，就可少建一座监狱”。[①]这些做法都精准而有效地回击了以美国为首的西方反华势力抹黑新疆的不实之词。

（三）坚决精准回击敌对势力抹黑造势

1. 坚决回击西方反华势力的炒作抹黑

近年来，在美国等西方国家反华势力的鼓噪和炒作下，涉疆问题成了热度很高的“国际议题”，他们造谣抹黑新疆的手段和花样层出不穷。他们实行“双重标准”，对新疆的反恐、去极端化、人权保障、民族宗教等事务不断进行污蔑和抹黑。一是编造和虚构所谓的“事实”向联合国人权委员会递交所谓“联合声明”，攻击中国的人权政策；二是美国国会众议院通过所谓

① 聂晓阳.专访：新疆教培中心“令我印象深刻”——访白俄罗斯常驻联合国日内瓦办事处副代表皮萨勒维奇[DB/OL].(2019-07-10).http://world.people.com.cn/n1/2019/0709/c1002-31223884.html.

的“维吾尔人权政策法案”，蓄意诋毁新疆的人权状况；三是实施长臂管辖，制裁新疆生产建设兵团和新疆的政府官员。

对西方的炒作抹黑，我们给予了坚决的回击：一是西方罔顾新疆反恐、去极端化和打击犯罪、保障人权的基本事实，别有用心地蓄意抹黑新疆，对此，中国外交部发言人和新疆的相关单位和人员都对其进行了有力的回击。中国还专门派出专家学者到欧洲人权理事会对新疆的反恐、去极端化和人权保障等问题进行了说明，并得到了国际社会的普遍认可。白俄罗斯等54国不但力挺中国，而且积极评价了新疆反恐和去极端化举措的成效。二是西方所炒作的涉疆问题不是民族、宗教、人权问题，而是反暴恐和反分裂问题。新疆依法采取反恐、去极端化措施，有效地确保了新疆连续多年没有发生暴恐袭击案（事）件。有关措施得到了新疆各族人民的普遍支持，得到了国际社会积极评价，也为全球反恐事业作出了积极贡献。三是新疆各族人民非常珍惜当前安居乐业的大好局面，任何造谣抹黑都是徒劳的，我们必须要对其进行坚决的回击。

2. 依法保护各族人民的基本人权

新疆各族人民的幸福生活是最大的人权。做好保障和改善民生工作事关各族人民群众的福祉。近年来，新疆贯彻以人民为中心的发展思想，大力促进就业、教育、医疗、社保等领域惠民工程，每年将财政收入的70%以上用于改善人民群众生产生活的民生工程。一是大力推进农村富余劳动力就业；二是南疆四地州等实现了15年免费教育；三是积极推进医疗惠民政策，实行大病保险全覆盖；四是完善社会保障体系，城乡困难群众最低生活保障标准持续提高。人民群众的生活水平不断提高，反恐维稳和去极端化工作的群众基础更加牢固。

新疆各民族一律平等。党的十八大以来，新疆的经济快速发展，各族人民生活水平有了明显提高。各少数民族公民的宗教信仰自由受到法律保护，同时，严厉打击暴恐分子，及时采取一系列反恐和去极端化预防性措施，使新疆各族人民的生命权、健康权、发展权等基本权利得到了有效的保障。

3. 如期全面打赢脱贫攻坚战，人民生活明显改善

新疆经济社会发展和民生改善取得前所未有的成就，各族群众的获得感、幸福感、安全感不断增强。一是经济发展持续向好。2014—2019年，新疆地区生产总值由9273.64亿元增长到13597.11亿元，年均增长7.2%。二是基础设施不断完善。所有地州市都迈入高速公路时代，城乡基本公共服务水平不断提升，就是在偏远的农村也能实现手机支付。三是如期全面打赢脱贫攻坚战。截至2020年底，全区现行标准下306.49万农村贫困人口全部脱贫，3666个贫困村全部退出，35个贫困县全部“摘帽”。在以习近平同志为核心的党中央坚强领导下，通过新疆各族干部群众的共同努力，全面脱贫已经实现，乡村振兴正在推进，新疆各族干部群众的生产生活条件得到大幅改善，“两不愁三保障”等突出问题基本解决，新时代党的治疆方略取得明显成效。新疆呈现出社会稳定、人民安居乐业的良好局面，为迈向长治久安奠定了坚实基础。

第七章

深入持久推进去极端化工作

宗教极端主义是人类社会的公敌。宗教极端思想的渗透蔓延不仅严重威胁国家安全、社会稳定和人民生命财产安全，而且严重危害民族团结与宗教和谐、严重毒害信教群众的思想、严重破坏新疆少数民族优秀传统文化。新疆深入推进去极端化工作是维护国家和人民根本利益的正义之举，是实现新疆社会稳定和长治久安总目标的固本之策，是维护意识形态领域安全的根本保障。

一、宗教极端主义是新疆社会稳定的最大威胁

宗教极端主义打着宗教的幌子传播极端思想和反动政治主张，其本质是反人类、反文明、反社会的。宗教极端主义是产生暴力恐怖活动的思想基础，其渗透蔓延极易催生暴力恐怖行为，是影响新疆社会稳定的最大威胁。

（一）宗教极端主义渗透蔓延的表现

宗教极端主义在新疆渗透蔓延的时间长，它处处打着宗教的旗号、处处以宗教为名，营造狂热的宗教氛围，为其政治目的服务。

1. 打着宗教旗号制造散布反动政治主张

宗教极端主义本质上虽然不是宗教，但它总是打着宗教旗号、披着宗教外衣进行渗透，这是其固有的特点。宗教极端主义利用宗教完全是因为它需要宗教所具有的影响力和召唤力，脱离宗教，它就无法立足、无法蛊惑、无法行动。伊斯兰教在新疆流传时间长、信仰人数多、影响程度深，大多数信教群众具有朴素的宗教感情。宗教极端主义正是利用了这一点，打着维护信教群众利益的招牌，把自己伪装成所谓的“阿訇”“大毛拉”，骗取信众的信任，进而鼓吹宗教极端思想，从事分裂和其他形式的犯罪活动。他们对《古兰经》、“圣训”中的某些章节随心所欲地进行解释、歪曲、篡改、编造、发挥，把宗教极端主义与宗教捆绑起来，混淆视听。例如，伊斯兰教中“卡菲尔”（异教徒）、“吉哈德”（圣战）、“舍希德”（殉教）、“伊吉拉特”等经文概念的降示有其特殊的背景，但却被宗教极端主义肆意歪曲、篡改、解读，推向极端。伊斯兰教中“哈里发”“政教合一”“教法至上”等思想被宗教极端主义加以歪曲后，编造出“神权政治论”“宗教至上论”“圣战论”“异教徒论”等极端政治主张。此外，宗教极端主义利用伊斯兰教突出的民族性特点，炮制出“维吾尔族天生是穆斯林”这一伪命题在一些文化程度低的信教群众中广泛传播，把伊斯兰教与民族捆绑起来，大肆传播“族教合一”错误思想，制造民族隔阂，破坏民族关系。他们还利用新疆社会发展中的一些问题进行歪曲抹黑，把西部大开发战略污蔑为“资源掠夺论”，把双语教育污蔑为“文化消灭论”，把劳动力转移污蔑为“强迫劳动”等，然后以安拉的名义煽动信教群众以暴力手段推翻现实政权。种种现象表明，宗教极端主义表面上看像“宗教”，实际上却是以宗教之名排斥中国共产党的领导，以分裂国家、建立神权政治为根本目的。

2. 传播渗透方式多样化

宗教极端主义起初主要通过非法宗教活动进行传播渗透，最突出的表现就是私设非法讲经点，以讲经为名向信教群众灌输宗教极端思想。特别是在20世纪八九十年代，非法讲经点泛滥成灾，宗教极端思想迅速在南疆基层农村蔓延扩散。和田、喀什等地学经人员达到数千人，有的非法讲经点还设有体能训练、格斗训练等习武内容，甚至传授制爆技术。直到21世纪初的一段时间内，非法讲经点一直是“三股势力”宣传其政治主张的重要渠道。多数非法讲经点都有严密组织，活动方式隐秘，有的还安装监控设备监测周围情况。非法讲经人员（俗称“野阿訇”）通常具有一定的宗教知识，他们往往将宗教教义中的只言片语加以歪曲改造，蒙蔽对宗教一知半解的信教群众。新疆公安机关打掉的危安团伙、暴恐团伙，参与者几乎都有非法学经的背景。例如，2014年莎车“7·28”暴恐事件的头目努拉买提·萨吾提案发前一个月曾在各个乡镇进行了7次大规模非法讲经活动，每次参与者都达数百人。[①]大量事实证明，非法讲经泛滥的地区不仅是宗教极端思想泛滥的地区，也是暴恐活动高发多发的地区。此外，利用非法宗教宣传品传播也是宗教极端思想传播渗透的一个重要方式。20世纪末到21世纪初的一段时间，包含大量宗教极端、民族分裂和暴力恐怖思想的宣传册（单）、书刊、音视频文件广泛地在书摊、音像制品行、二手手机市场、电脑商城传播蔓延，影响面十分广。

进入21世纪，随着社会发展和科技进步，宗教极端主义的传播渗透方式也逐渐向以互联网为核心的现代高新技术转变，网络、电子媒介成为宗教极端思想传播渗透的主要渠道，通过网络传经结伙的现象日益突出。由于网

① 中国网.新疆“7·28”严重暴恐袭击案真相调查[DB/OL].(2014-10-16).http://www.china.com.cn/v/news/2014-10/16/content_33778174.htm.

络传播的速度快、隐蔽性强，破获难度很大，一段时间，网络上流传的含有宗教极端、暴力恐怖思想的音视频数以万计，受众一旦被这些音视频洗脑，就很容易走上暴恐犯罪的道路。例如，2009年乌鲁木齐“7·5”打砸抢烧严重暴力犯罪事件就是宗教极端分子通过互联网和手机等通信工具在民众中散播谣言，进行政治化、宗教化煽动，然后用手机传递信息，指挥其在乌鲁木齐多个地点进行暴力恐怖犯罪。再如，2014年轮台“9·21”严重暴力恐怖袭击案件的头目吐尔逊·买买提就是通过网络收听观看了大量暴恐音视频，继而与其他暴恐分子组成团伙，密谋实施暴恐活动。当前，境内外“三股势力”利用网络对新疆进行的宣传渗透活动依然十分活跃，在未来很长一段时期内，宗教极端主义的威胁依然存在。

3. 从微观入手推行社会生活宗教化

过去一个时期，新疆南疆地区信教人口众多、对外交流不畅、信息闭塞、现代科学知识匮乏，宗教极端主义利用了这些客观因素，刻意歪曲宗教教义教规，将极端主义与宗教捆绑在一起，与广大信教群众捆绑在一起，与社会生活捆绑在一起，通过微观渗透方式推行社会生活宗教化。例如，他们以宗教名义干预我国行政、司法、婚姻、计划生育和教育等政策法规；否定和排斥一切世俗观念和现代文明成果；泛化“清真”概念，以“清真”“不清真”束缚和控制信教群众的思想及生活。曾经有一段时间，特别在南疆基层农村，女性穿戴蒙面罩袍、青年男性留大胡子成为一种潮流，商店卖烟酒有可能被砸毁或焚烧，女性穿着时尚就会被辱骂甚至殴打，学生打篮球会遭到斥责，婚礼没有歌声笑声、葬礼没有哭声，电视被丢弃、广播被拒绝。有人烧毁人民币、身份证、结婚证；有人不让自己的孩子上学，有人以宗教名义娶多个老婆，胡说什么孩子是安拉给的想生多少生多少，鼓励违反计划生育政策；有的地方强制人们去清真寺做礼拜；有的地方把社会生活中的一切事物都贴上“清真”标签，小到生活用品诸如毛巾、暖瓶、儿童推车、矿泉水、面粉，大到拖拉机、汽车等，甚至有人连柏油马路都不走，认为“不清真”。宗教极端主义假宗教之名否定和排斥一切世俗文化，覆盖群众的日常生活，其实质就是要推行社会生活伊斯兰化，营造浓厚的宗教极端氛围，为实现其政治目的服务。

4. 以“圣战殉教进天堂”极端思想进行洗脑煽动暴力

“圣战殉教进天堂”极端思想是宗教极端主义传播渗透的核心思想，是其发展组织成员、进行暴恐活动的行动旗帜。“天堂”观念在伊斯兰教义中经常被提到，很多信众视其为终极追求。宗教极端主义正是利用了信教群众对“天堂”的向往，炮制出“圣战殉教进天堂”的极端谬论，扬言不管你以前做过什么，只要进行“圣战”，死后就可以直接进“天堂”；他们还给穆斯林虚拟了一个未来的“天堂”，“天堂里有美女，有美酒，喝了这种酒身上出的汗都是香汗”；他们蛊惑，要想进到这个“天堂”，捷径就是对“异教徒”展开杀戮，以身殉教。我们看到，在新疆暴恐活动高发多发频发阶段，“圣战殉教进天堂”极端思想起到了决定性作用，经过这一极端思想洗脑的信众，大都会不顾一切从事暴力恐怖活动。例如，2013年鄯善“6·26”暴恐案件的参与者吾拉音·艾力在谈到杀人动机时说：“杀了人就可以进天堂，天堂有仙女，想要什么有什么。酒在凡间不能喝，但天堂里美酒是喝不醉的。”①2014年莎车“7·28”暴恐案件的参与者阿里木·柔则被其团伙头目努拉买提·萨吾提所谓的“宗教知识”吸引，进而被其以“圣战”思想洗脑，走上暴恐犯罪道路，他在被抓获后依然坚定地相信“殉教会进天堂”。②2015年拜城“9·18”暴恐案件的参与者吐尔洪说：“杀死人的话我们就能殉教进天堂。”③乌什县人阿力米然·木合旦

① 搜狐网.央视独家采访6·26落网人员:“以杀戮上天堂”[DB/OL].(2013-07-06).https://news.sohu.com/20130706/n380892885.shtml.

② 新疆“7·28”严重暴恐袭击案真相调查[DB/OL].(2014-10-16).http://www.china.com.cn/v/news/2014-10/16/content_33778174.htm.

③ 新疆反恐纪录片播出第二部　揭露幕后黑手“东伊运”.环境时报[N].2019-12-07.

（现在喀什女子监狱服刑）原是一名品学兼优的大学生，后来有人向她宣扬“圣战殉教进天堂”，受其影响，她放弃了学业，在网上传播宗教极端思想，并向往出境参加“圣战”。[①]大量事实证明，“圣战殉教进天堂”不过是宗教极端主义编织的弥天大谎，是他们借以煽动信教群众以暴力推翻现实政权的思想武器。为了达到建立神权统治的目的，他们把一切不遵循极端做法的人都视为异教徒、宗教叛徒、民族败类，煽动群众对其进行“圣战”、杀戮，四处制造恐怖事件，这充分暴露出宗教极端主义反人类、反文明、反社会的本质。

（二）宗教极端主义是暴力恐怖活动的思想基础

宗教极端主义的政治性、排他性、暴力性等特征决定了它是催生暴力恐怖活动的思想基础，是影响新疆社会稳定和长治久安的毒瘤。

1. 宗教极端主义具有强烈的政治性、排他性、暴力性特征

首先，宗教极端主义具有强烈的政治性。宗教极端主义彻底否定世俗政权、否定中国共产党的领导、否定中国特色社会主义制度，鼓吹“除真主外，不服从任何政府、任何人”；假借宗教的名义活动，实际上却是以建立神权政治为终极目标；肆意践踏法律，罔顾人民的生命，妄图把新疆从中国的版图中分裂出去，建立伊斯兰教法统治的“哈里发国家”。

其次，宗教极端主义具有强烈的排他性。宗教极端主义恶意歪曲宗教教义、教规，无限扩大宗教教义中所具有的排他性内容，煽动宗教狂热、激化民族矛盾，把信仰安拉以外的所有人都视为“异教徒”，对“异教徒”进行恐吓、排斥，甚至残害；他们还排斥所有不认同自己观点的人，包括

---

① 新疆维吾尔自治区人民政府新闻办公室.新疆反恐去极端化斗争的事实与真相[DB/OL].(2022-09-01).https://www.ts.cn/xwzx/szxw/202209/t20220901_8808581.shtml.

伊斯兰教信众，认为他们是“叛教者”，也在“圣战”之列。可见，宗教极端主义虽然打着宗教的旗号，但他们倡导、鼓吹的并不是宗教，他们只是企图假借宗教名义制造民族之间的冲突和隔阂，通过制造矛盾实现其政治追求。

再次，宗教极端主义具有强烈的暴力性。宗教极端主义极力鼓吹“圣战”，通过编造“圣战殉教进天堂”谎言对普通信教群众进行洗脑，煽动其从事暴恐活动。他们采取暗杀、爆炸、暴乱等反人类的暴恐手段，残害各族无辜群众，制造民族对立，企图把人民思想搞乱、把社会搞乱、把国家搞乱，最后达到分裂国家的目的。

宗教极端主义强烈的政治性、排他性、暴力性必然催生暴力恐怖活动，我们看到，在全世界范围内，只要宗教极端主义存在的地方都会受到暴力恐怖活动的威胁。在中东、中亚等宗教极端主义活动猖獗的地区，暴力恐怖活动每年造成数千人丧生。受宗教极端主义肆虐的影响，东南亚、欧洲等地的暴力恐怖活动也出现频发态势。据不完全统计，2018年全球发生1127起暴力恐怖袭击事件，造成13000多人死亡。[①]宗教极端主义自20世纪70年代末80年代初渗入新疆以来，培植了一代又一代暴恐分子，蛊惑了一批又一批不明真相的信教群众，他们亡命“圣战”，制造了数千起暴力恐怖事件。

2. 宗教极端主义是催生暴力恐怖活动的催化剂

宗教极端主义是催生暴力恐怖活动的催化剂，这是由宗教极端主义的本质所决定的。宗教极端主义的最终目标是建立政教合一的神权统治国家，为了达到这一目的，它必然会采取暴力手段。从近年来我国境内破获的暴力恐怖案件看，其呈现的规律性特点都是从非法宗教活动开始，通过非法宗教活

① 中华人民共和国国务院新闻办公室.新疆的反恐、去极端化斗争与人权保障[M].北京：人民出版社，2019：35.

动灌输宗教极端思想、发展组织成员，经过所谓的“圣战殉教进天堂”洗脑，引发信众“圣战”共鸣，最终实施暴力恐怖活动。自1990年以来，我国境内发生的数千起暴力恐怖案件背后都有宗教极端思想的影响。“宗教极端主义是暴力恐怖活动的思想基础”这一论断完全符合客观现实。

宗教极端主义在新疆的传播渗透大致经历了四个阶段，在这四个阶段中，随着宗教极端主义渗透的加剧，暴恐活动也相应地呈现不同的变化和特点，两者之间有着必然的联系。

20世纪70年代末80年代初，宗教极端主义渗入新疆，在新疆宽松的宗教政策环境下，一些民族分裂分子趁机打着宗教的幌子，以“宗教改革派”“宗教复兴派”的面目出现。他们对宗教教义、教规进行歪曲和极端化解释，并大肆在信教群众中宣扬，一些不明真相的信教群众甚至个别领导干部都被其假象所迷惑。叶城县的阿不力克木·买合苏木就是一个典型的例子，他借“文化大革命”平反之机混入宗教人士队伍，并培养了800余名弟子。这一时期，宗教极端主义还处于思想传播阶段，虽然没有发生暴力恐怖活动，但却导致新疆局部地区出现大肆修建清真寺、非法讲经泛滥、出国朝觐热、打击排挤爱国宗教人士、强迫党员干部信教等宗教狂热现象，这为其后来从事暴恐活动打下了思想基础和群众基础。

20世纪90年代，宗教极端主义进一步滋生蔓延。由于当时对宗教极端主义的反动本质和社会危害缺乏必要的警觉和正确的认识，导致宗教极端思想在新疆的传播范围迅速扩大、影响程度逐步加深。阿不力克木·买合苏木培养的800余名弟子成为从事暴恐活动的骨干，他们打着宗教旗号，在“保卫伊斯兰教”的名义下，把一些不明真相的群众引入“圣战”歧途。这一时期，各种名目的宗教极端组织纷纷成立并有计划地实施了一系列暴力恐怖活动。例如，1992年2月5日，正当各族人民欢度春节时，恐怖组织在乌鲁木齐市52路、30路公共汽车上实施了2起爆炸案件，炸毁公共汽车2辆，造成3人死亡、23人受伤。1993年8月24日，2名恐怖分子将喀什地区叶城县大清真寺主持阿不力孜大毛拉刺成重伤。1996年5月12日，中国伊斯兰教协会副会长、新疆伊斯兰教协会会长、喀什市艾提尕尔清真寺哈提甫阿荣汗·阿吉前往清真寺主持宗教活动途中，被4名恐怖分子连刺21刀致重伤。1997年2月25日，"东突"恐怖分子实施了乌鲁木齐市2路、10路、44路公共汽车爆炸案，致使9人死亡、68名乘客重伤。1998年5月23日，"东突解放组织"派遣境外受训恐怖分子入境，在乌鲁木齐商贸城、批发市场等多处人员密集场所投放40多枚化学自燃纵火装置，制造了15起纵火案。1999年10月24日，一伙恐怖分子袭击了喀什地区泽普县赛力乡公安派出所，枪杀1名联防队员和1名被羁押审查的犯罪嫌疑人，击伤1名民警和1名联防队员。[①]据不完全统计，自1990年至2001年，境内外"东突"恐怖势力在中国新疆境内制造了至少200余起暴恐事件，造成各民族群众、基层干部、宗教人士等162人丧生。[②]

2001年美国"9·11"事件后，迫于国内外大环境，宗教极端势力开始重点向意识形态领域渗透，尤其是文化、教育领域。他们极力向群众灌输"我们的民族是突厥，我们的故乡是东突厥斯坦，我们的宗教是伊斯兰""维吾尔人自古就信仰伊斯兰教"等歪曲史实的极端思想；利用宗教干预行政、司法、婚姻、计划生育、教育等，煽动群众拒绝接受政府管理，拒绝领取政府的救助和救济，拒绝使用甚至采取焚烧、损坏、丢弃等方式损毁政府颁发的身份证、结婚证等证件；蛊惑、利诱、胁迫未成年人不接受国家义务教育，拒绝学习国家通用语言文字，拒绝接受先进科学文化知识；排斥和否定一切世俗文化和一切不同信仰，宣扬"回到伊斯兰教中去"；阻挠少数民族优秀传统文化的传承发扬，阻碍民族发展进步。宗教极端主义对意识形态领

① 中华人民共和国国务院新闻办公室.新疆的反恐、去极端化斗争与人权保障[M].北京：人民出版社，2019：13-16.

② 中华人民共和国国务院新闻办公室."东突"恐怖势力难脱罪责[DB/OL].(2002-01-21).https://www.chinanews.com.cn/2002-01-21/26/156158.html.

域渗透的危害是巨大的。美国“9·11”事件发生后至乌鲁木齐“7·5”打砸抢烧严重暴力犯罪事件发生前，新疆的社会氛围和社会风气被宗教极端思想严重侵蚀，各种彰显宗教极端思想的行为，诸如穿戴蒙面罩袍、蓄留大胡子、禁烟禁酒、禁歌禁舞、葬礼禁哭、泛化“清真”概念等行为开始蔓延扩散，加之2003、2009版中小学维吾尔语问题教材的出笼，十几年间毒害了232万名维吾尔族在校学生及数万名教育工作者。可以说，正是在这一时期，宗教极端主义完成了对新疆南疆基层群众的渗透。2009年发生的震惊中外的乌鲁木齐“7·5”打砸抢烧严重暴力犯罪事件绝不是偶然，它是宗教极端主义渗透造成的严重恶果。

2008年以来，随着以伊斯兰国（ISIS）为代表的国际宗教极端势力进入活跃期，我国境内宗教极端势力与境外极端势力的勾连也日益加强。他们借助网络、智能手机等现代化科技手段，不断强化对我国意识形态领域的渗透，炮制“圣战殉教进天堂”等谬论对信教群众进行洗脑，煽动他们从事暴恐活动。宗教极端主义渗透的加剧诱发了新一轮的暴恐活动，并呈现出自杀性、有团伙无组织、散发式、家族式、女性成员增加等新变化和特点。2008年3月7日，两名女性恐怖分子携带经过伪装可致机毁人亡的破坏装置登上乌鲁木齐飞往北京的CZ6901航班，企图制造空难事件，幸而被及时发现。这是一起典型的自杀式袭击，此后又频繁出现汽车炸弹、人体炸弹等自杀式恐怖袭击方式，这是过去所没有过的。比如2011年和田“7·18”暴力袭击派出所事件，2013年北京“10·28”天安门金水桥恐怖袭击事件，2014年乌鲁木齐“5·22”、莎车“7·28”严重暴力恐怖事件，等等，这些暴恐案件都带有自杀式袭击的特点，且造成了巨大的人员伤亡。这一时期，新疆进入一个境内外宗教极端势力相互勾连最为紧密、暴力恐怖活动频发高发、暴力恐怖手段最为极端的时期，因暴力恐怖事件伤亡的各族干部、群众、公安干警、宗教人士等人数超此前历年总和。

宗教极端主义在新疆的传播渗透过程充分表明它是催生和诱发暴力恐怖活动的催化剂，是影响新疆社会稳定和长治久安的一颗毒瘤，不铲除宗教极端主义这颗毒瘤，新疆就永无宁日。

二、去极端化是新疆意识形态工作的重要任务

要实现新疆社会稳定，就必须打击暴恐活动；要从根本上实现新疆长治久安，就必须铲除暴恐活动的思想基础，打击宗教极端主义。深入推进去极端化，是实现新疆社会稳定和长治久安总目标的根本前提，是新疆意识形态工作的重要任务。要揭露宗教极端主义绑架宗教、违背宗教教义的险恶目的，要坚决把宗教极端思想从一般宗教问题上剥离出来，要管住非法宗教活动、非法宗教宣传品、非法宗教网络传播，要积极引导宗教与社会主义社会相适应。

（一）揭露宗教极端主义绑架宗教、违背宗教教义的险恶目的

宗教极端主义虽然打着宗教旗号，但却完全违背宗教教义。世界上没有哪个宗教主张滥杀无辜，所谓的“异教徒论”“圣战论”等谬论，都是对伊斯兰教义的恶意歪曲，是宗教极端主义利用宗教、绑架宗教，图谋分裂国家、建立神权统治的手段。去极端化的前提是要认清宗教极端主义的本质。宗教极端主义不是宗教，是政治，它的根本目的是企图推翻中国共产党的领导、推翻社会主义制度，建立政教合一的神权统治国家。宗教极端主义给社会稳定带来极大危害，给各族人民带来极大伤痛。我们要深入揭批宗教极端主义的反动本质和严重危害，在认真研究宗教极端主义渗透途径和影响范围的前提下，有针对性地开展批判工作；要组织编写宣传材料、撰写宣传文章，重点揭露宗教极端主义反人类、反文明、反社会的本质，揭露宗教极端主义利用宗教、绑架宗教、违背宗教教义的险恶用心，

引导信教群众正确区分宗教与宗教极端主义、合法宗教活动与非法宗教活动的界限，正确认识国法与教法、公民与教民、民族与宗教之间的关系；组织专家学者、少数民族干部、知识分子、宗教界人士旗帜鲜明地揭批宗教极端主义，让宗教极端主义利用宗教图谋分裂国家、破坏社会稳定的险恶用心大白于天下，让信教群众从宗教极端思想的束缚中解放出来；要加大宣传教育力度，以去极端化为目标，在各族干部群众中广泛开展国家法律法规和政策、马克思主义“五观”、“五个认同”、新疆历史等教育，纠偏正向，坚决清除错误思想；要加强科学文化知识普及，大力培养和倡导世俗化、现代化生产生活方式，不断提高各族群众对宗教极端思想的辨别力和免疫力。

（二）坚决把宗教极端思想从一般宗教问题上剥离出来

打着伊斯兰教旗号的宗教极端主义与伊斯兰教有着本质区别。从主张上看，伊斯兰教倡导爱国、和平、团结、宽容、中道、善行等，坚持把爱国与爱教有机结合起来，把爱国提到信仰高度，强调“两世吉庆”；而宗教极端主义主张“神权政治论”“宗教至上论”“异教徒论”“圣战论”等谬论，政治性、排他性、欺骗性、暴力性特征强烈。从本质上看，伊斯兰教是入世性很强的世界性宗教，追求“后世”、不误“今世”，既注重现实生活“今世”的美满，又重视“后世”的幸福，鼓励穆斯林为获得两世吉庆而奋斗；而宗教极端主义则打着宗教幌子，歪曲经训教义，扭曲人类良知，蛊惑无知信众，破坏社会稳定，破坏社会秩序，是反人类、反文明、反社会、反宗教的。从体系上看，伊斯兰教是一套信仰体系和一种生活方式，在伊斯兰国家还是一种社会制度；而宗教极端主义是信仰扭曲后的异化反应，与正信正行格格不入、与公序良俗背道而驰、与文明进步相悖而行。从作用上看，伊斯兰教既具有消极作用，也具有一定的积极作用；而宗教极端主义不论其假借何种名义或口号，都不仅是消极的，而且是反动的。从手段上看，当前，伊斯兰教主要通过温和的方式劝善戒恶，用中正的方式秉持其礼仪，从而实现道德教化、心灵慰藉和终极关怀；而宗教极端主义则把宗教当成笼络群众、扩张势力的精神工具，以极端的、暴力的，甚至用恐怖手段实现其政治目的。综上可见，打着伊斯兰教旗号的宗教极端主义根本不是伊斯兰教，而是寄生于伊斯兰教的毒瘤，它歪曲伊斯兰教义，与伊斯兰教正信正行背道而驰。

我们必须坚决把宗教极端思想从一般宗教问题上剥离出来，任何人都不能把宗教极端思想同宗教问题扯在一起，都不能用宗教问题来替宗教极端思想作说辞，都不能借口涉及宗教问题而推脱清除宗教极端思想的责任；必须划清一条红线，就是宗教不得干预政治、干预政府事务，不得利用宗教反对中国共产党的领导和社会主义制度、破坏民族团结和国家统一，不得利用宗教妨碍正常社会秩序、工作秩序、生活秩序；必须依法严厉打击宗教极端势力，决不能让其坐大成势、残害生命、破坏社会稳定；要依据《中华人民共和国刑法》《中华人民共和国反恐怖主义法》《新疆维吾尔自治区去极端化条例》等相关法律法规，对宣扬恐怖主义、极端主义或煽动实施恐怖活动、极端主义活动的人员，从严从重处理，深挖严打幕后支持者与策动者；着力解决隐藏在干部、知识分子、宗教教职人员中的“两面人”问题，亮明观点，划定红线，净化政治生态，肃清极端思想毒瘤。需要注意的是，去除极端化不是去除伊斯兰教、更不是消灭伊斯兰教，要将打着伊斯兰教旗号的宗教极端思想与伊斯兰教区分开来，始终坚持“保护合法、制止非法、遏制极端、抵御渗透、打击犯罪”的基本原则。

（三）管住非法宗教活动、非法宗教宣传品、非法宗教网络传播

非法宗教活动、非法宗教宣传品、非法宗教网络传播（简称“三非”）是宗教极端思想传播的主要渠道。宗教极端主义为了实现自己的政治目的、发展壮大自己的力量、传播宗教极端思想，往往通过从事“三非”活动蛊惑

煽动信教群众。他们利用非法讲经点，向信教群众和青少年灌输宗教极端思想，进而将非法讲经点发展成为暴恐培训班，宣扬“圣战”，进行暴恐训练；利用婚礼、葬礼、家庭聚会以及各种集会等时机进行非法讲经，传播宗教极端思想；利用书刊、音视频等非法宗教宣传品传播宗教极端思想；利用网络平台传播带有宗教极端思想内容的音视频；等等。由于宗教极端主义借着宗教名义，使“三非”活动极具欺骗性，一度呈现出常态化发展态势，蒙蔽了一大批信教群众。宗教极端思想是“三非”活动屡禁不止的源头，而反过来，“三非”活动的多发频发又加剧了宗教极端思想的蔓延扩散。因此，我们要切断宗教极端思想的传播，必须管住“三非”活动。要坚持“保护合法、制止非法、遏制极端、抵御渗透、打击犯罪”原则，依法治理“三非”，最大限度地铲除宗教极端思想滋生蔓延和传播渗透的土壤；要构建全国“一盘棋”格局，加大全国各地协作配合、联合治理“三非”的力度，切实做到国内国外、疆内疆外、网上网下整体联动，彻底斩断宗教极端思想传播渗透的渠道；全面治理网络环境，坚决清除、封堵暴恐音视频及错误言论，依法追究涉事网络媒体、社交平台及其相关人员责任；增强主流舆论引导能力，针对涉疆舆论，主流媒体要第一时间发声，给公众提供真实、准确、充足、权威的信息，形成主流舆论压倒性优势，牢牢占领涉疆舆论斗争制高点。

（四）积极引导宗教与社会主义社会相适应

宗教极端思想的渗透蔓延不仅严重阻碍了新疆伊斯兰教的中国化进程，而且是造成新疆伊斯兰教“阿化”“沙化”等“去中国化”倾向的思想根源。宗教极端主义利用新疆地缘政治的特殊性和语言文化等方面的差异，打着宗教旗号宣扬宗教极端思想，导致部分不明真相的信教群众不能树立正确的国家观、历史观、民族观、宗教观、文化观，阻滞了新疆伊斯兰教进一步与中华文化、与时代要求、与现代文明交汇融合的步伐。要想从根本上解决去极端化问题，就必须坚持新疆伊斯兰教的中国化方向。党的十九大报告指出："全面贯彻党的宗教工作基本方针，坚持我国宗教的中国化方向，积极引导宗教与社会主义社会相适应。"同所处时代和社会相适应，是宗教生存发展的内在要求和规律。无论借鉴历史，还是立足现实，特别是宗教极端主义利用伊斯兰教、歪曲伊斯兰教义的现实，都可以看出新疆伊斯兰教坚持中国化方向的必要性。2016年4月，习近平总书记在全国宗教工作会议上指出："积极引导宗教与社会主义社会相适应，一个重要的任务就是支持我国宗教坚持中国化方向。"第三次中央新疆工作座谈会上，习近平总书记明确提出，要坚持新疆伊斯兰教中国化方向，实现宗教健康发展。2022年7月，习近平总书记在新疆考察时再次强调："要更好坚持伊斯兰教中国化方向，使宗教与社会主义社会相适应。"新疆伊斯兰教要实现自身的生存与健康发展，成为中国社会发展和中华民族伟大复兴的正能量，必须始终坚持中国化发展方向，积极主动与社会主义社会相适应、与中国特色社会主义新时代相适应。要坚持中国共产党的领导，拥护社会主义制度，坚持走中国特色社会主义道路，坚决贯彻执行党的宗教工作基本方针，构建多元并存、积极健康的宗教关系；弘扬伊斯兰教中国化的历史传统，坚持用社会主义核心价值观引领，努力把宗教教义同中华文化相融合，支持宗教界深入挖掘教义教规中有利于社会和谐、时代发展、健康文明的内容，对教义教规作出符合中国发展进步要求、符合中华优秀传统文化的阐释，用广大信教群众喜闻乐见的方式讲深讲透，加大经学思想建设成果转化和运用；坚持独立自主自办原则，抵御渗透，堵住境外各种宗教思潮特别是极端主义思想的影响，坚决遏制和纠正伊斯兰教领域"去中国化"倾向，坚决依法治理伊斯兰教"沙化""阿化"以及泛化"清真"概念等问题；教育宗教界人士和信教群众，弘扬中华民族优良传统，引导人们向善向好，提倡世俗化现代化生活方式；引导宗教努力为促进经济发展、社会和谐、文化繁荣、民族团结、祖国统一服务；宗教团体和宗教人士要发扬爱国爱教的优良传统，做好讲经解经工作，团结广大信教群众积极确立正信、抵制极端。

三、新疆多措并举推进去极端化的实践探索

恐怖主义、极端主义是人类社会的共同敌人，反恐和去极端化是国际社会共同的责任。新疆既吸收借鉴国际社会去极端化的有益经验，又立足本地区实际，多措并举深入推进去极端化工作。

（一）坚决贯彻党的宗教工作基本方针

习近平总书记在2016年全国宗教工作会议上指出："宗教问题始终是我们党治国理政必须处理好的重大问题，宗教工作在党和国家工作全局中具有特殊重要性，关系中国特色社会主义事业发展，关系党同人民群众的血肉联系，关系社会和谐、民族团结，关系国家安全和祖国统一。"新疆历来是多民族聚居多宗教并存的地区，做好宗教工作事关新疆社会稳定和长治久安。宗教极端主义打着宗教旗号从事分裂暴恐活动，给宗教领域的和谐稳定带来严重危害。推进去极端化工作的前提是要贯彻党的宗教工作基本方针，依法保障信教群众的根本利益。中央新疆工作座谈会召开以来，新疆坚决贯彻落实以习近平同志为核心的党中央关于宗教工作的重大决策部署，坚持"保护合法、制止非法、遏制极端、抵御渗透、打击犯罪"的基本原则，全面贯彻落实党的宗教工作基本方针。

1. 全面贯彻宗教信仰自由政策

新疆坚决贯彻执行党的宗教信仰自由政策，依法保障各民族群众宗教信仰自由权利，依法保护信教群众正常的宗教活动。为满足信教群众正常的宗教需求，国家以多种语言文字翻译出版发行伊斯兰教、佛教、道教、基督教等宗教典籍，新疆翻译出版国家通用语言文字和维吾尔、哈萨克、柯尔克孜

等多种文字版的《古兰经》《布哈里圣训实录精华》等宗教经典书籍[①]；每年征订2万余册中国伊斯兰教协会出版的《中国穆斯林》杂志，免费发放给清真寺和教职人员[②]；中国伊斯兰教协会开通中文版和维吾尔文版网站。中国伊斯兰教协会每年组织信教公民赴沙特朝觐，并加强服务保障。每逢重大宗教节日都循例举行各种宗教活动。斋月期间，信教公民按照传统参加正常宗教活动。新冠疫情发生时，新疆各地加强宗教活动场所的疫情防控举措，保障了信教公民的宗教活动平稳有序。与此同时，新疆也注重保护不信教群众的权益，对强迫他人信教的行为依法进行惩处，没有公民因信仰宗教或不信仰宗教而受到歧视和不公平待遇。

2. 依法加强宗教事务管理

新疆依照法律法规对宗教事务进行管理，保障正常宗教活动有序进行。自治区先后颁布和修订《新疆维吾尔自治区宗教活动场所管理暂行规则》《新疆维吾尔自治区宗教活动管理暂行规定》《新疆维吾尔自治区宗教教职人员管理暂行规定》《新疆维吾尔自治区宗教事务条例》等法规规章，为依法管理宗教事务提供了法治保障。在宗教事务管理实践中，依法加强对宗教活动场所、宗教活动、宗教教职人员的管理服务，规范行政管理部门的行政行为，依法惩处利用宗教进行的违法犯罪活动。

3. 坚持独立自主自办原则

新疆坚持宗教独立自主自办的原则，坚决抵御境外势力利用宗教对我国进行渗透，防止境外势力利用宗教干涉我国内部事务；同时，在平等友好的基础上积极发展同世界各国宗教界的友好往来。例如，邀请俄罗斯、哈萨克斯坦、乌兹别克斯坦等国知名宗教人士在乌鲁木齐市召开“伊斯兰教中道思想国际研讨会”；邀请伊斯兰合作组织代表团、阿拉伯国家联盟、

① 中华人民共和国国务院新闻办公室.新疆各民族平等权利的保障[M].北京:人民出版社,2021:39.

② 奋力建设团结和谐、繁荣富裕、文明进步、安居乐业、生态良好的美好新疆.新疆日报[N].2022-8-28(A02).

伊斯兰世界联盟以及印度尼西亚、马来西亚、阿富汗、阿联酋、巴基斯坦、利比亚等国宗教团体来疆参访。同时，新疆宗教界也广泛参与国际宗教学术文化交流，多次参加国际学术交流会和研讨会，宗教教职人员和宗教院校学生多次在国际上举办的《古兰经》诵读比赛中获奖。2001年以来，新疆先后选派70多名宗教院校师生和教职人员赴埃及艾资哈尔大学、巴基斯坦国际伊斯兰大学等高校留学深造，提高宗教学识和教务水平。[①]宗教界人士代表团应邀出访沙特阿拉伯、土耳其、巴基斯坦、印度尼西亚等国，向外界广泛宣传党的民族宗教政策、新疆经济社会发展和各民族群众和谐共处的美好情景。

4. 积极引导宗教与社会主义社会相适应

一是重视发挥宗教界人士在引导宗教与社会主义社会相适应中的积极作用。坚持“政治上团结合作、信仰上互相尊重”的原则，建立最广泛的爱国统一战线，团结宗教界进步人士参政议政。在各级人民代表大会、政治协商会议中，新疆宗教界有1400多人担任代表、委员。[②]近年来，新疆宗教界发扬博施众利、利益众生等优良传统，引导信教群众积极投身经济建设，依靠科技勤劳致富，改善生活；新疆宗教界还在公益捐赠、安老助学、扶贫济困、环境保护、公共设施建设等方面发挥了积极作用。二是积极稳妥地开展“解经”工作。支持和鼓励伊斯兰教界深入挖掘教义教规中有利于社会和谐、时代进步、健康文明的内容，作出符合当代中国发展进步要求、符合中华优秀传统文化的阐释。新疆伊斯兰教协会组织有声望的宗教教职人员和宗教学者针对“三股势力”散布的种种歪理邪说编写新卧尔兹，协助中国伊斯兰教教务指导委员会编写《新编卧尔兹演讲集》，引导穆斯林树立正信正行。三是持续开展以“五好清真寺”“五好爱国宗教

① 中华人民共和国国务院新闻办公室.新疆的宗教信仰自由状况[M].北京:人民出版社,2016:16.

② 同①.

人士”创建活动为载体的“和谐清真寺和先进爱国宗教人士创建评选活动”，发挥宗教界和信教群众在促进经济社会发展中的积极作用。四是加强宗教界代表人士队伍建设。新疆通过中国伊斯兰教经学院、新疆伊斯兰教经学院、新疆伊斯兰教经文学校等培养宗教教职人员。政府出资2亿多元建设新疆伊斯兰教经学院新校区，新建伊犁、昌吉、乌鲁木齐、吐鲁番、阿克苏、克孜勒苏、喀什、和田8所分院，陆续培养了一批较高素质的伊斯兰教人才。①开设宗教教职人员培训班、宗教活动场所民主管理组织负责人培训班等，提升宗教界人士综合素养和宗教团体自我管理水平。五是加强宗教团体建设。召开新疆伊斯兰教第八次代表会议，产生新一届伊斯兰教协会领导班子，修订通过《新疆维吾尔自治区伊斯兰教协会章程》。倡导在全区伊斯兰教界中开展“爱党爱国爱社会主义”主题教育活动，为推动新疆伊斯兰教中国化奠定思想基础。六是关心关爱宗教人士。积极帮助宗教界解决实际困难，将宗教教职人员纳入社会保障体系，定期向生活困难等符合条件的宗教教职人员发放生活补贴。

（二）切断宗教极端思想渗透传播渠道

非法宗教活动、非法宗教宣传品、非法宗教网络传播是宗教极端思想渗透传播的主要渠道，依法治理“三非”是去极端化的重要任务，是从源头上切断宗教极端思想渗透传播的有效举措。近些年来，新疆在这方面做了大量工作，“三非”数量总体明显减少。

1. 制定出台依法治理“三非”的政策法规

2011年印发《关于界定非法宗教活动的意见》和《关于制止非法宗教活动的意见》，明确界定了非法宗教活动的26条表现，为正确区分合法宗教活动与非法宗教活动的界限、遏制非法宗教活动提供了政策依据。2013

① 中华人民共和国国务院新闻办公室.新疆各民族平等权利的保障[M].北京:人民出版社,2021:39.

年印发《关于进一步依法治理非法宗教活动遏制宗教极端思想渗透工作的若干指导意见（试行）》(2015年修订)，提出了整治“三非”工作的指导思想、基本原则、主要任务和重点举措。2014年修订颁布《新疆维吾尔自治区宗教事务条例》，针对非法宗教活动规定了相应的法律责任条款，为依法治理非法宗教活动、遏制宗教极端思想渗透蔓延提供了法律保障。2017年出台《新疆维吾尔自治区去极端化条例》(2018年修订)，明确了各职能部门依法治理“三非”的职责。从以上一系列政策法规的出台可以看出，新疆对“三非”的法治化治理程度在不断提高，有力地推动了去极端化工作的深入。

2. 持续开展“三非”专项治理活动

2011年以来，新疆各地持续深入开展“三非”专项治理活动，建立健全“三非”常态化治理工作机制，特别是2014年严厉打击暴力恐怖活动专项行动启动以来，在全疆范围内开展了依法治理“三非”专项行动，并着重在教育、婚姻、计划生育等领域开展专项治理，有效遏制了学生辍学学经、非法念“尼卡”结婚、恶意违反计划生育政策等现象。2014年3月，自治区高级人民法院、自治区人民检察院、自治区公安厅、自治区文化厅、自治区工商行政管理局等五部门联合发布《关于严禁传播暴力恐怖音视频的通告》，对暴力恐怖音视频进行了界定；与此同时，自治区有关部门还组织编写了遏制“三非”的系列宣讲材料，研究制定了宗教类非法宣传品管理办法及实施细则。经过专项治理，全疆“三非”数量明显下降，从根本上扭转了宗教极端思想渗透蔓延的态势。

3. 依法管网治网，净化网络环境

依法加强互联网监管是维护网络意识形态安全的重要举措。新疆建立涉疆网上舆情绿色通道和长效发现处置机制，严厉打击和铲除暴恐音视频、封堵有害信息、关停问题网络和平台账号，打造清朗网络空间；在全疆千余家网站开设辟谣和举报平台，畅通举报渠道；做好突发事件舆论引导，大力推送权威信息，有效调节涉疆网上舆论生态，传播网上正能量；充分发挥政府网站、微博、论坛、贴吧、QQ和微信等平台的作用，建立官方发声和民间评论相结合的网上舆论引导机制，形成网络舆论引导优势。

（三）制定和修订《新疆维吾尔自治区去极端化条例》

宗教极端主义是暴力恐怖活动的思想基础。习近平总书记在第二、第三次中央新疆工作座谈会上都强调要坚持“依法治疆”。党的十八届四中全会通过的《中共中央关于全面推进依法治国若干重大问题的决定》是依法治疆的基本遵循，运用法治手段铲除宗教极端主义是实现新疆社会稳定和长治久安的必然选择。

1. 国家反极端主义的法律体系日益完善

宗教极端主义是世界性问题，预防和打击宗教极端主义是国际社会的共同意愿。2001年我国签署的《打击恐怖主义、分裂主义和极端主义上海公约》是率先提出对极端主义打击的国际法规范，这是我国初步制定的预防和打击极端主义的法律治理框架。之后，在上海合作组织框架下，我国与有关国家缔结了《上海合作组织成员国合作打击恐怖主义、分裂主义和极端主义构想》《上海合作组织反恐怖主义公约》《上海合作组织反极端主义公约》《上海合作组织成员国合作打击恐怖主义、分裂主义和极端主义2019—2021年合作纲要》《上海合作组织成员国和阿富汗伊斯兰共和国关于打击恐怖主义、毒品走私和有组织犯罪行动计划》等。这些区域性国际条约对于认定我国国内的极端主义违法犯罪行为也具有法律效力。

我国国内现有的法律规范中，2015年8月29日第十二届全国人民代表大会常务委员会第十六次会议通过的《中华人民共和国刑法修正案（九）》，明确规定了四个涉及极端主义犯罪的条款；同年12月27日第十二届全国人民代表大会常务委员会第十八次会议通过的《中华人民共和国反恐怖主义法》，对极端主义进行了法律上的界定。此外，《中华人民共和国刑法》《中华人民共和国行政法》《中华人民共和国民法典》《中华人民共和国网络安全法》《中华人民共和国治安管理处罚法》《宗教事务条例》《出版管理条例》《互联网信息服务管理办法》，以及最高人民法院、最高人民检察院、公安部联合下发的《关于办理暴力恐怖和宗教极端刑事案件适用法律若干问题的意见》等法律文件中，也有一些零散的与极端主义相关的条款。纵观这些法律规定，主要涉及三个方面：一是对极端主义的法律界定。《中华人民共和国反恐怖主义法》第四条明确规定“国家反对一切形式的以歪曲宗教教义或者其他方法煽动仇恨、煽动歧视、鼓吹暴力等极端主义，消除恐怖主义的思想基础”。该法第八十一条列举了应当追究法律责任的10种极端主义行为：①强迫他人参加宗教活动，或者强迫他人向宗教活动场所、宗教教职人员提供财物或者劳务的；②以恐吓、骚扰等方式驱赶其他民族或者有其他信仰的人员离开居住地的；③以恐吓、骚扰等方式干涉他人与其他民族或者有其他信仰的人员交往、共同生活的；④以恐吓、骚扰等方式干涉他人生活习俗、方式和生产经营的；⑤阻碍国家机关工作人员依法执行职务的；⑥歪曲、诋毁国家政策、法律、行政法规，煽动、教唆抵制人民政府依法管理的；⑦煽动、胁迫群众损毁或者故意损毁居民身份证、户口簿等国家法定证件以及人民币的；⑧煽动、胁迫他人以宗教仪式取代结婚、离婚登记的；⑨煽动、胁迫未成年人不接受义务教育的；⑩其他利用极端主义破坏国家法律制度实施的。二是对极端主义违法行为的法律治理。主要是违反国家行政、治安、宗教管理等方面的法律法规，对正常的社会政治、经济、文化、宗教活动秩序造成一定危害但尚未达到犯罪程度的，依据相关法律进行治理。三是对极端主义犯罪行为的法律治理。主要是对违反国家刑事法律，利用极端主义危害国家安全、社会稳定、民族团结和人民群众生命财产安全，造成严重危害的犯罪行为。《中华人民共和国刑法修正案（九）》对极端主义犯罪行为修改增设了：①帮助实施恐怖活动罪；②策划准备实施恐怖活动罪；③宣扬恐怖主义、极端主义，煽动实施恐怖活动罪；④利用极端主义破坏法律实施罪；⑤强制穿戴宣扬恐怖主义、极端主义服饰、标志罪；⑥非法持有宣扬恐怖主义、极端主义物品罪。

综上，我国对极端主义的法律治理虽然起步较晚，但无论从立法的角度还是执法的力度，都在逐渐完善。国家反极端主义法律体系的建立对新疆的反恐、去极端化斗争至关重要，为新疆全面推进依法治疆、有效遏制和打击宗教极端主义提供了坚实的法律保障。

2. 新疆依法完善去极端化地方法规

新疆坚持依法治疆，依法开展去极端化工作。我国制定的相关法律法规为新疆依法开展去极端化工作提供了基本的法律框架和原则，这也进一步推动了新疆地方立法的步伐。依据《中华人民共和国宪法》《中华人民共和国反恐怖主义法》《宗教事务条例》等，新疆2014年修订颁布《新疆维吾尔自治区宗教事务条例》、2016年出台《新疆维吾尔自治区实施〈中华人民共和国反恐怖主义法〉办法》、2017年出台《新疆维吾尔自治区去极端化条例》，之后又于2018年分别对《新疆维吾尔自治区实施〈中华人民共和国反恐怖主义法〉办法》《新疆维吾尔自治区去极端化条例》进行修订，以这些法律法规构成了新疆去极端化的地方法律治理体系。《新疆维吾尔自治区去极端化条例》（以下简称《去极端化条例》）是我国第一部去极端化的专门性地方法规，也是全面推进依法治疆、完善新疆治理体系和提升治理能力的一项重要立法，它的制定出台标志着新疆去极端化工作走上了规范化和法治化轨道。《去极端化条例》依据新疆实际，对极端化和极端主义作出了更为明确的界定，指出：极端化是指受极端主义影响，渲染偏激的宗教思想观念，排斥、干预正常生产、生活的言论和行为；极端主义是指以歪曲宗教教义或者其他方法煽动仇视、煽动歧视、鼓吹暴力等的主张和行为。《去极端化条例》还明确了极端化的具体表现：宣扬、散布极端化思想；干涉他人宗教信仰自由，强迫他人参加宗教活动，强迫他人向宗教活动场所、宗教教职人员提供财物或者劳务；干涉他人婚丧嫁娶、遗产继承等活动；干涉他人与其他民族或者有其他信仰的人员交往交流交融、共同生活，驱赶其他民族或者有其他信仰的人员离开居住地；干预正常文化娱乐活动，排斥、拒绝广播、电视等公共产品和服务；泛化“清真”概念，将“清真”概念扩大到清真食品领域之外的其他领域，借不清真之名排斥、干预他人世俗生活；自己或强迫他人穿戴蒙面罩袍、佩戴极端化标志；以非正常蓄须、起名渲染宗教狂热；不履行法律手续以宗教方式结婚或者离婚；不允许子女接受国民教育，妨碍国家教育制度实施；恐吓、诱导他人抵制享受国家政策，故意损毁居民身份证、户口簿等国家法定证件以及污损人民币；故意损毁、破坏公私财物；出版、印刷、发行、销售、制作、下载、存储、复制、查阅、摘抄、持有含极端化内容的文章、出版物、音视频；蓄意干涉或破坏计划生育政策实施；其他极端化言论和行为。这是从法律角度明确了极端化的具体行为表现，为依法打击极端主义提供了有力依据。《去极端化条例》颁布实施以来，新疆宗教极端主义滋生蔓延的势头得到有效遏制，社会风气不断向上向好。

（四）加强社会主义法治宣传教育

法治宣传教育是全面推进依法治疆、建设法治新疆的基础性工程，是实现新疆社会稳定和长治久安的重要保障。近年来，新疆不断加强法治宣传教育，推动了去极端化工作的深入，形成了全社会大普法的格局。

1. 制定出台法治宣传教育条例，营造全民尊法学法守法用法的良好社会氛围

2010年12月，新疆维吾尔自治区颁布了《新疆维吾尔自治区法制宣传教育条例》，2021年5月，新疆维吾尔自治区第十三届人民代表大会常务委员会第二十五次会议修订通过了《新疆维吾尔自治区法治宣传教育条例》。根据条例，法治宣传教育的基本任务是：贯彻习近平法治思想和社会主义法治理念，普及以宪法为核心的中国特色社会主义法律体系和法律制度，

弘扬社会主义核心价值观，宣传立法、执法、司法、法律服务等法治实践，建设社会主义法治文化，推动全社会尊法学法守法用法，推进社会治理体系和治理能力现代化。法治宣传教育坚持法治宣传与道德教育、法治实践相结合，坚持统一规划、分类实施，全面普及、突出重点，创新形式、注重实效的原则；实行党委领导、政府主导、人大监督、政协支持、部门负责、全社会共同参与、人民群众为主体的法治宣传教育工作体制。法治宣传教育条例出台以来，新疆各级党委和政府认真贯彻落实实施，健全普法宣传教育机制，健全普法宣传责任制，推进法治宣传教育工作创新，广泛开展“法治六进”和公民宪法宣誓活动，大力宣传《中华人民共和国宪法》《中华人民共和国刑法》《中华人民共和国民法典》《中华人民共和国教育法》《宗教事务条例》《中华人民共和国反恐怖主义法》等法律法规，不断增强各族群众的宪法意识和法治观念，提高民众明辨是非和抵御宗教极端思想渗透的能力。

2. 突出领导干部这个“关键少数”，充分发挥各级领导干部尊法学法守法用法的模范作用

近年来，新疆出台了加强国家工作人员学法用法工作的相关制度文件，开展了一系列领导干部法治培训班、党委（党组）理论学习中心组学法、“干部法治培训周”、“一把手”讲法等活动，发挥了以上率下作用；各级领导干部尤其是少数民族领导干部持续开展“大走访、大调研、大宣讲”活动，着重引导群众正确认识法律与宗教、公民与教民、国法与教法的关系，增强民众国家意识、公民意识和法治意识。

3. 以“去极端化”为目标，开展全社会普法宣传活动

新疆各地按照“谁执法谁普法”的责任要求，组织执法、司法人员广泛开展法治宣传教育，在各地州市和大部分县市区成立宣讲团，长期不懈地进行普法宣讲；建立由法学专家、法律工作者、普法志愿者组成的法治宣传教育志愿者队伍，深入各地开展群众性法治宣传教育志愿者公益活动；充分利

用各类传统媒体和新媒体平台，如普法微信公众号、法治广播、法治电视栏目、法治网站，还有法治公园、法治文化墙、法治广场、法治大院等，以潜移默化的方式引导各族群众尊法学法守法用法。

4. 加强基层群众法治宣传教育工作，不断提高基层群众法治意识

新疆将基层群众法治宣传教育工作纳入全疆“七五”普法规划和年度普法工作要点，制定印发《关于进一步加强基层法治宣传教育切实做好群众工作的通知》。“七五”普法以来，新疆广泛开展“基层法治建设年”“法治文化走基层”“巴扎普法”等法治宣传活动，并将基层法治宣传教育与“访惠聚”驻村工作和“民族团结一家亲”活动相结合，充分利用每周一升国旗、农牧民夜校、入户走访等时间节点向基层群众宣传宪法和国家法律法规政策。推行“一村（社区）一法律顾问”，将法律宣传咨询服务送到群众身边，截至目前，全区村（社区）法律顾问实现全覆盖。

5. 重视青少年群体的法治宣传教育，抵御宗教向教育领域渗透

青少年群体一直是“三股势力”蛊惑拉拢的重要对象，加强青少年法治宣传教育对实现新疆社会稳定和长治久安总目标意义重大。新疆始终坚持宗教与教育相分离原则，充分发挥社会、学校、家庭的作用，防范和抵御宗教向教育领域渗透。一是根据教育部、司法部、全国普法办公室印发的《青少年法治教育大纲》，出台《关于加强自治区青少年法治教育实践基地建设工作的实施意见》，先后成立乌鲁木齐市青少年综合实践教育中心、昌吉回族自治州青少年法治教育实践基地等一批自治区级青少年法治教育实践基地。法治教育实践基地是构建学校、社会、家庭三位一体的青少年法治教育体系的重要途径和有效载体，它以形式活泼、贴近实践的方式发挥着法治宣传教育作用，对于青少年群体来说更易于接受。二是在各级各类学校教育中增加《中华人民共和国宪法》《中华人民共和国刑法》《中华人民共和国未成年人保护法》《中华人民共和国义务教育法》《中华人民共和国民法典》和社会主义核心价值观等教育内容，把培养国家意

识、法律意识、公民意识贯穿到学校教育全过程，教育引导青少年树立正确的国家观、历史观、民族观、文化观，坚定“五个认同”。三是全力推动家庭教育工作，广泛开展“三进两联一交友”活动，积极促进家长与学校之间的联系，通过建立家长学校、成立家长委员会等方式，促进学校教育与家庭教育紧密结合，引导家长尤其是基层农村家长树立正确教育观念，提高抵御渗透能力。

（五）适时发声

发声是揭露宗教极端主义罪恶嘴脸、正本清源、统一思想认识、增强群众免疫力的重要举措。2009年乌鲁木齐“7·5”打砸抢烧严重暴力犯罪事件发生后，社会各界纷纷站出来谴责“三股势力”的罪行，此后，掀起一股股批驳的浪潮。2013年7月19日，《新疆日报》刊登了祖木来提·阿不力克木撰写的题为《是谁想遮蔽维吾尔族姐妹的美丽》的文章，引起了社会各界的强烈反响，来自社会各界的各民族干部群众纷纷加入发声的队伍。一篇篇批驳文章，一封封公开信、联名信，一份份倡议书、承诺书铺天盖地，打击暴恐分子、揭发宗教极端主义罪恶行径的声音不绝于耳，形成了一股强大的反对宗教极端主义的声势。《人民日报》《光明日报》《新疆日报》、新疆广播电视台等主流媒体，人民网、新华网、光明网、天山网等各大官方网站，“新疆日报”“新疆零距离”“新疆访惠聚”等微信公众号平台，成为发声的主阵地，充分发挥了舆论引导和传播正能量的作用。特别是《新疆日报》专门开辟的发声专栏《守护好我们的美丽家园》，获评第二十九届中国新闻奖新闻名专栏（中国新闻奖一等奖）。2019年12月3日美国国会众议院通过的所谓涉疆法案激发了新疆各族干部群众新一轮有声势、有深度、有力度的发声，强烈谴责美国粗暴干涉中国内政，并提出坚决反对。

发声是去极端化斗争的利器，其内容主要是批判“三股势力”的罪恶行径，揭露其本质，批驳其散布的种种错误观点；宣传新疆发展稳定的成就，表达各民族干部群众热爱祖国、热爱党、热爱中国特色社会主义的情感；宣传维护民族团结的实际行动；等等。通过发声，有力地揭露了宗教极端主义利用宗教图谋分裂国家、破坏社会稳定的险恶用心，有力地批驳了宗教极端主义反人类、反文明、反社会的反动本质，提高了各族各界群众反对和抵御宗教极端主义渗透的自觉性和坚定性，统一了思想认识，凝聚了人心，弘扬了正能量，营造了良好的社会氛围。发声也是深刻的爱国主义教育，各族各界群众通过发声表达了维护祖国统一、维护民族团结、追求幸福美好生活的共同心声，形成了人人争做民族团结守护者、维护社会稳定和祖国统一践行者的浓厚氛围，为打赢反恐、去极端化斗争奠定了坚实基础。

（六）依法设立职业技能教育培训中心

“冰冻三尺，非一日之寒。”宗教极端主义从渗透新疆到蔓延扩散长达40多年，渗透时间长、影响范围广、毒害程度深，要彻底清除宗教极端思想需要一个长期过程。新疆坚持标本兼治，“一手抓打击、一手抓预防”，既依法严厉打击少数严重暴力恐怖犯罪，又通过依法设立职业技能教育培训中心（以下简称“教培中心”），最大限度地教育挽救感染宗教极端主义、有轻微违法犯罪的人员，为铲除宗教极端主义滋生蔓延土壤，维护新疆社会稳定发挥了重要作用。

1. 依法开展教育培训工作

新疆依照国家法律对感染宗教极端思想、有轻微违法犯罪的人员开展集中的、阶段性的教育转化工作。《中华人民共和国反恐怖主义法》第二十九条规定，对被教唆、胁迫、引诱参与恐怖活动、极端主义活动，或者参与恐怖活动、极端主义活动情节轻微，尚不构成犯罪的人员，公安机关应当组织有关部门、村民委员会、居民委员会、所在单位、就读学校、家庭和监护人对其进行帮教。《中华人民共和国刑法》《中华人民共和国刑事诉讼法》等法律规定，由有关机关对相关行为性质和情节进行认定，对相关人员作出处理。比如，对被教唆、胁迫、引诱参与恐怖活动、极端主义活动，或者参与恐怖活动、极端主义活动情节轻微，尚不构成犯罪的人员，由公安机关依法作出处理，由教培中心进行帮教；比如，对被教唆、胁迫、引诱参与恐怖活动、极端主义活动，或者参与恐怖活动、极端主义活动，有现实危险性，尚未造成实际危害后果，主观恶性不深，能够认罪悔罪，依法不需要判处刑罚或者免除刑罚，自愿接受培训的人员，由公安机关依法侦查，检察机关经审查作出不起诉决定后，由教培中心进行帮教。《宗教事务条例》规定，宣扬、支持、资助宗教极端主义，或者利用宗教进行危害国家安全、公共安全，破坏民族团结、分裂国家和恐怖活动，侵犯公民人身权利、民主权利，妨害社会管理秩序，侵犯公私财产等违法活动，构成犯罪的，依法追究刑事责任；尚不构成犯罪的，由有关部门依法给予行政处罚；对公民、法人或者其他组织造成损失的，依法承担民事责任。此外，《新疆维吾尔自治区去极端化条例》规定，县级以上人民政府可以设立职业技能教育培训中心等教育转化机构和管理部门，对受极端主义影响人员进行教育转化，做好去极端化工作。《新疆维吾尔自治区实施〈中华人民共和国反恐怖主义法〉办法》规定，对被教唆、胁迫、引诱参与恐怖活动、极端主义活动，或者参与恐怖活动、极端主义活动情节轻微，尚不构成犯罪的人员，县级公安机关应当会同司法行政、教育转化管理、民政、教育、宗教事务、文化、人力资源和社会保障、工会、共青团、妇联、科协等部门、团体以及职业技能教育培训中心等教育转化机构、村民委员会、居民委员会、所在单位、就读学校、家庭和监护人对其进行帮教和法治教育。帮教可以在被帮教人居住地或者户籍地个别教育，也可以在县级职业技能教育培训中心等教育转化机构进行。新疆依据上述法律法规对三类人员进行帮教或者安置教育：一是被教唆、胁迫、引诱参与恐怖活动、极端主义活动，或者参与恐怖活动、极端主义活动情节轻微，尚不构成犯罪的人员；二是被教唆、胁迫、引诱参与恐怖活动、极端主义活动，或者参与恐怖活动、极端主义活动，有现实危险性，尚未造成实际危害后果，主观恶性不深，能够认罪悔罪，依法不需要判处刑罚或者免除刑罚，自愿接受培训的人员；三是因恐怖活动犯罪、极端主义犯罪被定罪处刑，刑满释放前经评估仍有社会危险性，人民法院依法决定在刑满释放后进行安置教育的人员。[①]针对上述三类人员，教培中心制定了明确的培养目标、培养方式、结业标准和考核方式，通过"集中培训、寄宿学习、实践培养"等多种形式开展免费职业技能教育培训，学员考核达标后将颁发结业证书，结业后的学员可以自主择业，也可以由当地有关部门协助安排就业。

新疆的职业技能教育培训工作完全是依照法定程序开展，是落实《中华人民共和国反恐怖主义法》所规定的帮教和安置教育措施的工作机制探索，并符合地方法的规定，同时也是中国对国际社会反恐、去极端化原则及理念的积极践行。联合国《防止暴力极端主义行动计划》（简称《行动计划》）（70/674）报告指出，贫困、失业、缺乏就业机会和教育程度低，以及暴力极端主义团体随意歪曲和利用宗教信仰、族裔差异和政治思想体系等方面是形成暴力极端主义的背景和成因。[②]按照《行动计划》建议，防止暴力极端主义必须扩大应对措施，更早介入，努力消除促成暴力极端主义的因素，在打击暴力极端主义的同时，采取预防的措施。《行动计划》还提出，要将国家发展政策与可持续发展目标保持一致，消除一切形式的贫困，确保优质教育，让全民享有终身学习机会；为暴力极端主义团体的人提供教育机会和经济机遇，鼓励其脱离暴力极端主义团体；向青年提供继续学习机会、职业培

① 中华人民共和国国务院新闻办公室.新疆的职业技能教育培训工作[M].北京：人民出版社，2019：9.

② 同①：10.

训资源、创业才能培养。

2. 有针对性地设置教育培训内容

教培中心本质上是依法设立的去极端化性质的教育培训机构，属于学校性质。《新疆维吾尔自治区实施〈中华人民共和国反恐怖主义法〉办法》《新疆维吾尔自治区去极端化条例》明确规定职业技能教育培训中心等教育转化机构应当开展国家通用语言文字、法律法规和职业技能教育培训工作，采取去极端化思想教育、心理矫治、行为矫正等教育帮扶措施，促进受教育培训人员思想转化，回归社会、回归家庭。依据上述法律规定，教培中心设置了以学习国家通用语言文字、法律知识、职业技能以及去极端化为主要内容的教学课程。

针对部分学员受教育程度低，使用国家通用语言文字水平差，接受现代知识、交流交往能力弱等问题，教培中心开展国家通用语言文字培训。《中华人民共和国宪法》和《中华人民共和国国家通用语言文字法》明确规定，国家推广全国通用的普通话，每个中国公民都有学习和使用国家通用语言文字的权利。教培中心为学员学习国家通用语言文字提供了充分保障，安排有教师资格的国家通用语言专业教师，使用专门为学员编写的教材，按照普通学校授课方式，来快速提升学员使用国家通用语言文字的能力，使他们获得学习科学文化知识、职业技能、外出经商务工、与其他民族群众交流、适应现代生活的语言工具。

针对学员普遍缺乏法治意识问题，教培中心将学习法律知识作为教育培训的关键环节，专门聘请法官、检察官、律师等讲授《中华人民共和国宪法》《中华人民共和国民族区域自治法》《中华人民共和国刑法》《中华人民共和国民法典》《中华人民共和国妇女权益保障法》《中华人民共和国未成年人保护法》《中华人民共和国劳动法》《中华人民共和国劳动合同法》《中华人民共和国教育法》《中华人民共和国职业教育法》《中华人民共和国反恐怖主义法》《中华人民共和国治安管理处罚法》和《新疆维吾尔自治区实施

〈中华人民共和国反恐怖主义法〉办法》《新疆维吾尔自治区去极端化条例》《新疆维吾尔自治区宗教事务条例》等法律法规。通过系统讲授，使学员摆脱宗教极端思想的影响，增强对公民权利义务的认识，建立平等享有权利、履行公民义务的观念，自觉遵守国家宪法法律，按照宪法法律赋予的权利和义务行事。

针对学员因缺乏就业技能导致就业困难的问题，教培中心将职业技能培训作为提升学员就业能力的重要途径。依据当地就业需求，教培中心设置了服装鞋帽加工、食品加工、美容美发、汽车维修、电子产品组装、畜牧养殖、排版印刷、电子商务、建筑装饰、手工艺品制作、果树栽培、地毯编织、家政服务、绘画、舞蹈演艺、乐器演奏等培训课程。学员自主选择一项或多项技能培训课程，结业后能够较为熟练地掌握1~2门就业技能。为了提高学员的实际操作能力，教培中心在课程教学的同时，为他们提供实践操作的机会。通过技能培训，学员们掌握了基本的就业技能，为实现顺利就业奠定了基础。

针对学员不同程度地受宗教极端思想影响和毒害的问题，教培中心把去极端化教育贯穿全过程。通过分阶段学习民族宗教政策和宗教知识，揭露宗教极端主义反社会、反人类、反文明、反宗教的本质，使学员深刻认识到什么是合法宗教活动，什么是非法宗教活动，认清恐怖主义和宗教极端主义的罪恶本质和严重危害，彻底摆脱宗教极端思想的影响和束缚。

3. 依法保障教培中心学员的基本权利

在开展职业技能教育培训工作过程中，教培中心严格贯彻落实宪法和法律规定，保障参与培训学员的基本权利不受侵犯。依法保障学员的各项基本权利。①依法保障学员的人身自由。教培中心实行寄宿制，学员可以定期回家，可以请事假，有通信自由。教培中心严禁以任何方式对学员进行人格侮辱和虐待。②充分保障学员的风俗习惯和使用本民族语言文字的权利。教培中心各项规章制度、课程表、食谱等均使用国家通用语言文字和当地少数民族语言文字，学员在日常交流中既可以使用国家通用语言文字，也可以使用本民族语言文字，不受任何限制。教培中心充分尊重不同民族学员的风俗习惯，免费提供清真饮食。③尊重学员的宗教信仰自由。《中华人民共和国教育法》《宗教事务条例》等法律法规规定，禁止在宗教院校以外的学校及其他教育机构传教、举行宗教活动、成立宗教组织、设立宗教活动场所。教培中心属于学校性质，在管理上实行教育与宗教相分离原则，学员不得在校内组织、参加宗教活动，但信教学员回家时可以自主决定是否参与合法宗教活动。④充分保障学员正常学习、生活。教培中心不仅配备了数量充足的双语教师、辅导员，还配备了医生和后勤服务管理人员等，为学员的生活、学习提供充足的人力保障。教培中心生活设施完备，冬天有暖气、夏天有空调或风扇，学员宿舍全部配有电视，浴室免费向学员开放。设置医疗室，每天24小时免费向学员提供医疗服务。所有学员均享受医疗、养老等社会保险，免费参加全民健康体检。⑤充分尊重学员的精神文化生活需求。教培中心建有室内外体育文化活动场所，经常举办各种文体娱乐活动满足学员精神文化需求。设置图书阅览室，供学员读书、学习；设置法律咨询室，为学员提供法律援助；设置心理咨询室，为学员提供心理咨询服务。

4. 积极引导结业学员就业融入社会

截至2019年12月，新疆参加“三学一去”（学习国家通用语言文字、法律知识、职业技能和去极端化）的教培学员全部结业，新疆已没有一所教培中心。教培学员结业后完全可以根据自己的意愿选择职业、择业方式和就业地点，他们有的在工厂企业就业，有的自主创业，有的当上了干部，还有一些学员为了提升自己的能力，自愿报考中职、高职等院校深造学习。教培中心结业学员除了一些人因身体原因无法就业外，基本实现了稳定就业，有了可观的收入，他们当中的很多人还成为脱贫致富的带头人，影响着身边的贫困群众一起走上脱贫致富道路。例如，吐鲁番市的艾贝都拉·吾木尔通过所学的电子商务知识，开了一家电子商务公司，做起了网络直播带货，把当地产的葡萄干、红枣等新疆特色干果销售到全国各地，2021年销售额3200万元，带动了当地农牧民增收致富；阿克陶县的库尔班·艾麦提结业后当选了村委会委员，他利用在教培中心学到的知识和技能，带领乡亲们发展特色养殖种植，帮助村民发家致富；和田县的阿卜力克木·达吾提利用在教培中心学到的技能，应聘到一家电器公司，现在已经是公司业务骨干，每月有5000多元的工资；[①]叶城县的苏比努尔·买买提明结业后应聘到一家法律服务所工作，每月有4500元左右的工资。[②]

① 新疆维吾尔自治区人民政府新闻办公室.新疆反恐去极端化斗争的事实与真相[DB/OL].(2022-09-01).https://www.ts.cn/xwzx/szxw/202209/t20220901_8808581.shtml.

② 新疆维吾尔自治区教培结业学员专场涉疆问题新闻发布会实录[DB/OL].(2021-01-28).https://www.xinjiang.gov.cn/xinjiang/xjyw/202101/38761f6a103d46a1bc091e1e96d118a1.shtml.

第八章

新疆去极端化斗争取得的成效和经验

近年来，在以习近平同志为核心的党中央的坚强领导下，在全国人民的大力支持下，经过新疆各族人民的共同奋斗，新疆的去极端化斗争取得了重要阶段性胜利，不仅使新疆实现了社会稳定，也为世界反恐、去极端化斗争进行了有益探索、作出了重要贡献。

一、推进去极端化取得的显著成效

新疆深入推进去极端化工作以来，有效遏制了宗教极端思想蔓延扩散、暴恐活动多发频发的势头，维护了社会稳定，弘扬了法治精神，促进了文明进步，满足了人民对安全稳定生产生活环境的殷切期盼，最大限度地保障了各族人民群众的基本权利。

（一）新疆社会大局持续和谐稳定

长期以来，境内外“三股势力”以宗教极端为思想基础、以暴力恐怖为主要手段、以民族分裂为最终目的，策划并组织实施了数千起暴力恐怖案事件，严重危害了新疆社会稳定和各族人民生命财产安全。面对恐怖主义、极端主义的肆虐，新疆坚持“一手抓打击，一手抓预防”，在依法严厉打击暴力恐怖犯罪的同时，重视开展源头治理，通过持续改善民生、加强法治宣传教育、依法设立职业技能教育培训中心等多种方式，最大限度消除滋生恐怖主义、宗教极端主义的土壤和条件，为实现新疆社会稳定和长治久安打下了坚实基础。当前，新疆社会大局持续稳定，刑事案件、治安案件、危安案件、公共安全事件大幅下降，各族群众的安全感、幸福感明显增强。新疆呈现出民族平等团结、宗教和睦和顺、人民安居乐业的良好局面。

（二）社会主义法治精神广泛深入彰显

法律是治国之重器，法治是国家治理体系和治理能力的重要依托。习近平总书记指出：“全面推进依法治国，是解决党和国家事业发展面临的一系列重大问题，解放和增强社会活力、促进社会公平正义、维护社会和谐稳定、确保党和国家长治久安的根本要求。”[①]新疆聚焦社会稳定和长治久安总目标，按照新时代全面依法治国的要求，全面推进依法治疆、依法执政、依法行政，坚持法治国家、法治政府、法治社会一体建设。在去极端化斗争中，新疆始终高举法治旗帜，坚持运用法治思维和法治方式处理问题，积极开展实施性和创制性立法，综合运用法律、宣传、教育、矫治等各种手段，遏制住了“三股势力”的嚣张气焰，有力地维护了宪法和法律权威，弘扬了法治精神，各族干部群众学法知法懂法守法用法的意识明显增强。

① 习近平.论坚持全面依法治国[M].北京：中央文献出版社，2020：85.

（三）教育挽救一批极端思想感染人群

在宗教极端主义的渗透和控制下，许多人参与或者被教唆、胁迫、引诱参与恐怖活动、极端主义活动。去极端化就是要最大限度地教育挽救感染宗教极端思想的人群，通过对他们进行系统的教育培训，解除宗教极端思想对他们的影响与束缚。新疆职业技能教育培训中心作为去极端化工作的一个重要举措，挽救了一批受到宗教极端思想侵蚀、正在走向犯罪边缘的人员，他们通过教育学习，认清了恐怖主义和宗教极端主义的本质和危害，摆脱了恐怖主义、宗教极端主义的精神控制，国家意识、公民意识、法治意识、中华民族共同体意识明显增强，明辨是非、抵御极端思想渗透的能力明显提高。

（四）贫困人群就业脱贫能力大幅提高

曾经，贫困问题是新疆的重大社会问题之一。新疆的贫困人口主要集中在南疆四地州，南疆四地州贫困人口占全国“三区三州”贫困总人口的近一半。除了自然环境恶劣、产业结构单一、人多地少等贫困地区常见的致贫原因外，宗教极端主义的泛滥，也是造成南疆地区贫困面貌的一个重要原因。宗教极端主义鼓吹“来世天定”，煽动信教群众拒绝学习掌握就业技能、改善经济条件、提升自我发展能力。他们极力干扰国家脱贫攻坚举措的落实，曾经有不少受宗教极端思想感染的群众把本来用于发展生产的资金财物和牛羊等用掉、吃掉，甚至恶意毁掉。还有的人拒绝外出工作或者把工作辞掉，认为给“异教徒”工作挣的钱不“清真”。宗教极端主义的蛊惑性宣传在一定程度上制约了少数民族群众脱贫致富的积极性，这对原本就贫困的南疆地区无疑是雪上加霜。新疆的去极端化工作不仅要铲除宗教极端思想的影响，更要让基层群众转变思想观念、掌握就业技能、提升就业能力，获得基本的生存权、就业权。为此，新疆实施积极的就业政策，坚持劳动者自主就业、市场调节就业、政府帮助就业和鼓励创业相结合的就业方针，千方百计帮助各族群众就业。针对新疆部分地区农村劳动力多、就业承载能力有限、群众脱贫致富难等问题，各级政府积极采取就近就地就业、疆内跨地区就业、对口援疆省市转移就业等各项措施，最大限度地保障他们的劳动就业权利，帮助他们增加收入、脱贫致富。针对贫困群众缺乏就业技能，各级政府根据市场需求和群众就业意愿，开设了食品加工、厨艺烹饪、电子商务、汽车修理、美容美发、装饰装潢、电器维修、电焊木工、畜牧养殖等各种技能培训项目，提高了劳动者的素质。2020年底，105.8万贫困劳动者通过就业实现了脱贫[①]。

（五）追求现代文明生活意识普遍增强

宗教极端主义为了达到建立神权政治统治的目的，极力否定一切世俗观念和现代文明成果，他们无视新疆各民族共同创造的多姿多彩、辉煌灿烂的传统文化，企图割裂中华文化与新疆各民族文化的联系。在宗教极端思想的笼罩下，曾经一段时期，南疆农村社会风气日趋保守恶化，宗教氛围异常浓厚，文化生活几乎消失，社会环境一片死气沉沉，群众思想保守落后，妇女被黑色罩袍所禁锢，少数民族优秀传统文化受到抵制。文化是一个民族的灵魂，极端保守的文化只会让一个民族倒退。为了从根本上消除宗教极端主义，新疆坚持和发展中国特色社会主义文化，大力加强以公民道德建设为主要内容的精神文明建设，弘扬社会主义核心价值观，开展爱国爱党爱疆教育，完善公共文化服务体系，强化基层文化建设，鼓励各民族群众追求现代文明生活。现在的新疆，社会风气明显好转，极端排斥现代文化、现代文明的现象不见了；妇女穿戴蒙面罩袍、青年男性蓄留大胡须现象已绝迹；农村

① 新疆维吾尔自治区人民政府新闻办公室.新疆反恐去极端化斗争的事实与真相[DB/OL].(2022-09-01).https://www.ts.cn/xwzx/szxw/202209/t20220901_8808581.shtml.

文化生活回归正常，歌舞等娱乐活动活跃起来；世俗化、现代化、文明化的价值理念和生活方式正在逐渐构建，群众思想得到解放，追求现代科学技术知识、文明生活风尚的社会氛围日益浓厚。相比过去，现在的农村经常会看到早晨村民们跟着广播做体操，傍晚小伙子们在篮球场挥汗奔跑，天黑以后，很多男女老少在明亮的灯光下跳着欢快的麦西来普。每周一，村民们都穿戴得整整齐齐参加升国旗仪式。在南疆农村，越来越多的妇女走出家门积极就业，有的自己开店致富，有的打工挣钱养家，她们在家庭中的地位大大提高，开始追求现代文明时尚的生活。

二、去极端化工作积累的基本经验

新疆的反恐和去极端化斗争，既吸收借鉴了国际社会经验，又从中国及新疆的实际出发，坚持把保障各族人民根本利益放在首位，从彻底解决各种深层次矛盾入手，积极探索有效打击防范恐怖主义和去极端化的路径，为世界反恐和去极端化斗争积累了有益经验。

（一）坚持问题导向与政府担当作为相结合

人类认识世界、改造世界的过程，就是一个发现问题、解决问题的过程。坚持问题导向，就是要有发现问题的敏锐、正视问题的清醒、解决问题的自觉。恐怖主义、极端主义是人类社会的公敌，反恐和去极端化既是世界性问题，也是世界性难题。多年来，世界上很多国家都在积极探索反恐、去极端化的有效方法。有的国家设立“去极端化中心”，对受过极端主义感染的群体进行一段时间的教育转化，通过个体或集体体育活动、心理辅导，穿插对宗教现实和世俗主义的讨论等，使学员获得心理恢复，并通过技能和职业培训使学员重新融入社会。有的国家设立“教育转化中心”，把极端分子分为自首者、潜在者、犯罪者三类，依托家庭、社区，并配合精神干预治疗、经济帮扶等措施，进行去极端化改造。有的国家在监狱和社区两个层面对恐怖分子及高危群体进行教育转化，通过甄别、康复、再教育、回归社会、评估等办法，对涉恐罪犯进行去极端化改造；有的国家谴责极端分子对伊斯兰教义的错误解释，鼓励宗教包容，提出回归“温和伊斯兰”，并设立教化中心，通过集中管控和回归社会两个阶段对受极端主义影响的人员进行教育转化；有的国家通过启动“转化和脱离”项目，强制要求曾涉恐人员和返国恐怖嫌犯必须参加培训，并在全国设立隔离中心，用于拘押极端分子，以防止其在监狱感染其他在押人员；有的国家在社区采取相关措施，对受极端主义影响的人员进行早期干预，并采取社会动员的方式及早发现并制止年轻人加入极端组织的企图，防止发生恐怖主义和极端主义行为。[①]这些做法和经验为我们解决恐怖主义、极端主义问题提供了有益借鉴。

面对恐怖主义、极端主义的现实威胁，在第二次中央新疆工作座谈会上，习近平总书记明确提出社会稳定和长治久安是新疆工作的总目标，指出宗教极端思想是暴力恐怖活动的思想基础，要把遏制宗教极端思想蔓延作为新疆实现社会稳定和长治久安的一大重点工作。新疆开展的反恐和去极端化斗争正是基于以习近平同志为核心的党中央对新疆社会稳定形势的正确判断，基于党中央对新疆工作总目标的精准把脉。习近平总书记多次强调，必须深刻认识新疆分裂和反分裂斗争的长期性、复杂性、尖锐性，反暴力恐怖斗争一刻也不能放松，要坚决抵御境外利用宗教进行渗透，防范宗教极端思想侵害。事实证明，新疆实现社会稳定和长治久安面临的最大挑战就是民族分裂主义、宗教极端主义和暴力恐怖主义，而宗教极端主义是思想根子问题，只有铲除思想根子问题，新疆才能真正实现社会稳定和长治久安。

---

① 中华人民共和国国务院新闻办公室.新疆的职业技能教育培训工作[M].北京：人民出版社，2019：25-26.

发现问题是前提，正确地处理和解决问题是关键。宗教极端主义在新疆蔓延渗透的时间长、影响范围广、毒害程度深，要想彻底铲除这颗毒瘤，需要有敢于啃硬骨头的决心和勇气，需要有咬定青山不放松的耐心和恒心，需要有一种一心为民的情怀。勇于直面问题、善于解决问题是中国共产党人的优秀品质，保障人民生命权、健康权、财产权，使人民各项基本权利免受侵害，在安定祥和的社会环境中生活，是一个负责任的政府义不容辞的责任。新疆在吸收借鉴国际社会经验的基础上，立足本地区实际，创造性地开展了职业技能教育培训工作，这充分体现了中国政府及新疆维吾尔自治区政府敢于直面问题、敢于触及矛盾、敢于解决问题的责任担当。这项工作从开展到现在，一直都面临着国内外敌对势力的攻击，甚至遭到部分群众的误解，但是，新疆各级政府本着对人民高度负责的态度，顶住了来自各方面的压力，对受恐怖主义、宗教极端主义影响的人耐心细致地进行帮扶、教育和挽救，付出了难以想象的艰辛。实践证明，职业技能教育培训工作开展得非常成功，伸张了社会正义，维护了人的尊严，树立了政府良好形象。

（二）坚持依法反恐、去极端化与保障人权相结合

在当今的国际社会，维护和保障人权是一项基本道义原则。《世界人权宣言》确认，人人有权享有生命、自由和人身安全。2004年，中国政府把“国家尊重和保障人权”作为一项重要原则写入宪法，体现了社会主义民主的本质要求。生存权、发展权是中国的首要人权，没有生存权和发展权，其他一切人权均无从谈起。恐怖主义、极端主义是人权保障的头号敌人，依法打击恐怖活动，深入开展去极端化，是对人权的最根本保护。新疆对恐怖势力、极端势力始终采取依法严密防范和严厉打击的措施，最大限度地保障广大人民群众的基本人权免受侵害。与此同时，新疆十分重视在反恐中保障人权，避免因反恐而出现侵犯人权的行为。一方面，新疆不断加强反恐立法工

作，保障反恐在法治轨道上进行；另一方面，坚决防止因反恐而出现限制新疆各族群众基本权利的现象，保障人民依法享有广泛权利和自由，保障正常社会生活。

新疆的职业技能教育培训工作与世界上一些国家和地区的做法是相通的，目的都是最大限度保障公民的基本人权免受恐怖主义、极端主义侵害。在开展职业技能教育培训工作过程中，教培中心学员的基本权利受到法律保护。各民族学员的风俗习惯受到尊重，学员有使用本民族语言文字的权利；为学员提供优质的教学资源和多样化的技能培训，最大限度保障学员享有受教育权利；尊重学员的宗教信仰自由，允许信教学员回家时可以自主决定是否参与合法宗教活动。教培中心还坚持以人为本，在实行规范化、学校化管理的同时，提供人性化服务，比如通信自由、定期回家、亲情会见等。事实证明，职业技能教育培训工作根本不是什么限制、剥夺人身自由的措施，而是旨在保障人民生命安全，保障公民基本权利不受侵犯的制度保障。

（三）坚持反恐、去极端化不与特定地域、民族、宗教挂钩

恐怖主义、极端主义不是人权、民族、宗教问题，而是反暴恐和反分裂问题。新疆坚持标本兼治，打击与预防相结合，采取的一系列举措不仅符合中国法律，也是中国落实国际社会反恐和去极端化倡议，包括响应联合国大会关于《联合国全球反恐战略》（60/288）的决议和《防止暴力极端主义行动计划》（70/674）的表现。《联合国全球反恐战略》（60/288）明确指出，“不能也不应将恐怖主义与任何宗教、国籍、文化或族裔群体联系起来”“有必要消除有利于恐怖主义蔓延的条件”。《防止暴力极端主义行动计划》（70/674）呼吁国际社会采取一致行动防止暴力极端主义。中国在《中华人民共和国反恐怖主义法》中明确规定：“在反恐怖主义工作中，应当尊重公民的宗教信仰自由和民族风俗习惯，禁止任何基于地域、民族、宗教等理由的歧

视性做法。”

新疆是多民族聚居和多宗教并存的地区。一方面，在反恐怖和去极端化斗争中，新疆禁止任何组织或个人利用宗教进行分裂国家、传播宗教极端思想、煽动民族仇恨、破坏民族团结、扰乱社会秩序、损害公民身心健康的活动；禁止利用宗教妨碍国家行政、司法、教育、文化等制度的实施；禁止利用宗教进行其他危害国家安全和利益、社会公共利益和公民合法权益的活动；防范和制止不法分子利用宗教和宗教活动制造混乱、违法犯罪。另一方面，新疆严格遵守国家宪法、法律和行政法规有关宗教信仰自由的政策和规定，坚持按照“保护合法、制止非法、遏制极端、抵御渗透、打击犯罪”原则，依法保障公民的宗教信仰自由。在新疆，信仰宗教或不信仰宗教完全由公民自主选择，任何组织和个人不得强制公民信仰宗教或不信仰宗教，不得歧视信仰宗教的公民或不信仰宗教的公民。新疆坚持服务和管理并重的理念，不断加强宗教教职人员培养培训，不断拓宽获得宗教知识的途径，不断改善宗教活动场所的条件，信教群众的宗教感情、信仰需求得到了充分尊重。截至2019年，新疆有清真寺、教堂、寺院、道观等各类宗教活动场所2.48万座，其中，清真寺2.44万座①，完全满足了信教群众的需求，信教群众正常的宗教活动受到法律保护；国家以多种语言文字翻译出版发行伊斯兰教、佛教、道教、基督教等宗教典籍；设立伊斯兰教经学院及分院、伊斯兰教经文学校等宗教院校10所；设立宗教团体120个；持续改善清真寺公共服务条件，清真寺里普遍有水、电、路、气、通信、广播电视等设施，配备有医药服务、电子显示屏、电脑、电风扇或空调、消防设施、饮水设备，主麻清真寺还有净身设施、水冲式厕所，为信教群众提供了极大便利。

新疆在反恐怖主义和去极端化斗争中，认真贯彻落实《中华人民共和

---

① 中华人民共和国国务院新闻办公室.新疆的若干历史问题[M].北京:人民出版社,2019:20.

国宪法》和《中华人民共和国民族区域自治法》，坚持各民族一律平等，切实维护了各族人民的根本利益。一是依法保障各族人民平等参与管理国家事务的权利和自主管理本地区本民族事务的权利。在新疆，各民族公民享有选举权和被选举权。2019年，新疆维吾尔自治区选举产生第十三届全国人民代表大会代表61名，其中少数民族代表38名，占62.3%。新疆维吾尔自治区第十三届人民代表大会共有代表548名，其中少数民族代表353名，占64.42%。新疆现有州（市）人大代表2488名，其中少数民族代表1349名，占54.22%；县（市、区）级人大代表16960名，其中少数民族代表10025名，占59.11%；乡（镇）人大代表43204名，其中少数民族代表31739名，占73.46%。新疆各级政协积极吸收各族各界人士参政议政。第十三届全国政协委员中，住新疆的有34名，其中少数民族委员18名，占52.9%。新疆维吾尔自治区第十二届政协有委员502名，其中少数民族委员236名，占47%。[①]二是依法保护和传承弘扬各民族优秀传统文化。积极搜集、保护、抢救了一批各民族古籍，如翻译出版了濒于失传的《福乐智慧》，整理出版了蒙古族史诗《江格尔》等多种民间口头文学作品；依托民族乐器制作技艺，维吾尔族桑皮纸制作技艺、地毯织造技艺、哈萨克毡绣和布绣项目设立了4个国家级非物质文化遗产生产性保护示范基地。[②]三是依法保障各民族使用和发展本民族语言文字的权利。在司法、行政、教育、广播影视、新闻出版、网络等领域以及日常生活中，少数民族语言文字得到了广泛应用。

综上所述，新疆始终坚持反恐、去极端化不与特定地域、民族、宗教挂钩，在新疆，没有出现也不存在任何基于地域、民族、宗教等理由的歧视性

① 中华人民共和国国务院新闻办公室.新疆各民族平等权利的保障[M].北京:人民出版社,2021:9.

② 中华人民共和国国务院新闻办公室.新疆的人口发展[M].北京:人民出版社,2021:21-22.

做法。

（四）坚持宽严相济与预防教育挽救相结合

“一手抓打击、一手抓预防”，坚持宽严相济与预防教育挽救相结合，是新疆反恐和去极端化斗争过程中积累的有益经验。严重违法犯罪的恐怖分子属于极少数，而大多数则是被“三股势力”蒙蔽、裹胁的普通群众。新疆全面贯彻执行宽严相济刑事政策，对组织、策划、实施暴力恐怖和宗教极端违法犯罪活动的首要分子、骨干成员、罪行重大者，以及曾因实施暴力恐怖、宗教极端违法犯罪活动受到行政、刑事处罚或者免予刑事处罚又实施暴力恐怖、宗教极端犯罪活动的人员，严惩不贷，依法从重处罚；对多数罪行较轻和受宗教极端思想影响的人员，通过开展职业技能教育培训，以教育、挽救、关爱的方式进行帮教转化。

习近平总书记多次强调人心是最大的政治。“最大的政治”就是寻求“最大公约数”，团结一切可以团结的力量，调动一切可以调动的积极因素，投入中国特色社会主义伟大事业建设当中。那些十恶不赦、顽固不化的暴恐团伙头目、骨干分子是我们打击的对象，而受到宗教极端思想感染的群众是我们需要团结依靠的力量。教培中心不是监狱、不是看守所，它是一所学校，它为学员提供优质的教学资源和多样化的技能培训，提供人性化服务并开展丰富多彩的文体娱乐活动。政府还十分关心教培学员亲属的生活，他们和普通群众一样同等享有教育医疗、社会保障、脱贫攻坚等各项优惠政策。当遇到生产、生活、就医、就业、就学等方面的实际困难时，当地政府都会积极帮助解决，以解除教培学员的后顾之忧。这些举措充分体现了政府的人道主义立场。开展职业技能教育培训工作，根本目的是防微杜渐、治病救人，是为了让多数罪行较轻和受宗教极端思想影响的人员提升明辨是非、抵御渗透和自我转化的能力，最大限度摆脱恐怖主义影响、摆脱宗教极端思想束缚、摆脱陈规陋习禁锢，努力提升就业技能、开拓就业门路、激发生活信心。

（五）坚持维护稳定与改善民生相结合

民生是人民幸福之基、社会和谐之本，人民幸福生活是最大的人权。新疆一些地方由于过去长期受宗教极端主义渗透的影响，部分群众法治意识淡薄，使用国家通用语言文字能力较弱，缺乏就业技能，导致就业困难，很容易受到“三股势力”的蛊惑而走上犯罪道路。为此，新疆始终坚持以人民为中心的发展思想，把维护稳定与改善民生结合起来，使各族人民共享发展果实、改革红利。

新疆坚持民生优先、民生先动，自治区将本级财政支出和援疆资金的70%以上用于保障和改善民生[①]，持续推进以就业、教育、医疗、社保等为重点的九大惠民工程，将民生工程真正建设成了民心工程。在就业方面，大力开展农村富余劳动力转移就业，特别是注重深度贫困家庭的劳动力转移就业，鼓励群众创业及其带动就业，以及加快实施南疆四地州富余劳动力转移就业计划，实现了每户至少有一人就业；在教育方面，坚持教育优先，加大对贫困家庭学生的资助力度，实现全疆九年义务教育全覆盖，实现南疆四地州三年学前教育和十二年包括高中的基础教育全覆盖；在医疗方面，每年安排全民免费健康体检，城乡居民人身意外伤害保险、城镇职工大病医疗保险覆盖率达到百分之百，贫困人口基本医疗保险、大病保险参保率达到百分之百，长期困扰南疆农村的肺结核等重大传染病和地方病得到有效防治；在社会保障方面，实行全民参保计划，完善基本养老保险、医疗保险、失业保险、工伤保险和生育保险制度，启动工伤保险基金自治区级统筹，全面推进全区统一的社会保险公共服务平台，实现跨省异地就医和基本医疗保险、大病保险一单式的直接结算；在安居方面，2019年建设农村安居工程21.27万

① 樊虹壹.持之以恒抓好脱贫攻坚和促进就业两件大事[N].新疆日报,2020-10-30(08).

户，城镇棚户区改造开工15.49万套，完成或超额完成年度目标任务，①2020年实施了7.5万户农村安居工程建设任务②；在扶贫方面，截至2020年底，全区现行扶贫标准下306.49万农村贫困人口全部脱贫③。新疆绝对贫困问题得到历史性解决。

社会稳定和人民生活的持续改善，大大增强了各族群众的获得感、幸福感和安全感。人们自觉抵制宗教极端思想、积极追求现代文明生活的社会氛围日渐浓厚，各民族交往交流交融更加深入，新疆反恐维稳和去极端化工作的社会基础、群众基础更加牢固。

三、探索创造了去极端化的中国方案

新疆在反恐和去极端化斗争中进行的探索和实践，是贯彻落实新时代党的治疆方略的重要体现，是中国治理体系及效能的重要体现，为推动法治中国建设作出了重要贡献，为世界反恐和去极端化提供了中国智慧和中国方案。

（一）去极端化是新时代党的治疆方略的重要举措

新时代党的治疆方略是以习近平同志为核心的党中央从党和国家工作大局出发，结合新疆地区实际，战略谋划部署的治疆方针和策略。新疆是中国

① 中国政府网.新闻办就新疆稳定发展有关情况举行新闻发布会[DB/OL].(2019-12-09).https://www.gov.cn/xinwen/2019-12/09/content_5459657.htm.

② 新疆维吾尔自治区人民政府网.2020年新疆农村安居工程竣工率已达到94.54%[DB/OL].(2020-09-18).https://www.xinjiang.gov.cn/xinjiang/xjyw/202009/6008f0c50df241c7afaa186d72ea471e.shtml.

③ 丁文静.新疆维吾尔自治区举办脱贫攻坚成就和"十四五"工作安排新闻发布会[DB/OL].(2021-09-14).https://xj.chinadaily.com.cn/a/202109/14/WS6140a6dda310f4935fbedaf3.html.

神圣领土不可分割的一部分，是我国西北的重要安全屏障，是向西扩大对外开放的重要门户和核心区。然而长期以来，新疆面临“三股势力”的现实威胁，社会稳定形势严峻复杂。2013年12月19日，中共中央政治局常委专题听取新疆工作汇报，习近平总书记指出，暴力恐怖活动是影响新疆稳定的直接危害，并作出新疆工作的着眼点和着力点就是社会稳定和长治久安的重要指示。2014年4月27日至30日，习近平总书记在新疆考察工作，作出了一系列重要指示和部署。在2014年5月28日至29日召开的第二次中央新疆工作座谈会上，习近平总书记强调，社会稳定和长治久安是新疆工作的总目标，并指出，做好新疆工作是全党全国的大事，必须从战略全局高度，谋长远之策，行固本之举，建久安之势，成长治之业。强调要紧紧围绕社会稳定和长治久安这个总目标，以推进新疆治理体系和治理能力现代化为引领，以经济发展和民生改善为基础，以促进民族团结、遏制宗教极端思想蔓延等为重点，坚持依法治疆、团结稳疆、长期建疆。在2020年9月25日至26日召开的第三次中央新疆工作座谈会上，习近平总书记强调，当前和今后一个时期，做好新疆工作，要完整准确贯彻新时代党的治疆方略，牢牢扭住新疆工作总目标，坚持依法治疆、团结稳疆、文化润疆、富民兴疆、长期建疆，提出要深入做好意识形态领域工作。

新时代党的治疆方略是做好新疆工作的指导思想和行动指南。新疆坚决贯彻落实新时代党的治疆方略，紧紧围绕总目标统筹推进稳定发展各项工作。依据党中央作出的“宗教极端思想是暴力恐怖活动的思想基础”这一科学论断，深入推进去极端化工作。在去极端化工作中，新疆坚持标本兼治、综合施策，既充分利用政府的行政资源与政策能力，又充分调动全社会各方力量集中攻坚克难。作为世界反恐和去极端化斗争的重要组成部分，中国新疆的反恐怖主义和去极端化斗争得到国家的全力支持。中国举全国之力打击和防范恐怖主义、极端主义，这不仅体现了中国政府集中力量办大事的制度优势，同时也是新疆去极端化工作取得阶段性胜利的重要原因之一。

去极端化是一个综合性的系统工程，需要全方位、多领域、多层次推进。在这方面，中国不断加强国际反恐协调合作，制定出台反恐怖主义、反极端主义法律法规，并协调全国力量支援新疆。新疆则开展“访惠聚”工作和“民族团结一家亲”等系列活动，依法设立职业技能教育培训中心等等。这些举措无不是集中力量办大事的具体体现，也无不是贯彻落实新时代党的治疆方略的具体体现。实践证明，去极端化作为新时代党的治疆方略的一个重要举措，为实现新疆社会稳定和长治久安总目标奠定了坚实基础。可以说，没有去极端化，就没有今天新疆的和谐稳定，而新疆稳，则全国稳。

（二）去极端化是中国治理体系及效能的重要体现

习近平总书记指出：“坚持和完善中国特色社会主义制度、推进国家治理体系和治理能力现代化，是关系党和国家事业兴旺发达、国家长治久安、人民幸福安康的重大问题。”“古人说：‘凡将立国，制度不可不察也。’制度优势是一个国家的最大优势，制度竞争是国家间最根本的竞争。制度稳则国家稳。”①把制度优势更好地转化为国家治理效能是推进国家治理体系和治理能力现代化的关键。党的十九届四中全会明确提出，要加强系统治理、依法治理、综合治理、源头治理，这“四个治理”之间是辩证统一的关系，它们共同服务于推进国家治理体系和治理能力现代化的总目标，是把制度优势转化为治理效能的重要保证。②

新疆的去极端化工作是对新疆治理体系的有效探索，它充分体现了“四

① 习近平．坚持和完善中国特色社会主义制度　推进国家治理体系和治理能力现代化[J].求是，2020(1)：4.

② 侯衍社，刘大正．把制度优势转化为治理效能的重要保证[J].红旗文稿，2019(24)：16.

个治理”在新疆社会治理实践中的应用，去极端化工作取得的阶段性成效，是中国治理体系及效能的重要体现。

第一，系统治理，就是全面运用系统思维来提高治理能力和治理水平。新疆在去极端化工作中，坚持党的领导与多元合作共治相统一。自治区党委在新时代党的治疆方略指引下，高度重视，成立了自治区去极端化工作领导小组，统一安排部署，强力推动去极端化工作各项举措落到实处，同时，协调统战、民宗、公安、安全、宣传、教育、组织、人社等各个系统领域拧成一股绳，形成去极端化的整体合力。坚持人民主体地位，鼓励和支持社会各界参与去极端化工作。新疆的去极端化工作实现了党委领导下政府与社会的合作共治，有效推进了新疆社会治理体系和治理能力现代化。

第二，依法治理，就是运用法律手段推进国家治理体系和治理能力现代化，提高治理效能。法律是国家根本意志的体现，是规范国家治理的根本依据和基本方式。新疆的去极端化工作始终在法治的轨道上进行。新疆依法设立的职业技能教育培训中心，自始至终依据相关法律程序开展工作，完全符合国家法治精神和要求。同时，新疆还制定和完善去极端化相关法律法规，加强法治宣传教育，大力弘扬法治精神，在全社会营造尊法学法知法懂法用法的良好氛围。坚持法治思维、运用法治方式是新疆反恐和去极端化工作的重要原则，为推进新疆社会治理、提高治理效能提供了有力的法律支撑和基本保障。

第三，综合治理，就是协同运用多种方法，形成治理合力。新疆在去极端化过程中，没有把去极端化看作是一个孤立的工作，是某个部门的工作，而是将其作为一项系统工程，采取综合施策、疏堵结合、标本兼治的手段去治理。新疆的去极端化工作，坚持党委和政府的统一领导，依靠人民群众和社会各方面力量，综合运用法律、行政、经济、教育、文化等各种手段，有力地维护了社会稳定，保障了新疆各族人民的幸福生活。

第四，源头治理，就是注重从源头上解决问题。源头是问题之根，加强源头治理，才能真正实现标本兼治。以习近平同志为核心的党中央精准判断新疆社会稳定形势，提出宗教极端思想是暴力恐怖活动的思想基础，是影响新疆社会稳定的毒瘤。新疆在去极端化工作中，特别重视开展源头治理。为切断宗教极端思想传播的途径，依法开展打击非法宗教活动、非法宗教宣传品、非法宗教网络传播的专项治理，全面清除、封堵网络暴恐音视频及错误言论。为消除恐怖主义、极端主义的影响，依法设立职业技能教育培训中心，教育挽救那些感染宗教极端思想的群体，避免其成为恐怖主义、极端主义的牺牲品，努力将恐怖活动消灭在未发之前、萌芽状态。通过加强源头治理，新疆遏制住了宗教极端思想的蔓延渗透，遏制住了暴恐活动的频发多发。

综上所述，新疆的去极端化工作是把中国特色社会主义制度优势转化为治理效能的理论创新与实践创新。新疆坚持从本地区实际出发，既广泛汲取国内外反恐、去极端化的有益治理经验，又充分发挥主体能动作用，实现了借鉴与创造、继承与创新的辩证统一。在去极端化工作中，新疆坚持“四个治理”相结合，标本兼治，构建起社会治理新格局，这充分体现出我国国家制度和治理体系的优势，也是把制度优势转化为治理效能的重要体现。

（三）去极端化是法治中国建设的重要组成部分

维护人的尊严和价值，保障人民的生命权、生存权、发展权，使人民在安宁祥和的社会环境中幸福生活，是世界上任何一个负责任的政府执政的基本理念和根本任务。恐怖主义、极端主义是反人类、反文明、反社会的毒瘤，中国政府反对一切形式的恐怖主义、极端主义。新疆作为中国反恐、去极端化斗争的主战场，新疆的反恐和去极端化工作是依法治疆的重要举措。

2014年10月党的十八届四中全会通过的《中共中央关于全面推进依法治国若干重大问题的决议》指出：“建设中国特色社会主义法治体系，必须坚持立法先行，发挥立法的引领和推动作用，抓住提高立法质量这个关键。”为依法开展反恐和去极端化斗争，国家开始从立法的角度构建反恐、反极端主义法律体系，形成了以宪法为基础的包括《中华人民共和国反恐怖主义法》《中华人民共和国国家安全法》《中华人民共和国刑法》《中华人民共和国刑事诉讼法》《宗教事务条例》以及最高人民法院、最高人民检察院等部门联合发布的《关于办理暴力恐怖和宗教极端刑事案件适用法律若干问题的意见》等反恐、反极端主义法律法规，从国家层面为遏制、打击恐怖主义、极端主义提供了有力的法律武器。新疆在去极端化过程中，也结合本地区实际，积极探索地方立法工作。2015年2月1日，乌鲁木齐市率先颁布实施《乌鲁木齐市公共场所禁止穿戴蒙面罩袍的规定》。此后，自治区层面先后出台《新疆维吾尔自治区宗教事务条例》《新疆维吾尔自治区实施〈中华人民共和国反恐怖主义法〉办法》《新疆维吾尔自治区去极端化条例》，并根据形势需要对个别法规进行了适时修订。这其中，《新疆维吾尔自治区去极端化条例》是中国第一部关于去极端化的专门性地方法规，也是新疆全面推进依法治疆、建设法治新疆、提升治理体系和治理能力的一项重要立法。新疆在反恐、去极端化过程中在法律领域的探索与实践，是对依法治国政策的积极践行，是有效遏制、打击恐怖主义、极端主义的法治保障，也是法治中国建设的重要组成部分。

（四）去极端化为世界反恐、反极端主义提供了中国方案

恐怖主义、极端主义是国际社会共同打击的对象。多年来，许多国家和地区都在积极探索打击和预防恐怖主义、极端主义的具体路径和办法。新疆的反恐和去极端化斗争借鉴了国际社会的有益经验，但同时，又坚持从中国和新疆地区实际出发，积极探索，勇于创新，形成了一套有效办法和经验，为世界反恐、反极端主义提供了中国智慧和中国方案。

新疆在反恐和去极端化工作中，坚持“一手抓打击、一手抓预防”，既依法严厉打击暴力恐怖犯罪，又把预防性反恐放在第一位，注重从源头上消

除恐怖主义、极端主义的影响。坚持问题导向与政府担当作为相结合，面对恐怖主义、极端主义威胁，新疆各级党委和人民政府敢于直面问题，主动作为，创造性地开展职业技能教育培训工作，为维护社会稳定打下了坚实基础。坚持依法反恐、去极端化与保障人权相结合，在保持对恐怖主义、极端主义高压严厉打击态势的同时，依法保障人民享有各项权利和自由，保障各族人民群众的正常社会生活。坚持反恐、去极端化不与特定地域、民族、宗教挂钩，反对在反恐问题上采取“双重标准”，尊重公民的宗教信仰自由和民族风俗习惯，禁止任何基于地域、民族、宗教等理由的歧视性做法。坚持宽严相济与预防教育挽救相结合，对参加暴恐活动的少数顽固分子、骨干分子依法处理，严惩不贷；对多数罪行较轻和受极端思想影响的人员，以教育挽救为主进行帮教转化。坚持维护稳定与改善民生相结合，大力推进就业、教育、医疗、社保等领域惠民工程，使反恐、去极端化工作的社会基础、群众基础更加牢固。新疆的这些做法，最大限度挽救了有恐怖主义、极端主义违法或犯罪行为的人员，最大限度消除了滋生恐怖主义、极端主义的土壤和条件，最大限度保障了公民的基本权利免受恐怖主义、极端主义的侵害。

新疆的反恐和去极端化，有力维护了社会稳定，促进了文明进步，其成效有目共睹。新疆反恐、去极端化的做法，也得到了国际社会的普遍理解和支持。自2018年底至2022年7月底，新疆积极主动邀请国际社会各界人士来疆实地参访，涉及138个国家和地区以及有关国际组织的172批团组、2300余人，[①]其中包括联合国有关机构和官员、外国驻华使节、有关国家常驻日内瓦代表、伊斯兰合作组织秘书处、上海合作组织秘书长及21国驻华使节和外交官代表团、东盟媒体智库代表团、拉美和加勒比国家驻华使节和外交官代表团、非洲国家驻华使节、媒体记者和宗教团体，有关国家宗教界

---

① 新疆维吾尔自治区人民政府新闻办公室.新疆反恐去极端化斗争的事实与真相[DB/OL].(2022-09-01).https://www.ts.cn/xwzx/szxw/202209/t20220901_8808581.shtml.

人士、学者、记者、留学生等，他们实地参观了教培中心、宗教活动场所、监狱、企业工厂、学校医院等，普遍对新疆的人权保障、反恐去极端化措施给予积极评价。当前，全球面临的恐怖主义、极端主义威胁依然严峻，新疆的反恐和去极端化斗争无疑为国际反恐和去极端化斗争作出了重要贡献。新疆在反恐和去极端化过程中的探索创新和有效做法，为世界上那些深受暴力恐怖和宗教极端主义影响的国家及地区提供了有益借鉴，是中国奉献给世界反恐怖主义、反极端主义的中国智慧和中国方案。

第九章

全面加强和改进党对意识形态工作的领导

党的二十大报告指出，意识形态工作是为国家立心、为民族立魂的工作。意识形态工作关系举什么旗、走什么路，关系完成什么样的历史使命和奋斗目标、以什么样的精神状态实现历史使命和奋斗目标。党的十八大以来，习近平总书记就意识形态工作的重大理论和现实问题进行了深刻论述阐释，并对新时代如何做好意识形态工作作出战略部署和工作安排。

一、以党的政治建设统领意识形态工作

党的十九大明确提出“以党的政治建设为统领”的重大论断，标志着党中央创新发展了马克思主义执政党建设理论。意识形态工作以党的政治建设为统领，应有之义就是要在意识形态工作中发挥政治建设的政治指南针作用，引导全党坚定理想信念，坚定“四个自信”，把全党智慧和力量凝聚到新时代坚持和发展中国特色社会主义伟大事业中来。

（一）坚定坚决维护党中央权威和集中统一领导

以党的政治建设统领意识形态工作，必须维护党中央权威和集中统一领导，在思想上、行动上始终坚持正确的政治立场、政治方向、政治原则、政治道路；不断加强作风建设，确保党的政治建设取得实效；增强“四力”教育实践，锻造能打胜仗的宣传思想工作队伍。

1. 始终坚持正确的政治立场、方向、原则、道路

马克思主义政党之所以能够始终坚持正确的政治立场、方向、原则、道路，其根本原因在于维护党中央权威和集中统一领导。从中国共产党的发展史来看，我们可以发现维护党中央权威和集中统一领导贯穿于党成立一百多年来的实践过程之中，全党是否坚定维护党中央权威和集中统一领导成为党的各项事业成败的关键。以遵义会议为标志，毛泽东同志在全党的领导地位正式确立，自此一个坚强的领导核心在打败日本帝国主义、推翻国民党反动统治、完成新民主主义革命、建立中华人民共和国过程之中逐渐形成、完善、巩固、提升。在改革开放的历史进程中，正是有以邓小平同志为核心的党的第二代中央领导集体、以江泽民同志为核心的党的第三代中央领导集体、以胡锦涛同志为总书记的党中央，中国特色社会主义伟大事业才能够在波澜壮阔的改革进程中不断向前推进。党的十八大以来，国内外形势更加复杂严峻，重大风险挑战与重大历史机遇并存，党和国家各项事业依然取得了举世瞩目之成就，发生了历史性之变革，“中国之治”与“西方之乱”对比之鲜明前所未有。究其根本，其肯綮在于坚决维护习近平总书记党中央的核心、全党的核心地位，坚决维护党中央权威和集中统一领导。“两个维护”是我们党的最高政治原则和根本政治规矩，尤其是在意识形态领域，全党同志必须在“四个意识”“四个自信”“两个维护”“两个确立”上多下功夫，下真功夫，取得实效。唯有此，才能在政治立场、政治方向、政治原则、政治道路上同党中央保持高度一致，才

能在百年未有之大变局的国际背景下，在环境更复杂、不确定性更大、风险挑战更多的国内环境下，始终确保党的团结统一，顺利完成党的历史使命。

2. 加强作风建设，关键时刻靠得住、信得过、用得上

维护党中央权威和集中统一领导必须加强作风建设，唯有作风过硬才能在党的各项事业进行的关键时刻靠得住、信得过、用得上。党的十八大以来，党中央不断完善党的领导体制机制，切实做到以制度管党治党，强化纪律刚性约束，严明政治纪律和政治规矩，先后修订完善了《关于新形势下党内政治生活的若干准则》《中国共产党党内监督条例》《中共中央政治局关于加强和维护党中央集中统一领导的若干规定》《中国共产党重大事项请示报告条例》《中国共产党党组工作条例》等党内法规，使党的领导更加全面有力，更加规范有序。与此同时，我们也必须清醒地看到，有的地方和部门在贯彻落实中仍存在不在乎、装样子、做选择、搞变通，空泛表态、敷衍塞责，有令不行、有禁不止，弄虚作假、阳奉阴违等问题。近年来严肃查处的秦岭北麓西安境内违建别墅、安徽阜阳市搞形式主义、新疆部分地区干部作风不实等问题，就是反面典型，必须引以为戒，驰而不息加强作风建设。各地区各部门要在全面准确坚决贯彻落实党的决策部署的同时，立足实际创造性开展工作，不断优化完善推动党中央重大决策落实机制，制定责任清单，化解部门分歧，消除条块梗阻，力戒形式主义、官僚主义，积极主动将党的领导主张和重大决策部署转化为法律法规和政策政令，构建从中央到地方权责清晰、运行顺畅、充满活力的工作体系，创新领导体制、工作机制和管理方式方法，真正做到在关键时刻靠得住、信得过、用得上。

3. 增强“四力”教育实践，锻造能打胜仗的宣传思想工作队伍

宣传思想工作是打开人们心灵大门走向光明的工作。在2018年全国宣传思想工作会议上，习近平总书记指出，宣传思想工作是做人的工作的，

要把培养担当民族复兴大任的时代新人作为重要职责。切实巩固党在意识形态领域的指导地位，提高宣传思想工作的有效性势在必行。习近平总书记对宣传思想干部寄予厚望：要不断掌握新知识、熟悉新领域、开拓新视野，增强本领能力，加强调查研究，不断增强脚力、眼力、脑力、笔力，努力打造一支政治过硬、本领高强、求实创新、能打胜仗的宣传思想工作队伍。

增强脚力就是增强调查研究的能力与水平，脚力是做好宣传思想工作的基本功，所有宣传思想工作任务的完成，其前提、基础在于把有关方面情况摸清楚，做到了如指掌，这样才能有的放矢"接地气"；增强眼力就要不断增强政治鉴别力和政治敏锐性，旗帜鲜明坚持真理，立场坚定批驳谬误，在思想交锋中，敢于发声，敢于同错误思潮作坚决斗争；增强脑力就是要在全面系统深入学习中增强独立思考能力，力求由此及彼、由表及里、融会贯通，做到宣传不止、学习不止、思考不止；增强笔力就是增强语言文字的驾驭能力与水平，不断改进文风、作风，从而起到春风化雨、润物无声的宣传效果。总而言之，宣传思想工作者要以提高政治能力为根本，以增强专业本领为关键，以锐意创新创造为紧要，以培养优良作风为基础，推动队伍整体素质实现大提升，使习近平新时代中国特色社会主义思想深入人心、落地生根。

（二）全面落实意识形态工作责任制

党的二十大报告强调，牢牢掌握党对意识形态工作领导权，全面落实意识形态工作责任制，巩固壮大奋进新时代的主流思想舆论。全面落实意识形态工作责任制是党中央加强对意识形态工作的领导，维护意识形态领域安全的重大举措，也是新时期深化意识形态工作的时代命题。因此，落实意识形态工作责任制要紧紧围绕"做什么""谁来做""怎么做""做到什么程度"展开。

1. 切实担负起意识形态工作主体责任

一是摆在重要位置。各级党委（党组）要将意识形态工作作为党的建设和干部培养的重要内容，纳入重要议事日程，纳入党建工作责任制，纳入领导班子、领导干部目标管理，与经济建设、政治建设、文化建设、社会建设、生态文明建设和党的建设紧密结合，一同部署、一同落实、一同检查、一同考核；加强组织领导和统筹指导，像分析经济形势一样定期分析研判意识形态领域形势，定期听取意识形态工作汇报，定期在党内通报意识形态领域情况，切实当好意识形态工作的领导者、推动者、执行者。二是各级党委主要负责同志既要种好“责任田”，又要勤耕“责任田”。要在抓意识形态工作的积极性和主动性上下足功夫，悉心种好意识形态工作这块“责任田”；要主动上肩、及时研究、靠前指挥，发挥好第一责任人职责，带头分析研判意识形态领域的重大问题，带头把好本地区各类宣传文化阵地的导向，带头批评错误观点和错误倾向；要营造氛围、提供条件，主动解决实际困难，为做好意识形态工作创造良好环境；要总揽全局、协调各方，既要组织动员各领域各部门密切配合、协力推动，又要按照谁主管谁负责原则落实责任分工，充分依靠党委一班人各负其责地做好意识形态工作。

2. 严格落实意识形态工作责任制度

习近平总书记反复强调：抓意识形态工作是本职，不抓是失职、抓不好是渎职。明确意识形态工作责任制度是具体落实意识形态责任的关键之举，是解决曾经一度意识形态工作“说起来重要、做起来次要、忙起来不要”的重要措施，是落实“各级党委专题议、宣传部门专责抓、责任部门专职做”思路的科学谋划。责任清单应当在“主体责任抓严”“主管责任抓细”“部门责任抓牢”“基层责任抓实”上下功夫。

主体责任抓严就是要求各级党委（党组）对意识形态工作负总责，承担政治责任和领导责任，特别是书记要负起第一责任人的责任，并主动接受上级部门列席指导研究部署；主管责任抓细就是要求党委宣传部门作为意识形态工作主抓主管部门，负有直接责任，要牵头负责意识形态工作协调、指导、组织、督查、考核等具体职责；部门责任抓牢就是要求意识形态涉及的重点领域、重点职能部门切实抓牢部门分管职责和监管责任，具体负责各项工作任务的细化落实；基层责任抓实就是要求基层村居、社区、企业、学校等基层党组织发挥好主动权、主导权，把意识形态工作责任传导至“神经末梢”，确保既能自上而下把理论武装、阵地管理、道德建设、文化引领等具体工作落到实处，又能自下而上把来自基层、来自群众的反映意识形态领域问题的信息及时反馈上去。

3. 完善健全考核检查机制

一是高举督促考核的“指挥棒”。加强督促考核，是推动落实的有效抓手和“指挥棒”。着眼“督实”“考准”导向，立足地区部门实际情况，建立、完善、优化意识形态工作责任制的督导考核机制；科学精准做实检查考核的内容、方法、程序，不断推进意识形态考核工作规范化、常态化；坚持把意识形态工作作为党委常委会向全委会报告工作的重要内容，作为党委班子成员民主生活会、述职报告、履行党建责任制的重要内容，纳入干部考察考核、执行党的纪律监督检查范围，强化结果运用。二是用好责任追究的“撒手锏”。严格追责问责，是倒逼主体责任落实的关键。不追究责任，再好的制度也会沦为一纸空文。必须坚持有错必纠、有责必问，强化问责刚性和“硬约束”，既查失职、渎职，也查“不为”“慢为”“乱为”，对因工作不作为致使意识形态工作产生不良后果的，从严查处相关责任人。意识形态工作的责任追究应当像抓党风廉政建设责任制落实一样，采取“一案三查”措施，既要从严查办当事人，又要倒查党组织负责人、分管领导班子成员，在以案示警、举一反三中，立起意识形态工作规矩，使之成为铁规、铁律。

（三）牢牢掌握意识形态工作领导权

党的二十大报告明确强调“牢牢掌握党对意识形态工作领导权”这一重大任务，并作出一系列战略部署。建设具有强大凝聚力和引领力的社会主义意识形态是党和国家工作的重要组成部分，只有牢牢掌握意识形态工作领导权，才能更好巩固和发展主流意识形态，不断增强意识形态领域主导权和话语权。

1. 加强理论武装头脑、指导实践

用党的创新理论武装全党是党的思想建设的根本任务，也是掌握意识形态工作领导权的关键所在。习近平新时代中国特色社会主义思想是马克思主义中国化的最新理论成果，是我们党必须长期坚持的指导思想。加强理论武装，最重要的任务、第一位的要求，就是推动习近平新时代中国特色社会主义思想深入人心。要坚持不懈用习近平新时代中国特色社会主义思想武装全党、教育人民，引导人们深刻领会这一思想的时代背景、科学体系、精神实质、丰富内涵、实践要求、历史地位，深刻领会这一思想贯穿的马克思主义立场观点方法，深刻领会蕴含其中的坚定信仰信念、鲜明人民立场、强烈历史担当、求真务实作风、勇于创新精神和科学思想方法；要抓住领导干部这个关键少数，发挥好党委（党组）理论学习中心组的作用，发挥好各级党校行政学院、干部学院的作用，推动各级领导干部读原著、学原文、悟原理，做到学思用贯通、知信行统一，带动广大干部群众的学习贯彻。理论研究越深入、对科学理论的认识越深刻，掌握理论、运用理论才会越自觉。要深化马克思主义理论研究和建设，继续打造好马克思主义理论研究和建设工程、中国特色社会主义理论体系研究中心、马克思主义学院、报刊网络理论宣传等理论工作平台，发挥好国家社科基金的引导作用。要加大对马克思主义理论特别是习近平新时代中国特色社会主义思想的研究力度，加快构建中国特色哲学社会科学学科体系、学术体系、话语体系，不断推出有深度、有说服力的研究成果，帮助人们知其然更知其所以然，更加自觉地用党的创新理论武装头脑、指导实践、推动工作。就新疆而言，强化理论武装头脑、指导实践就是深入学习贯彻习近平新时代中国特色社会主义思想，把握好习近平新时代中国特色社会主义思想的世界观和方法论，坚持好、运用好贯穿其中的立场观点方法，完整准确全面贯彻新时代党的治疆方略，更好推动新时代党的治疆方略形成生动实践，引领新疆改革发展稳定各项事业开创新局面。

2. 建设具有强大凝聚力和引领力的社会主义意识形态

建设具有强大凝聚力和引领力的社会主义意识形态，需要广泛有效传播党的最新理论，注重在提高传播力、引导力、影响力、公信力上狠下功夫。一要充分发挥理论工作“四大平台”（马克思主义理论研究和建设工程、中国特色社会主义理论体系研究中心、马克思主义学院和报刊网络理论宣传阵地）、“五路大军”〔高等院校、党校（行政学院）、部队院校、科研院所、党政部门研究机构〕作用，深入阐释新时代党的治疆方略，推出一批有分量的研究成果；广泛开展“党的二十大精神进万家”活动、新时代党的治疆方略宣讲活动，尤其是做好习近平总书记在第三次中央新疆工作座谈会上的重要讲话精神的宣讲工作，使党中央的声音传遍天山南北，传到千家万户。二要把好宣传导向，提升引导力、影响力。始终坚持正确舆论导向，利用所有资源、阵地，采用汉、维吾尔、哈萨克、蒙古、柯尔克孜等语言，宣传习近平总书记对新疆各族人民的关心关怀，宣传新时代党的治疆方略在新疆的生动实践，在全社会营造听党话、感党恩、跟党走的浓厚氛围。三要提升引导力、公信力。要坚决与“三股势力”作斗争，旗帜鲜明地反对、抵制、批驳各种错误观点、错误思潮，坚持立破并举，厘清是非界限，廓清思想迷雾，让意识形态工作激浊扬清、正本清源，切实打赢新疆意识形态领域反分裂斗争这场硬仗。

3. 提升意识形态管控能力

一要加强阵地建设和管理。阵地是意识形态工作的基本依托，要加强阵地建设和管理就要认真落实主管主办和属地管理原则，做到守土有责、守土负责、守土尽责，使各类阵地始终成为传播先进思想文化的坚强阵地，决不给错误思想观点提供传播渠道。二是不断提高领导意识形态工作的能力水平。意识形态斗争是长期的社会历史过程，意识形态问题往往比较复杂，政治性、理论性、政策性很强，无论是分析研判还是应对处理，都需要很高的政治素养和专业能力。这就要求各级党委和领导干部必须提升领导意识形态工作的能力和水平，尤其是提高网络意识形态斗争能力、做好知识分子工作的能力。三要善于化解消极因素、调动积极因素。要注意区分政治原则问题、思想认识问题、学术观点问题，坚持具体问题具体分析，是什么问题就解决什么问题，既不能把小事说大，把一般的学术观点和思想认识问题政治化，也不能把大事说小，把政治原则问题当作一般学术观点和思想认识问题来对待。无论处理什么问题，都要坚持从实际出发、从大局出发，都要着眼于化解消极因素、调动积极因素，都要有利于坚持和加强党的全面领导、有利于促进改革发展稳定。

二、加强意识形态领域人才队伍建设

意识形态工作是由具体的人承担的，意识形态工作队伍的素质和能力直接关系到意识形态工作的成效。对此，马克思用“有概括能力的意识形态家”[①]表示意识形态工作者的重要性，而葛兰西更是阐明“有机知识分子”对无产阶级获取意识形态领导权的重要性。总之，要牢牢掌握意识形态工作

---

① 中共中央马克思恩格斯列宁斯大林著作编译局.马克思恩格斯选集：第1卷[M].北京：人民出版社，2012：179.

领导权、管理权和话语权，就必须培养和造就一支高素质的意识形态工作队伍，这也是搞好意识形态工作的主体保障。

（一）着力培养专家型意识形态工作队伍

当前，国际局势风云变幻、国内改革进入攻坚阶段，各种矛盾凸显，各种思潮相互交织。“三股势力”通过歪曲新疆历史、宣扬“双泛”思想制造民族隔阂、破坏宗教和谐、鼓噪新疆“独立”，使得新疆的意识形态工作面临的挑战更为严峻。在此形势下，着力培养专家型意识形态工作队伍对于批驳谬论、正本清源显得尤其必要。

1. 培养专家型意识形态工作队伍要注重提升专业运用本领

习近平总书记强调，宣传思想干部要不断掌握新知识、熟悉新领域、开拓新视野，增强本领能力，加强调查研究，不断增强脚力、眼力、脑力、笔力，努力打造一支政治过硬、本领高强、求实创新、能打胜仗的宣传思想工作队伍。专家型意识形态工作队伍作为宣传思想工作队伍的重要组成部分，既需要注重强化理论上、笔头上、口才上或其他专长上的“几把刷子”能力的培养，让他们的专业积累更红更专更精，真正成为让人信服的行家里手；更需要注重本领能力的运用，切实发挥好智库作用，将所学专业运用到为人民做学问的宗旨当中，解读好马克思主义意识形态理论、推进好中国共产党意识形态话语体系建设、研判好意识形态工作舆情，为阐明应对新疆“两类矛盾”提供强有力的理论支撑，为中央和新疆制定意识形态宣传教育的大政方针提出政策建议。培养专家型意识形态工作队伍还要提升其整体综合素质，确保这支队伍始终能够不断掌握新知识、熟悉新领域、开拓新视野，增强本领能力，真正完成好新形势下意识形态工作的使命任务。

2. 培养专家型意识形态工作队伍要注重提升“四力”

本领能力绝非天生，也无法一劳永逸、一蹴而就，而是在持之以恒的知识更新、实践锻炼中练就的。“四力”既是构成本领能力的重要内容，也是提升本领能力的方法路径。注重脚力提升就是增强自觉践行群众路线，努力深入基层、深入生活、深入群众，真正贴近实际、贴近生活、贴近群众，积极主动在基层一线深入调研、深入采访的能力；注重眼力提升就是增强面对纷繁复杂的情况时对问题的发现力、辨别力、判断力，对新疆意识形态领域的各种言论、观点、思潮、思想、情况等进行准确、快速的辨识和鉴别，提高善于发现问题、明辨是非、捕捉亮点、抓住根本的能力；注重脑力提升就是增强在工作、学习和生活中勤思考、能思考、善思考并作出准确分析、判断的能力；注重笔力提升就是创作出人民群众喜欢看、喜欢听并且深受教育、鼓舞的好作品。统而言之，非凡脚力出眼力、勤想多思著华章，只有将“四力”提升作为培养专家型意识形态工作队伍的方法路径，我们的专家型意识形态工作队伍才能在迅速变化的时代中、在新疆意识形态工作中赢得主动，立于时代潮头、引领风气之先。

3. 培养一支政治过硬、本领高强、求实创新、能打胜仗的专家型意识形态工作队伍

着力培养专家型意识形态工作队伍，提升专业运用本领是基础，提升“四力”是方法途径，而实现政治过硬、本领高强、求实创新、能打胜仗是落脚点。专家型意识形态工作队伍作为先进思想的倡导者、学术研究的开拓者、社会风尚的引领者、党执政的坚定支持者，肩负着培根铸魂的神圣职责，以及为时代画像、为时代立传、为时代明德的使命，尤其是在新疆，这支队伍不仅要敢于发声、敢于斗争，旗帜鲜明坚持真理，立场坚定批驳谬误，还要唱响主旋律、壮大正能量。要坚决反对、抵制、批驳各种错误观点、错误思潮就必须做到政治过硬；要坚持立破并举、厘清是非界限、廓清思想迷雾就必须做到本领高强；要让意识形态工作激浊扬清、正本清源就必须做到求实创新、能打胜仗。唯有此，才能真正培养出一支靠得住、信得过、用得上的专家型意识形态工作队伍。

（二）着力加强基层意识形态工作队伍建设

加强意识形态工作要着眼基层，加强意识形态工作队伍建设更要着眼基层。基层意识形态工作并不是形而上学的虚功，而是在基层贯彻党的理论、路线、方针政策的实务，对党的各项工作具有全局性影响。因此，基层意识形态工作队伍状况如何直接关系到意识形态安全的全局。

1. 要突出政治标准

着力强化基层意识形态工作队伍建设要突出政治标准，这是基层意识形态工作具有延伸的全民性、接触的经常性、影响的深刻性等突出特点决定的。其质量如何关乎民心凝聚、社会稳定和政治安全，具有极端重要性。基层意识形态工作队伍涵盖企业、机关、学校、社区等县、乡、村基层的各个单位，是落实意识形态这一极端重要工作各项任务的“神经末梢”，这就要求基层意识形态工作队伍必须以高度的政治敏锐性、使命感和责任感将意识形态工作做细做实。在新疆，突出政治标准就是要求基层意识形态工作队伍理论上要十分清醒，要深入学习贯彻习近平新时代中国特色社会主义思想，增强“四个意识”、坚定“四个自信”、做到“两个维护”，牢固树立马克思主义“五观”，增强“五个认同”，自觉抵制宗教极端思想，提高是非鉴别力；突出政治标准就是政治上要绝对忠诚，在思想上政治上行动上同党中央保持高度一致，在维护祖国统一、反对民族分裂这一大是大非问题面前，始终保持政治定力，始终保持政治忠诚；突出政治标准就是言行上要表里如一，发声时要讲实话，行动上真带头，争做对党绝对忠诚的模范，坚决与政治舞台上的“两面派”、反恐维稳中的“两面人”作斗争。

2. 要突出群众工作本领

着力强化基层意识形态工作队伍建设要突出群众工作本领，这是由新疆地处反分裂斗争前沿阵地，社会矛盾多、问题较复杂、任务更艰巨、工作也更难开展的现状决定的。落实总目标，离不开党和政府深入细致的群众工作，离不开党员干部的无私奉献，更离不开广大人民群众的积极主动参与。基层意识形态工作队伍是联系群众、化解矛盾的一线力量，必须带着感情深入群众，真心实意为群众排忧解难，和群众打成一片，才能找准问题的原因，提高解决矛盾的能力。要提高基层意识形态工作队伍的群众工作本领，必须做到以下几点：一是加强对干部的教育培训，提升群众工作能力。要以专业对应、层次对应、岗位对应为着眼点，注重在培训内容和形式上进行科学谋划，精准培训，提升专业技术水平，力求为各类干部提供具有前瞻性、实践性和岗位适配性强的实效能力培训。二是创新群众工作方法，提高群众工作实效。通过不断创新深化"访惠聚"、民族团结进步创建、结对帮扶等有效工作方式，不断提高组织引导服务群众的本领和维护群众权益的能力。三是提升语言沟通能力。基层意识形态工作者要在精通双语上狠下功夫，确保意识形态各项工作深入群众，取得实效。

3. 健全基层意识形态工作队伍干部选拔任用制度

着力加强基层意识形态工作队伍建设离不开健全干部选拔任用制度，因为制度是管根本、管长远的，是这支队伍持续发挥作用的关键。健全基层意识形态工作队伍干部选拔任用制度要始终坚持正确选人用人导向，匡正选人用人风气，突出政治标准，提拔重用拥护"两个确立"、不断增强"四个意识"、坚定"四个自信"、做到"两个维护"，全面贯彻执行党的理论和路线方针政策，忠诚干净担当的干部，选优配强各级领导班子。特别要注重做到如下四点：一要在干部选拔任用中，突出基层干部的政治素质和政治品质。要把政治过硬、业务精良、作风踏实的年轻干部选拔到意识形态工作阵地上来，为抓好基层意识形态强化领导队伍做保障。二要把事业为上的导向贯穿始终。基层意识形态工作需要高素质干部，要把意识形态工作的行家里手、党的理论政策的宣讲家、新时代宣传思想工作队伍中表现突出的干部及时发现出来、精心培养起来、合理使用起来。三要坚持以事择人、人岗相适。打破平衡照顾、论资排辈的壁垒，把事业需要、岗位要求与促进干部成长、调动各方面积极性有机结合起来。四要把建设一支对党忠诚、德才兼备的高素质少数民族干部队伍作为重要任务常抓不懈。

（三）着力激发意识形态工作队伍的积极性创造性

着力激发意识形态工作队伍的积极性创造性源于党对意识形态工作的高度重视。党的十八大以来，以习近平同志为核心的党中央突出战略思维并将其运用至意识形态工作各项决策部署之中，以系统思维正确把握意识形态工作的辩证法、以创新思维深入探索意识形态工作融会转化载体、以制度思维健全落实基层意识形态工作责任制，有力调动意识形态工作者的积极性，不断增强意识形态工作者的责任感、使命感和荣誉感，把更多优秀的人才吸引到意识形态工作队伍之中。

1. 政策激励，营造意识形态工作良好氛围

党的十八大以来，习近平总书记着眼新时代坚持和发展中国特色社会主义、立足党和国家事业发展全局，围绕意识形态工作作出一系列战略部署，这充分体现了我们党领导意识形态工作长期积累的宝贵经验，深刻反映了我们党对意识形态工作规律的认识和把握达到了一个新的境界，极大地激励了意识形态工作者的信心，为扎实做好意识形态工作夯实了社会基础。作为反分裂斗争前沿阵地的新疆高度重视意识形态工作，弘扬主旋律、唱响奋进曲，坚定坚决完整准确全面贯彻新时代党的治疆方略，特别是习近平总书记在第三次中央新疆工作座谈会上的重要讲话精神，坚定坚决将党中央重大决策部署落到实处，确保新疆社会大局持续稳定，为加强新疆意识形态工作营造了积极良好氛围。

2. 情感激励，发挥意识形态工作队伍积极性

强化人文关怀，增强情感激励正向作用是激发意识形态工作者积极性的

有效手段。新疆意识形态工作队伍总体上是信得过、靠得住的。长期以来新疆各级政府始终坚持贯彻落实党的方针政策，加强与意识形态工作队伍联系，做他们的挚友、诤友，给予他们工作生活上的关怀支持帮助；同时不断深化人才发展体制机制改革，力求形成意识形态工作者干实事、谋发展的体制机制，以此充分释放意识形态工作者的才华能力，积聚广大意识形态工作者的智慧能量。广大意识形态工作者备受鼓舞、奋勇向前，秉持国家至上、民族至上、人民至上理念，在实践中胸怀大局、守正创新、追求真理，成为社会主义核心价值观的有力践行者、模范带头者。

3. 典范激励，激发意识形态工作队伍热情

榜样的力量是无穷的。在2017年新疆深入开展去极端化斗争的关键时期，吾布力喀斯木·买吐送同志发表了《致维吾尔族同胞觉醒书》，旗帜鲜明、坚定坚决地发出了对党和祖国的感恩忠诚之声、誓与“三股势力”斗争到底的宣言。自治区党委作出向吾布力喀斯木·买吐送同志学习的决定后，全疆各级党组织、各族干部群众积极响应。这一事例充分表明，典型、榜样具有很强的示范激励作用，凸显了政治上的引领性、思想上的启迪性、实践上的指导性，为落实总目标营造了良好的舆论氛围，集聚了强大的正能量。注重发挥典范的激励作用，将宣传思想文化战线中，尤其是奋战在意识形态领域斗争一线表现突出的先进个人和集体及时加以宣传、表彰，树立学习的典范，对于形成学习、争当、赶超先进的氛围，激发意识形态工作队伍热情至关重要。

三、巩固和扩大主流意识形态的舆论影响力

伟大时代需要创新理论指引，伟大事业需要主流舆论鼓劲。巩固和扩大主流意识形态的舆论影响力，需要加强各类社会思潮研究与舆情研判、主动针对现实热点问题释疑解惑、持续推进党的创新理论入脑入心、努力探索社

会主义核心价值观的实践创新、积极开展对外文化交流合作，凝聚意识形态工作合力，朝着党中央确定的宏伟目标团结一心向前进。

（一）加强各类社会思潮研究与舆情研判

当今世界正处于百年未有之大变局中，随着中国日益走向世界舞台的中央，各类社会思潮风起云涌，唯有正确认识各类社会思潮规律特点、正确预测社会思潮发展趋向，把握重点，才能提高社会舆情研判能力，从而积极进行引导应对。

1. 正确认识社会思潮和发展规律特点

社会思潮是社会变动在思想观念中的折射，各种各样的社会意识形态往往通过社会思潮表现出来。改革开放以来，随着市场经济的发展和社会转型的加快，意识形态领域呈现出开放的多样化局面，除马克思主义主流意识形态之外的其他各种社会思潮纷纷登场。尤其进入21世纪，我国社会进入“黄金发展期”，同时又是“矛盾凸显期”，各种社会矛盾也逐步显现出来，各种社会思潮也得到了进一步发展。地处祖国西北重要战略地位的新疆处于我国反分裂斗争的第一线，“三股势力”不断调整策略，把向意识形态领域渗透制造错误社会思潮作为重要手段，与我争夺意识形态阵地、争夺群众，致使新疆的社会思潮具有特殊的复杂性、尖锐性、交织性等特点。美西方为了达到以疆制华、以恐遏华的阴谋，长期以来蓄意在新疆历史、民族、宗教、文化等意识形态领域进行颠倒黑白、混淆是非的渗透宣传，变换各种手法制造错误社会舆论和社会思潮，时刻不忘干扰新疆意识形态。因此，做好新疆意识形态工作，一定要清醒认识当前社会思潮斗争的长期性、复杂性，跟踪研究社会思潮变化的动向、特点和规律，提高政治定力，提高斗争本领，提高辨别能力，坚决遏制错误社会思潮渗透，为维护新疆意识形态领域安全打下坚定思想基础。

2. 正确预测社会思潮发展趋向

正确预测社会思潮的发展趋向，是提高意识形态预判能力的关键所在。为此，一是要分析当代中国社会思潮产生和发展的脉络、基本特征、演变规律，从而准确预测社会思潮可能蔓延的速度、范围和可能产生的影响。二是要透过现象看本质，对于各种社会思潮的分析，不能仅仅分析其理论表现形式，更要透过其非本质的现象揭示其所蕴含的思想观念、政治诉求，真正把握其内在本质。只有这样，我们才能在潮涨潮落的社会思潮面前正确划清马克思主义和反马克思主义思潮的界限，反对和抵制各种错误的和反马克思主义的社会思潮，促成全社会形成共同的主导价值观，以减少社会冲突、维护主流意识形态安全。

3. 把握重点，提高社会舆情研判能力

按照唯物辩证法的观点，社会矛盾有主要矛盾和次要矛盾之分；同样，在多元的社会思潮中，各种各样的社会思潮对社会意识形态作用有强有弱，影响深浅不一、程度不同，这就要求我们在社会思潮的研究和预测上也要有主次之分。对于那些社会影响力较大、迷惑性较强，并且对我国改革开放干扰较大、试图左右社会运行走向的社会思潮要进行重点关注，从而有利于我们在实践中有重点地做好党在意识形态领域的引领工作。近年来，新疆着重在挖错误思潮的根子上狠下功夫，围绕如何彻底从意识形态领域清除“双泛”错误思潮进行研究。

（二）主动针对现实热点问题释疑解惑

聚焦现实热点问题释疑解惑是坚持问题导向、巩固和壮大意识形态舆论影响力的关键所在。为此必须深入群众加强调查研究，摸清群众关注的热点问题，在此基础上，进一步深入研究，切实做到理论与实践有效结合，增强问题回应的权威性准确性；通过强化宣传效果答疑解惑，从而达到统一思想、凝聚共识、汇集力量的目的。

1. 摸清群众关注的热点问题

群众反映的热点难点问题涉及群众的根本利益，而且涉及人数多，不处理或者处理不好，会直接影响社会稳定和长治久安。因此，各级领导干部和党政机关既要高度重视、回应、解决群众反映的热点难点问题，更要深入基层、深入生活、深入群众，对意识形态领域的各种言论、观点、思潮、思想、情况等进行准确、快速的辨识和鉴别，善于发现问题、明辨是非、抓住根本，通过深入思考，深刻认识新变化、新机遇、新挑战，以正确的态度、科学的方法摸清群众反映的热点难点问题的症结所在，为切实解决好问题下好先手棋。

2. 实现理论与现实热点难点问题“面对面”

理论只有关心群众，才能掌握群众。直面现实、立足现实，进而引导人们超越现实的困惑，这样的理论才会被人们自觉追求，给人们无穷无尽的力量。热点难点问题涉及现实社会方方面面，需要阐释，更需要加大研究力度，唯有此，才能实现理论与现实热点难点问题“面对面”。一是发挥理论专家优势。充分发挥理论专家在学理上的权威性、专业性，理性剖析热点问题背后的理论根源、历史脉络、现实逻辑，对当今时代的重大问题作出回应；聚焦群众关心关注的社会热点、新闻热点、舆论热点，不回避、勇于担当，联系实际阐释理论、解读政策，针对热点解疑释惑。唯有此，理论阐释才有吸引力、感染力，进而实现舆论引领力。二是发挥宣讲优势。要特别注重以深入浅出的方式进行表达，力求不仅党员干部能听得懂，广大群众也能入脑入心，努力将理论语言、学术语言转化为通俗语言、大众语言，更好地启发群众思考，达到解疑释惑、增进共识、凝聚民心的目的。

3. 增强释疑解惑的宣传效果

要紧密联系干部群众思想实际，增强释疑解惑的宣传效果。从理论阐释、新闻视角、语言特色、历史纵深、国际视野等维度，对热点难点问题作出深入浅出的解读，既讲清楚是什么又讲清楚为什么，既讲明白怎么看又讲明白怎么办；运用主流新媒体平台将权威准确的观点，以互动化、可视化等方式展现出来，使释疑解惑通俗易懂；文风清新简洁，在释疑解惑中进一步坚定广大干部群众的“四个自信”，把人们的行动和力量凝聚到完整准确全面贯彻新时代党的治疆方略，特别是第三次中央新疆工作座谈会明确的各项决策部署上来。

（三）持续推进党的创新理论入脑入心

中国共产党的创新理论是全方位的，也是分层次的，是意识形态工作的“指南针”“定盘星”。让党的理论说服人，是掌握群众的关键。让党的创新理论深入到干部群众之中，是做好意识形态工作的关键。

1. 注重大众化形象阐释，力求讲透党的创新理论

理论的生命力在于通俗化、大众化、时代化。党的创新理论要坚持以马克思主义指导为原则和灵魂，精准化阐释是前提，形象化展示是基础，大众化普及是重要环节，要环环相扣、精准用力。理论只被少数人掌握，就失去了广泛的群众基础，也就谈不上大众化了。理论要被人民群众接受信服，就必须精心打磨宣传内容，用深入浅出、娓娓道来的方式，让老百姓真正听得懂、感兴趣、用得着。宣传思想工作只有满足社会大众汲取精神养分的需求，切实敲开百姓家的思想之“门”，使党的创新理论具有传播力、穿透力、影响力，让人们能明白、能领会，才能触动人心、净化心灵，汇聚起大众砥砺前行的精神力量。

2. 遵循理论宣传规律，提高宣传实效性

理论宣传重在提升时效性和实效性，关键在于遵循理论宣传规律。就当前而言，要做到三点：一是下功夫推进宣传文本通俗化。文本是理论借以存在并得以传播的载体，是提升群众理论认同度的基础环节。适应当前人民群众的阅读习惯和思维习惯，开发更多生动的、接近生活的理论宣传文本，是

将党的创新理论深入群众的必然选择。二是下功夫解决宣传话语生活化。在宣传党的理论时，要深入调查研究，了解新形势下人民群众的所思所想，学会运用适当的话语方式，让宣传融入生活，触动人心。用通俗易懂、朴实的文风与话风，让广大人民群众了解党的最新理论，了解其内涵，形成最大的思想同心圆。三是下功夫实现宣传载体时代化。通过网络传播党的创新理论，要结合当下流行元素，了解人民群众的兴趣爱好，提升传播内容的吸引力与感染力。借助微信、微博、网上论坛等平台，采取漫画、微型故事、微电影、短视频等群众喜闻乐见的形式，让晦涩难懂的理论直达群众内心，让人民群众产生认同感。

3. 抓好宣传教育队伍，让党的创新理论讲得好、讲得透

让党的创新理论讲得好、讲得透，必须要有强有力的宣传教育队伍支撑。一是抓好宣讲队伍，使其在走村入户中传播党的创新理论，确保新时代党的治疆方略根植于干部群众心中。要发挥“访惠聚”“民族团结一家亲”等活动的力量对群众进行宣传教育，发挥基层宣讲文化能人优势，提升群众自我教育能力。二是建好教师队伍，在讲坛、课堂上传播党的创新理论。要理直气壮开好思政课，不断提升思政课教师的政治素养和教学水平。三是育好理论专家，在平台阵地上传播党的创新理论。社科理论专家具有专业优势，是理论宣传教育的重要力量，要以重大主题宣教活动、社科普及周为契机，常年深入基层传播党的创新理论，让党的创新理论“飞入寻常百姓家”，达到解疑释惑、激发斗志的效果。

（四）努力探索社会主义核心价值观的实践创新

在社会思潮日益多元、多样、多变的情况下，用社会主义核心价值体系引领社会思潮，必须努力探索积极、系统、有序的创新实践路径。一方面，以马克思主义意识形态引领多样化社会思潮，“根本的就是以社会主义核心

价值体系引领社会思潮”[①]；另一方面，就社会主义核心价值观自身来说，它是社会主流意识形态的本质体现[②]。因此，培育和践行社会主义核心价值观本身就具有引导人们树立正确的理想信念、自觉抵制各种错误社会思潮的侵袭和传播蔓延的作用。

1. 构建家庭、学校、社区三者之间密切配合的协同教育机制

一是注重家庭教育。作为最小单位，家庭承载着青少年价值观教育最早、最基础的重任，其成败对青少年的理想信念和道德观念影响巨大。为此必须发挥好言传身教的积极作用，坚决杜绝“重智轻德”倾向，切实把做人的基本道理、内在的良好品格及时有效传递给青少年。二是推进学校教育。切实做到社会主义核心价值观进教材、进课堂，培育优良教风，创造良好的校园文化环境，积极倡导学校定期开展各类健康文明有益的活动。三是完善社区教育。社区教育的实质是教育社会化和社会化教育的辩证统一。要在增加经费投入、整合资源，切实加强社区教育基地建设、加强社区教育队伍建设上下狠功夫，为培育社会主义核心价值观创造有效平台。

2. 将社会主义核心价值观融入社会发展各个方面，引导全体人民自觉践行

培育社会主义核心价值观需要强有力的宣传教育，更需要在实践中将其融入经济社会发展和社会治理的大格局，这样才能更加巩固壮大其影响力和说服力。一是以法促进道德养成，加强社会治理。要切实发挥法律对道德养成的促进作用，通过立法把社会主义道德中最低限度的义务法律化，让道德与法律紧密关联，道德促进法，法保障道德，以此加强社会治理。二是要制定细化完善的规章制度，促进社会主义核心价值观的养成。规章制度是具化

① 丁祥艳.社会思潮评价论研究[M].北京：中国书籍出版社，2013：121.

② 李海.主流意识形态安全视阈下的社会主义核心价值观培育[J].科学社会主义，2014(06)：76-79.

公序良俗、行为准则的标尺，对于长期、渐进培育和践行社会主义核心价值观具有规范引领作用。三是要建立健全赏罚机制。赏罚是任何规则得以发挥其规导作用的重要保证，践行社会主义核心价值观也不例外，要使社会主义核心价值观融入社会发展和社会治理之中，就必须借助于赏罚机制。

3. 开展涵养社会主义核心价值观的实践活动

广泛开展涵养社会主义核心价值观的实践活动，应牢牢坚持注重实效这一重要原则，一方面要充分考虑广大群众的心理特点和接受习惯，使之能够容易融入和理解，增强实践活动的针对性；另一方面要引导广大群众积极参与进来，使之切身感受到社会主义核心价值观的“在场”，增强实践活动的广泛性。这种实践活动的开展不仅有利于培育群众对核心价值观的认知，同时也有利于实现寓教于乐，在潜移默化中提高社会主义核心价值观的渗透力。要发挥政策导向作用，坚持联系实际，找准核心价值观与人们思想的共鸣点、与群众利益的交汇点，把核心价值观融入人民群众的日常生活，融入各行各业的实际工作。

（五）积极开展对外文化交流与合作

作为丝绸之路经济带核心区的新疆，承担着对外讲好中国故事新疆篇章、传递好新疆声音的光荣使命。历史上新疆是中华文明向西开放的重要门户，在东西方文明交流互鉴中发挥了重要作用。在中央政府的支持下，新疆已形成全方位、多层次的对外文化交流格局。[①]为此，新疆运用独特区位和人文优势，发挥中华文化多元一体特质，不断巩固加强对外文化交流成果，逐步增强对外文化传播实效，促进与丝绸之路经济带沿线国家之间的友好往来，逐步提高我国的国际影响力。

---

① 中华人民共和国国务院新闻办公室.新疆的文化保护与发展白皮书[M].北京:人民出版社,2018:23.

1. 科学提升新疆对外文化交流水平

一是着眼长远，科学规划。要结合实际需求，“要发挥新疆区位优势，以推进丝绸之路经济带核心区建设为驱动，把新疆自身的区域性开放战略纳入国家向西开放的总体布局中，丰富对外开放载体，提升对外开放层次，创新开放型经济体制，打造内陆开放和沿边开放的高地”。[①]二是通过搭建平台、共享信息，和丝绸之路经济带沿线各国、各区域开展文化交流与合作，促进互利共赢、和平稳定、繁荣发展，不断增强中华文化的整体国际影响力。三是充分调动政府、民间机构和个人积极性。政府要以发展的眼光、创新的思路、丰富的内容、灵活的形式推进良好互动、互补合作。

2. 充分发挥自身文化优势，更加自信、自强地“走出去”

一要做到中国文化国际表达。文化自觉与文化自信是打造文化交流品牌、文化项目平台的基础。让新疆特殊地缘优势在文化交流合作中充分发挥，就必须要有针对性地设计、编排突出新疆文化特点且深受当地民众喜爱的文化交流内容。二要坚持政府主导、企业主体、市场运作、社会参与，扩大对外文化交流。培育外向型文化企业，支持文化企业到境外开拓市场；鼓励社会组织、中资机构等参与孔子学院和海外文化中心建设，承担人文交流项目；通过理顺内宣和外宣体制，支持重点媒体面向国际发展。三要加强国际传播能力和对外话语体系建设。要着力完善机制，丰富内容，讲求实效，整体考虑不同国家和地区的特点，有针对性地设计项目。

3. 整合利用文化资源，拓展交流合作领域

一是注重整合社会各领域文化资源。以各类重要文化交流活动为契机，充分利用各种平台的资源优势，形成合作机制、搭建交流平台；完善与援疆省市文化交流机制，不断拓宽对外文化交流渠道。二是要促进与周边国家的

① 习近平.习近平在第三次中央新疆工作座谈会上强调坚持依法治疆团结稳疆文化润疆富民兴疆长期建疆　努力建设新时代中国特色社会主义新疆[N].人民日报,2020-09-27(001).

人文交流合作。新疆周边的中亚国家都曾提到希望与中国加强人文交流合作、促进共同发展的诉求，应积极主动地与这些国家做好人文交流合作工作，更好地体现中国的大国风范。三是创新工作思路和方法，注重互联网和新媒体资源的开发利用。综合运用大众传播、群体传播、人际传播等方式，要紧紧立足实际，树立国际化视野，鼓励和支持各类艺术团体和机构积极开展对外文化交流与合作，有针对性地开展对外宣传工作，讲好中国故事，传播好中国声音。

四、构建意识形态工作安全的支撑保障体系

党的十八大以来，以习近平同志为核心的党中央高度重视意识形态问题，牢牢掌握意识形态工作的领导权、管理权、话语权。随着我国日益扩大开放、日益走近世界舞台中央，我国同世界的联系更趋紧密、相互影响更趋深刻，意识形态领域面临的形势和斗争也更加复杂。新时代加强意识形态建设，必须坚持总体国家安全观，着力以系统观念入手，多维度构建新时代意识形态安全的支撑保障体系，切实解决事关意识形态安全的问题。

（一）牢固树立新时代总体国家安全观

党的二十大报告指出，国家安全是民族复兴的根基，社会稳定是国家强盛的前提。意识形态安全是总体国家安全的重要组成部分，关乎政治安全、社会安全。牢固树立新时代总体国家安全观，厘清意识形态安全风险，才能打赢意识形态领域斗争主动仗。

1. 意识形态安全是总体国家安全的重要组成部分

一是意识形态关乎政治安全。意识形态安全既是政治安全的一部分，同时又在维护政治安全中起着至关重要的作用。习近平总书记强调：“意识形

态关乎旗帜、关乎道路、关乎国家政治安全。”[①]国家政治安全的核心是政权安全和制度安全。而外部势力对政权安全和制度安全率先发起挑战的，往往是在意识形态领域。二是意识形态关乎社会安全。社会安全是国家安全的重要内容，新时代影响社会安全和社会稳定的因素不断凸显，维护社会安全需要多管齐下，其中一个重要的方面就是增强社会凝聚力。一个社会的主流意识形态越是具有感召力和号召力，这个社会的脆弱性就越低、凝聚力就越强，社会也就越安全。面对不断彰显的多元化和差异化思潮，主流意识形态的凝聚力作用也不断凸显，其对巩固社会稳定和促进社会进步有着重要作用。

2. 牢固树立新时代总体国家安全观必须厘清意识形态安全风险

当前，我国意识形态安全面临的威胁大致可以分为两个方面：一是美西方资本主义国家的意识形态渗透；二是国内的各种社会思潮、非主流价值观等对主流意识形态的冲击。意识形态安全风险点由此不断演化、呈现出来。从国际外部环境因素来看，美西方敌对势力自始至终没有放弃对我国意识形态领域的渗透，他们始终将中国的崛起与壮大作为其价值观与制度巩固的最大威胁。他们图谋“以疆制华”，尤其是近年来打着所谓人权、宗教的旗号，对我国进行恶意抹黑。从内部挑战来看，主流意识形态面临的内部挑战可以划分为“多元化挑战”和“世俗化挑战”。所谓“多元化挑战”是指随着经济社会的发展，利益分化、诉求多元化带来思想观念的多元化。为了发出自己的声音，并试图影响当代中国政治社会发展走向以及社会民众的认知与行为选择，它们否定、冲击马克思主义的一元化地位。所谓“世俗化挑战”是指拜金主义、享乐主义、极端个人主义在一定范围滋生蔓延，社会主义、集体主义、爱国主义等主流价值观遭遇挑战。

---

① 中共中央宣传部.习近平新时代中国特色社会主义思想三十讲[M].北京：学习出版社，2018：139.

3. 打赢意识形态领域斗争主动仗

一是不断增强全党全民意识形态安全意识。始终重视思想建党、理论强党是我们党的一大优势，要在意识上紧绷忧患之弦，科学统筹发展和安全之策，以此汇聚全党、全国、全社会的共识。二是紧盯政治安全，层次分明推进意识形态领域安全工作。始终聚焦政治安全这个根本，强化意识形态工作针对性，依法依规坚决有力遏制打击各种渗透颠覆破坏活动，确保中国特色社会主义制度更加巩固、党的领导更加有力。三是积极倡导人类命运共同体理念，引领全球安全治理体系变革方向。始终坚持人类命运共同体理念，坚定捍卫多边主义和自由贸易，为充满不确定性的国际社会注入强大正能量；推动建设相互尊重、公平正义、合作共赢的新型国际关系，打破非友即敌、结盟或对抗的冷战思维，为引领国家间关系提供新思想、新模式。

（二）营造维护意识形态安全的社会氛围

意识形态总是根植于一定的土壤和社会氛围之中，这种土壤和社会氛围是与中国共产党执政实践紧密联系的，这种执政实践是中国共产党的执政理念和意识形态在现实的展示，同时又反过来构成对党的意识形态的“检验”效应。因此，能否营造良好的维护意识形态安全的社会氛围直接关系到党的意识形态安全。结合新疆实际来看，对党的意识形态的土壤和氛围造成不良影响的因素较多，但突出表现在恐怖主义和极端主义两个方面，因此，要营造维护意识形态安全的社会氛围就必须首先解决好上述两方面的问题。

1. 依法严厉打击恐怖主义和极端主义

20世纪70年代末80年代初以来，特别是冷战结束后，受国际宗教极端主义思潮影响，宗教极端主义在新疆滋生蔓延，导致暴恐事件多发频发，对新疆意识形态安全造成极大危害。宗教极端主义披着宗教外衣、打着宗教旗号，宣扬“神权政治论”“宗教至上论”“异教徒论”“圣战论”等，煽动暴力恐怖，制造族群对立。宗教极端主义与伊斯兰教倡导的爱国、和平、团结、中道、宽容、善行等教义背道而驰，其本质是反人类、反社会、反文明、反宗教的。宗教极端主义是对宗教的背叛，绝不能把宗教极端思想同宗教问题扯在一起，绝不能用宗教问题来替宗教极端思想作说辞，绝不能借口涉及宗教问题而推脱清除宗教极端思想的责任。新疆借鉴国际经验，结合本地区实际，采取坚决措施，依法开展反恐和去极端化斗争，沉重打击了暴恐势力的嚣张气焰，有力遏制了宗教极端思想的滋生蔓延，巩固了意识形态安全的社会氛围，维护了社会和谐稳定。事实证明，坚持依法严厉打击恐怖主义和极端主义是营造意识形态安全社会氛围的有效途径。

2. 铸牢中华民族共同体意识

铸牢中华民族共同体意识本质上是要解决好认同问题，是营造维护意识形态安全的社会氛围的“钥匙”。实践证明，加强中华民族大团结，最长远和最根本的是增强文化认同。文化认同是最深层次的认同，是民族团结之根、民族和睦之魂。只有解决好文化认同这个根本问题，才能使得对伟大祖国、对中华民族、对中国共产党、对中国特色社会主义的认同更加巩固。新疆各民族文化始终扎根中华文明沃土，是中华文化不可分割的一部分。[①]这是铸牢中华民族共同体意识的基础。习近平总书记在2022年7月考察新疆时强调，要铸牢中华民族共同体意识，促进各民族交往交流交融。要教育引导广大干部群众正确认识新疆历史特别是民族发展史，树牢中华民族历史观，铸牢中国心、中华魂，特别是要深入推进青少年“筑基”工程，构筑中华民族共有精神家园。要推动各族群众逐步实现在空间、文化、经济、社会、心

① 中华人民共和国国务院新闻办公室.新疆的若干历史问题白皮书[M].北京：人民出版社，2019：17.

理等方面的全方位嵌入，促进各民族像石榴籽一样紧紧抱在一起。[①]

（三）提升意识形态安全的基层治理能力

提升意识形态安全的基层治理能力要做到制度先行，并以制度强化约束，同时需要统筹、协调、调动各职能部门和各方面力量合力推进。要始终紧绷意识形态安全这根弦不放松，坚持虚功实做、难事长做，切实提升意识形态安全的基层治理能力。

1. 要做到制度先行、强化约束

责任是核心，落实是关键，制度是保障。意识形态工作责任制要落到基层、落到实处，必须抓好明责、追责、问责等关键环节。首先要建立一套包括责任分解、任务分工、督导考核、追责问效等环节清晰、权责明晰、接地气、可操作的制度体系，做到工作推进有理、有据、有节，避免走过场、流于形式；尤其是在新疆南疆四地州这样一个反恐维稳前沿阵地，更需要从健全制度入手、从硬性约束做起，边规范边引导，在夯实责任的基础上推动意识形态工作向上向好，确保意识形态安全。

2. 要做到统筹谋划，合力推进

意识形态工作不同于经济发展、城镇建设这些看得见、摸得着的具体工作，其工作对象、范畴、任务、性质等因素决定了这项工作无处不在、无时不在，表现出根本性、战略性、全局性等意义和艰巨性、复杂性、长期性等特征，也决定了这项工作非一日之功、一时之事、一家之责，需要统筹、协调、调动各职能部门和各方面力量积极参与、主动参与，作为分内工作、分内职责来完成。具体工作中，既能守土有责、各负其责，又能统筹协作、合力攻坚，这样才能确保形成强大合力，牢牢把握意识形态工作主动权。

① 习近平在新疆考察时强调　完整准确贯彻新时代党的治疆方略　建设团结和谐繁荣富裕文明进步安居乐业生态良好的美好新疆[N].新疆日报,2022-07-16(A02).

3. 要坚持虚功实做、难事长做

舆情源于世情，网上反映网下。意识形态领域出现的问题也折射出具体工作与实际措施的缺失缺位等问题，可以说，意识形态工作既是务虚也是务实。特别是在基层，老百姓的观念认识是朴素现实的，眼前的困难解决不了，就很难让他们信服说好。拆迁、环保、教育、医疗、社会保障等任何一项具体工作出现问题、有失偏颇，都有可能引发群众的不满情绪，甚至可能演化成对制度、体制、道路的质疑和不满。具体到基层，既要做好政治、思想、理念等层面的教育引导，也要做好顺民意、解民忧、惠民生等实际工作，着力推进意识形态工作具体化、载体化、方向化、生活化，虚实结合、实处着力，确保意识形态工作全方位推进、全领域覆盖。

（四）建立健全意识形态安全预警处置机制

应对自然灾害，我们建立了各种预警系统和预警机制，同样，维护意识形态安全也需要建立健全相应的预警系统和机制。

1. 建立健全意识形态安全预警系统

一是建立健全公共安全信息预警机制。构建公共安全信息预警机制的首要任务就是建立全面的信息网络系统，打造信息预警平台。这个综合信息平台可以与现有的公共安全预警的综合信息中心对接。通过这套系统，既可以充分利用现代化的科学技术建设一个高效统一、反应敏捷、安全可靠的社会综合服务系统，以提高我们应对各种突发事件的快速反应能力，也可以在此基础上掌握人民群众的利益诉求和思想动态；尤其是要注重对一些社会热点和难点问题的信息收集，通过“四早”（早发现、早报告、早控制、早化解）途径，及时预测中央政策的贯彻情况和社会基层群众的思想动态。二是完善意识形态安全预警信息系统组织协调机构。要建立健全意识形态安全预警信息系统组织架构，通过这一组织架构统一协调预警信息收集、受理、处理和反馈等问题，为了防止组织机构重叠和冲突，可以与网络舆情领导机制合并，这也有利于提高信息收集效率。三是通过各种形式，加大信息收集力度。要充分加强对网络舆情信息的收集力度，定期组织开展思想政治状况的调查研究工作，并做好成果运用。

2. 建立健全意识形态安全危机处理机制

一是迅速判断事件性质和危害程度。当某种危机可能发生时，我们首先要迅速判断事件的性质和危害程度。这就需要我们在全面收集信息和掌握信息的基础上对可能发生的危机进行评估，在评估中尤其要客观，既不能忽视可能发生的危机，也不能盲目夸大危机的程度。在评估的方式上，既要注重定性分析又要注重定量分析。定性分析，就是指决策者通过大量信息以及自己的实践经验、理论水平对危机的性质、发展方向和程度作出判断，进而形成基本评判。定量分析就是决策者根据统计资料和相关数据运用统计方法和数学模型，对可能产生的风险规模、程度和影响进行测定。当然，在实际情况中，往往需要将定性分析与定量分析结合起来，尤其要邀请相关专家对事件进行评估，以此得出客观的认识。二是及时发布信息。要使用群众易于接受的方式，如可以通过图片、视频等形式，配合文字来传播信息，学会图文并茂地“讲故事”，从而进一步增强信息的传播效应。三是多媒介渠道发布信息。要注重充分利用各种网络平台和权威网站发布信息，如人民网、新华网、天山网、石榴云客户端等平台，发挥正能量作用，以此发挥其引导认知、增强说服力、维护意识形态安全的功能。

3. 充分调动和协调各方面的力量

一是建立统一、高效权威的国家安全领导体制。二是构建以各级党委、人民政府为主体，社会资源参与，政府与社会互联、互补、互动的应对危机模式。发挥专家智囊的作用，及时正确引导群众的认知。

4. 有效处理公共危机事件

就现实来看，局部的意识形态危机往往与一些一定规模的公共危机事件交织在一起，而且往往是由一些具体事件所引起的。因此，意识形态安全的维护必须和危机事件本身的处理结合起来，以危机事件的有效处理夯实执政党意识形态安全基础，防止群体舆论的激化。一是站在人民群众立场处理危机事件。在危机事件，尤其是群体性事件发生的初期，领导者要坚持以人为本，千方百计地化解矛盾，防止事件恶化升级；主要领导应尽快出面接待民众，认真妥善地处理民众反映的问题，切实体现党全心全意为人民服务的宗旨和立党为公、执政为民的执政理念。二是建立和完善责权明确的责任追究机制。要促使党政领导干部以高度的责任心处理群众矛盾，按照“谁主管、谁负责”的原则建立和完善责权明确的责任追究机制。三是完善善后处理机制。领导干部要及时善后回访，防止出现反复；尤其是在平息公共危机事件后，领导干部要关注群众的切身利益诉求，切实解决好群众所需要关注的问题，对于已经作出的承诺，要第一时间兑现，以取信于民，使危机事件得到有效处理和解决。

参考文献

[1] 中共中央马克思恩格斯列宁斯大林著作编译局.马克思恩格斯全集:第1卷[M].北京:人民出版社,1995.

[2] 中共中央马克思恩格斯列宁斯大林著作编译局.马克思恩格斯全集:第2卷[M].北京:人民出版社,1995.

[3] 中共中央马克思恩格斯列宁斯大林著作编译局.马克思恩格斯全集:第3卷[M].北京:人民出版社,1995.

[4] 中共中央马克思恩格斯列宁斯大林著作编译局.列宁专题文集·论无产阶级政党[M].北京:人民出版社,2009.

[5] 中共中央文献编辑委员会.毛泽东著作选读[M].北京:人民出版社,1986.

[6] 毛泽东.毛泽东选集(第四卷)[M].北京:人民出版社,1991.

[7] 邓小平.邓小平文选(第二卷)[M].北京:人民出版社,1994.

[8] 邓小平.邓小平文选(第三卷)[M].北京:人民出版社,1993.

[9] 习近平.习近平谈治国理政[M].北京:外文出版社,2014.

[10] 习近平.习近平谈治国理政(第二卷)[M].北京:外文出版社,2017.

[11] 习近平.习近平谈治国理政(第三卷)[M].北京:外文出版社,2020.

[12] 中共中央宣传部.习近平总书记系列重要讲话读本(2016年版)[M].北京:学习出版社,人民出版社,2016.

[13] 中共中央党史和文献研究院,中央"不忘初心、牢记使命"主题教育领导小组办

公室.习近平关于“不忘初心、牢记使命”重要论述选编[M].北京:党建读物出版社,中央文献出版社,2019.

[14] 中共中央宣传部.习近平新时代中国特色社会主义思想学习纲要[M].北京:学习出版社,人民出版社,2019.

[15] 中共中央宣传部.习近平新时代中国特色社会主义思想三十讲[M].北京:学习出版社,2018.

[16] 新华通讯社课题组.习近平新闻舆论思想要论[M].北京:新华出版社,2017.

[17] 中共中央文献研究室.习近平关于社会主义文化建设论述摘编[M].北京:中央文献出版社,2017.

[18] 本书编写组:构建社会主义和谐社会的伟大纲领[M].北京:人民日报出版社,2006.

[19] 中国共产党第十七次全国代表大会文件汇编[M].北京:人民出版社,2007.

[20] 本书编写组.党的十八大文件汇编[M].北京:党建读物出版社,2012.

[21] 中国共产党第十九次全国代表大会文件汇编[M].北京:人民出版社,2017.

[22] 中华人民共和国国务院新闻办公室.新疆的若干历史问题[M].北京:人民出版社,2019.

[23] 中华人民共和国国务院新闻办公室.“东突”恐怖势力难脱罪责[M].北京:五洲传播出版社,2002.

[24] 中华人民共和国国务院新闻办公室.新疆的宗教信仰自由状况[M].北京:人民出版社,2016.

[25] 中华人民共和国国务院新闻办公室.新疆的反恐、去极端化斗争与人权保障[M].北京:人民出版社,2019.

[26] 中华人民共和国国务院新闻办公室.新疆的职业技能教育培训工作[M].北京:人民出版社,2019.

[27] 中共新疆维吾尔自治区委员会宣传部.正确认识新疆若干历史问题[M].北京:人民出版社,2018.

[28] 陈新汉.社会主义核心价值体系价值论研究[M].上海:上海人民出版社,2008.

[29] 陈宇,王忠厚,陈健,吴珠华.人力资源经济活动分析[M].北京:中国劳动出版社,1991.

[30] 陈云贤.超前引领:对中国区域经济发展的实践与思考[M].北京:北京大学出版社,2011.

[31] 马克斯·韦伯.社会科学方法论[M].韩水法,莫茜,译.北京:中央编译出版社,2002.

[32] 费孝通.中华民族多元一体格局(修订本)[M].北京:中央民族大学出版社,2003.

[33] 高兆明,李萍.现代化进程中的伦理秩序研究[M].北京:人民出版社,2007.

[34] 国务院发展研究中心课题组.中国城镇化:前景、战略与政策[M].北京:中国发展出版杜,2010.

[35] 哈经雄,滕星.民族教育学通论[M].北京:教育科学出版社,2001.

[36] 花建.文化力:先进文化的内涵与21世纪中国和平发展的文化动力[M].上海:上海百家出版社,2006.

[37] 黄筱娜.文化转型与民族文化建设[M].北京:中央文献出版社,2003.

[38] 胡联合,胡鞍钢.繁荣稳定论:国家何以富强和谐[M].北京:中国大百科全书出版社,2009.

[39] 简新华,余江.中国工业化与新型工业化道路[M].济南:山东人民出版社,2009.

[40] 蒋立山.法律现代化:中国法治道路问题研究[M].北京:中国法制出版社,2006.

[41] 加布里埃尔·A.阿尔蒙德,西德尼·维巴.公民文化:五国的政治态度和民主[M].马殿军,阎华江,郑孝华,等译.杭州:浙江人民出版社,1989.

[42] 怀特.文化科学:人和文明的研究[M].曹锦清,等译.杭州:浙江人民出版社,1989.

[43] 金炳镐.民族理论通论[M].北京:中央民族大学出版社,2007.

[44] 梁捷.幸福指数:中国人幸福吗[M].广州:中山大学出版社,2007.

[45] 梁丽萍.中国人的宗教心理[M].北京:社会科学文献出版社,2004.

[46] 李凯林.中国改革的哲学解读[M].北京:高等教育出版社,2006.

[47] 刘雪松.公民文化与法治秩序[M].北京:中国社会科学出版社,2008.

[48] 罗东凯.中国共产党人的精神家园[M].广州:广东人民出版社,2012.

[49] 吕思勉.中国文化史[M].北京:北京大学出版社,2010.

[50] 马大正.国家利益高于一切:新疆稳定问题的观察与思考[M].乌鲁木齐:新疆人民出版社,2002.

[51] 阿历克斯·英格尔斯.人的现代化[M].殷陆君,译.成都:四川人民出版社,1985.

[52] 艾尔·巴比.社会研究方法[M].邱泽奇,译.北京:华夏出版社,2005.

[53] 塞缪尔·亨廷顿,劳伦斯·哈里森.文化的重要作用:价值观如何影响人类进步[M].程克雄,译.北京:新华出版杜,2010.

[54] 托马斯·哈定等.文化与进化[M].韩建军,商戈令,译.杭州:浙江人民出版社,1987.

[55] 威廉·A.哈维兰.文化人类学[M].瞿铁鹏,张钰,译.上海:上海社会科学院出版社,2006.

[56] 约瑟夫·熊彼特.财富增长论:经济发展理论[M].李默,译.西安:陕西师范大学出版社,2007.

[57] 约瑟夫·奈.美国霸权的困惑:为什么美国不能独断专行[M].郑志国,等译.北京:世界知识出版社,2002.

[58] 倪国良.中国西北地区现代文化中的经济与文化关系[M].兰州:甘肃人民出版社,1998.

[59] 齐延平.人权与法治[M].济南:山东人民出版社,2003.

[60] 庄福龄.简明马克思主义史[M].北京:人民出版社,2004.

[61] 甘肃省马克思主义理论课协作组.马克思主义若干问题研究[M].北京:中共中央党校出版社,1990.

[62] 全国干部培训教材编审指导委员会.推动社会主义文化繁荣兴盛[M].北京:人

民出版社,党建读物出版社,2019.
[63] 李群英.全球化背景下的伊斯兰极端主义[M].北京:中国政法大学出版社,2007.
[64] 金宜久.当代伊斯兰问题[M].北京:民族出版社,2008.
[65] 金宜久.当代宗教与极端主义[M].北京:中国社会科学出版社,2008.
[66] 厉声.中国新疆新中国时期分裂与反分裂斗争[M].乌鲁木齐:新疆人民出版社,2009.
[67] 任仲文.传承开放超越:文化自信十八讲[M].北京:人民日报出版社,2011.
[68] 福泽渝吉.文明论概略[M].北京编辑社,译.北京:商务印书馆,1959.
[69] 尚勇.当代创新力[M].北京:中共中央党校出版社,2010.
[70] 孙正聿.当代中国马克思主义哲学专题研究[M].长春:吉林人民出版社,2010.
[71] 尚衍斌.西域文化[M].沈阳:辽宁教育出版社,1998.
[72] 司马云杰.文化价值论:关于文化建构价值意识的学说[M].西安:陕西人民出版社,2004.
[73] 唐立久,崔保新.掀起你的盖头来:发现新疆[M].乌鲁木齐:新疆人民出版社,2009.
[74] 滕星,王军.二十世纪中国少数民族与教育[M].北京:民族出版社,2002.
[75] 王立民.当代中国的法制新理念[M].上海:文汇出版社,2003.
[76] 王拴乾.走向21世纪的新疆[M].乌鲁木齐:新疆人民出版社,1999.
[77] 汪民安.文化研究关键词[M].南京:江苏人民出版社,2007.
[78] 吴福环.1949—2009新疆少数民族发展报告[M].乌鲁木齐:新疆人民出版社,2009.
[79] 黄楠森.马克思主义哲学史[M].北京:北京出版社,2005.
[80] 王介男.中外文化交流史[M].太原:书海出版社,2004.
[81] 瞿东林.历史文化认同与中国统一多民族国家(1—5卷)[M].石家庄:河北人民出版社,2013.
[82] 夏保成,刘凤仙.国家安全论[M].长春:长春出版社,2008.

[83] 俞吾金.意识形态论[M].上海:上海人民出版社,1993.
[84] 张玉瑜.毛泽东与中国社会主义[M].上海:学林出版社,2001.
[85] 郑永廷.社会主义意识形态发展研究[M].北京:人民出版社,2002.
[86] 刘跃进.国家安全学[M].北京:中国政法大学出版社,2004.
[87] 李爱华.马克思主义经典著作导读[M].北京:北京师范大学出版社,2008.
[88] 顾海良,梅荣政.马克思主义发展史[M].武汉:湖北人民出版社,2006.
[89] 李晓霞.中国新疆:多民族区域自治的现状[M].乌鲁木齐:新疆人民出版社,2009.
[90] 朱志杰.去极端化原理:思路与方法构建[M].奎屯:伊犁人民出版社,2016.
[91]《简明新疆地方史》编写组.简明新疆地方史[M].乌鲁木齐:新疆人民出版社,2020.
[92] 高建龙,木拉提·黑尼亚提,周丽.新疆文化发展报告:2014—2015[R].乌鲁木齐:新疆人民出版社,2014.
[93] 葛志新,木拉提·黑尼亚提,周丽.新疆文化发展报告:2016[R].乌鲁木齐:新疆人民出版社,2016.
[94] 赵秉志,杜邈.我国反恐怖主义立法完善研讨[J].法律科学,2006(03).
[95] 金宜久.重视对宗教极端主义问题的研究[J].世界宗教研究,2014(06).
[96] 司律.中国化:新疆宗教“去极端化”的基本方向[J].新疆社会科学,2016(01).
[97] 马大正.新疆“去极端化”斗争探究[J].新疆师范大学学报(哲学社会科学版),2016(05).
[98] 马大正.促进我国各民族交往交流交融三题:学习十九大精神的体会[J].西部蒙古论坛,2017(04).
[99] 杜娟.从文化涵化视角看我国各民族交往交流交融[J].中南民族大学学报(人文社会科学版),2017(06)
[100] 卓新平.关于伊斯兰教中国化的思考[J].回族研究,2016(04).
[101] 吴云贵.当代宗教极端主义简论[J].世界宗教研究,2017(02).
[102] 金泽.论宗教与政治[J].宗教学研究,2017(03).

[103] 吴云贵.解析伊斯兰极端主义思想的三种形态[J].世界宗教文化,2018(02).
[104] 顾华祥.论去极端化的法治措施:兼解读《新疆维吾尔自治区去极端化条例》[J].科学与无神论,2018(06).
[105] 郑保卫.毛泽东对《晋绥日报》编辑人员谈话的背景、价值及意义:写在谈话发表70周年之际[J].青年记者,2018(07).
[106] 刘锋.论列宁的新闻出版与宣传思想及其启示[J].大连海事大学学报(社会科学版),2019(03).
[107] 丹珠昂奔.建设各民族共有精神家园[J].求是,2015(15).
[108] 祖力亚提·司马义.先秦时期"大一统"思想的形成与发展[J].社会科学战线,2020(06).
[109] 李元晖,李大龙."大一统"思想的形成与实践:多民族国家中国疆域的形成和发展[J].西北民族大学学报(哲学社会科学版),2016(01).
[110] 宋广强,章凤红.当代中国意识形态安全面临的挑战与对策[J].思想理论教育导刊,2015(05).
[111] 周国平.信息化条件下的意识形态安全策略[J].党建研究,2010(06).
[112] 陈坤,李佳.新媒体时代我国意识形态安全面临的挑战及应对着力点[J].思想理论教育导刊,2016(09).
[113] 李金.西化思潮对当前中国主流意识形态的影响及反思[J].中共桂林市委党校学报,2016(02).
[114] 石云霞.当代中国文化发展中的意识形态安全问题[J].中国特色社会主义研究,2012(02).
[115] 陈金龙.文化交流与当代中国意识形态安全[J].湖湘论坛,2010(04).
[116] 徐锋.社会主义核心价值体系的意识形态功能论析[J].齐鲁学刊,2013(06).
[117] 高峰,艾辰.国家意识形态安全论析[J].当代世界与社会主义,2013(05).
[118] 卢新德.文化软实力建设与维护我国意识形态安全[J].山东大学学报(哲学社会科学版),2010(03).
[119] 王永贵.推进我国主流意识形态建设的战略路径[J].思想政治工作研究,

2009(04).

[120] 马晨,雷琳.当前我国马克思主义意识形态面临的挑战[J].社会科学,2008(01).

[121] 田改伟.试论我国意识形态安全[J].政治学研究,2005(01).

[122] 竟辉.新时代维护国家意识形态安全的路径思考[J].理论探索,2019(05).

[123] 冯宏良.意识形态安全与马克思主义大众化[J].探索,2010(04).

[124] 陈石明.习近平关于意识形态建设的重要论述探析[J].武汉科技大学学报(社会科学版),2019(04).

[125] 郭秀清.我国国家安全观的重要转变[J].理论探索,2011(05).

[126] 高永久,陈纪.论中华民族共有精神家园的内涵与价值核心[J].科学社会主义,2008(02).

[127] 木拉提·黑尼亚提.新疆各民族文化是中华文化的组成部分[J].西部蒙古论坛,2018(02).

[128] 习近平.在全国民族团结进步表彰大会上的讲话鼓舞人心[N].人民日报,2019-09-27(02).

[129] 倪光辉.习近平在全国宣传思想工作会议上强调 胸怀大局把握大势着眼大事努力把宣传思想工作做得更好[N].人民日报,2013-08-21(01).

[130] 姜洁.习近平在十八届中央纪委七次全会上发表重要讲话强调 全面贯彻落实党的十八届六中全会精神 增强全面从严治党系统性创造性实效性[N].人民日报,2017-01-07(01).

[131] 杜尚泽.习近平在党的新闻舆论工作座谈会上强调 坚持正确方向创新方法手段 提高新闻舆论传播力引导力[N].人民日报,2016-02-20(01).

[132] 习近平.紧紧围绕坚持和发展中国特色社会主义 学习宣传贯彻党的十八大精神——在十八届中共中央政治局第一次集体学习时的讲话[N].人民日报,2012-11-17(05).

[133] 习近平在纪念孔子诞辰2565周年国际学术研讨会暨国际儒学联合会第五届会员大会开幕会上强调 从延续民族文化血脉中开拓前进 推进各种文明交流交

融互学互鉴[N].人民日报,2014-09-25(01).

[134] 习近平在中共中央政治局第十二次集体学习时强调 建设社会主义文化强国 着力提高国家文化软实力[N].人民日报,2014-01-01(01).

[135] 王艳华.新时代文明实践活动为幸福加码[N].光明日报,2020-02-13(05).

[136] 木拉提·黑尼亚提.新中国70年做好新疆工作的宝贵经验[N].新疆日报,2019-09-30(07).

[137] 中国共产党新闻网.习近平出席全国宣传思想工作会议并发表重要讲话[DB/OL].(2013-08-21).http://fanfu.people.com.cn/n/2013/0821/c141423-22642723.html.

[138] 新华网.从小积极培育和践行社会主义核心价值观——在北京市海淀区民族小学主持召开座谈会时的讲话[DB/OL].(2014-05-30).http://www.xinhuanet.com/politics/2014-05/30/c_1110944180.htm.

[139] 人民网.习近平在纪念马克思诞辰200周年大会上的讲话[DB/OL].(2018-05-04).http://politics.people.com.cn/n1/2018/0504/c1024-29966121.html.

[140] 中华人民共和国国家民族事务委员会网.习近平在第二次中央新疆工作座谈会上发表重要讲话[DB/OL].(2015-09-24).https://www.neac.gov.cn/seac/c100500/201405/1085610.shtml.

[141] 新华网.习近平新疆考察纪实[DB/OL].(2014-05-03).http://www.xinhuanet.com/politics/2014-05/03/c_1110509757.htm.

后　　记

马克思说过："理论一经掌握群众，也会变成物质力量。理论只要说服人，就能掌握群众；而理论只要彻底，就能说服人。"新疆的意识形态工作与去极端化斗争在社会稳定和长治久安总目标中的重要性是不言而喻的。本书聚焦新疆工作总目标，以哲学、宗教学为主要视角，充分运用马克思列宁主义、毛泽东思想、邓小平理论、"三个代表"重要思想、科学发展观、习近平新时代中国特色社会主义思想作为指导思想，解读了党的十八大以来重大会议、习近平总书记的重要论述、自治区党委重要会议精神，参考借鉴了意识形态工作与去极端化斗争最新理论研究成果，对新疆的意识形态工作和去极端化斗争作了较为系统的梳理和总结。

本书各章节在撰写过程中经课题组多次修改，最终成稿。各章具体执笔人如下：

绪论：木拉提·黑尼亚提；第一章：李霞；第二章：周丽、韩振丽、迪拉娃尔；第三章：王秀丽；第四章：迪德尔古丽；第五章：木拉提·黑尼亚提；第六章：何运龙；第七章：任红、马金伟；第八章：任红；第九章：于尚平。

本书的写作得到了自治区党委宣传部原理论处处长窦雪梅、《新疆社会科学》原编审刘欣、新疆师范大学马克思主义学院教授梁玉春的指导、支持和帮助，在此一并表示感谢。

本书撰写工作负责人和统稿人为新疆社会科学院副院长赵妤、木拉提·黑尼亚提。

由于时间紧、任务重，受资料和自身能力的限制，本书中一定还存在不足，请批评指正。

编写组

2024年5月